JN045837

渉外戸籍の
理論と実務

－基本通達の解説－

新谷　雄彦〔編著〕

発行　テイハン

はしがき

　本書は、平成元年12月に刊行された「法務省民事局内法務研究会編『改正法例下における渉外戸籍の理論と実務』」の書名を「渉外戸籍の理論と実務」と改め、前書に登載されていた「法例の一部を改正する法律の施行に伴う戸籍事務の取扱いについて（基本通達）の解説」部分を取り出し、これに加筆・補正したものです。この法例の改正は、婚姻関係及び親子関係における準拠法の指定を両性平等等の見地からより適切なものとするためのものであり、この改正により、渉外戸籍事務処理が大きく変わり、身近なものになったという実感がありました。

　法例（明治31年法律第10号）は、法の適用に関する通則法（平成18年法律第78号、平成19年1月1日施行）により、その全部を改正され、失効しました。法の適用に関する通則法案の提出理由は、「国際的な取引等の増加及び多様化をはじめとする社会経済情勢の変化並びに近時における諸外国の国際私法に関する法整備の動向にかんがみ、法律行為、不法行為、債権譲渡等に関する準拠法の指定等をより適切なものに改めるとともに、国民に理解しやすい法律とするためその表記を現代用語化する必要がある。」というものです。したがって、法の適用に関する通則法は、主に、法律行為部分と債権法分野の法整備をしたもので、親族関係の準拠法については、失効した法例の規定を現代用語化したものであり、その実質的な規律は維持されています。

　上記のように、法例が全面改正され、新たな法律として「法の適用に関する通則法」が施行され、上記基本通達（平成元年10月2日付け民二第3900号法務省民事局長通達、以下「3900号通達」といいます。）が発出されてから30年以上が経過し、3900号通達が発出された当時と、現在とでは、その取扱いについても若干変更されている点等もあることから、基本的な

解説部分をそのまま引用するとともに、その後の取扱いが変更された部分や新たな取扱例などを追記し、併せて、通達及び回答等の先例並びに戸籍誌に掲載された質疑応答等を書き加えたものとしました。

　また、平成2年の改正法例施行後の渉外戸籍関係先例で、本文中に示すことができなかったものについては、「平成2年以降の渉外戸籍届出事件別先例要旨一覧表」として掲載しましたので、ご活用いただければ幸甚です。

　本書が、「改正法例下における渉外戸籍の理論と実務」書以上に戸籍実務の円滑な処理及び充実強化に資することを望む次第です。

　　令和3年4月

　　　　　　　　　　　　　　　　　　新　谷　雄　彦

目　次

はじめに

附　録

は じ め に

　はしがきにも記しましたが、法例（明治31年法律第10号）は、「法の適用に関する通則法」（平成18年法律第78号、以下「通則法」といいます。）の施行（平成19年1月1日）により、失効しましたが、平成元年の「法例の一部を改正する法律」（同年法律第27号）は、婚姻関係及び親子関係における準拠法の指定を両性平等等の見地からより適切なものとするためのものであり、渉外的身分関係事件の取扱いや渉外戸籍事務処理が大きく変わったという実感がありました。この法律の施行に伴い発出された通達が、「法例の一部を改正する法律の施行に伴う戸籍事務の取扱いについて」（平成元年10月2日付け民二第3900号法務省民事局長通達、以下「3900号通達」といいます。）です。

　平成元年の法例改正の要点は、次の5点です。

　第1に、婚姻の効力、夫婦財産制及び離婚の準拠法については、改正前法例は夫の本国法としていましたが、これを改め、夫婦に共通の本国法又は常居所地法等、夫婦に共通する法律を段階的に適用する（いわゆる、「段階的連結主義」といいます。）こととし、準拠法の指定を両性平等の精神に一層即したものにすることとしました。

　第2に、婚姻の方式、嫡出親子関係の成立、認知及び準正に関する準拠法については、当事者に関係がある複数の法律のうちのいずれかにおいてその要件を満たせばこれらの身分関係の成立を認めることとする、いわゆる選択的連結の方法を採用するとともに、養子縁組については、各当事者につきそれぞれの本国法を適用するといういわゆる配分的適用を廃止し、養親の本国法によることとし、これらの身分関係の成立の容易化を図ることとしました。

　第3に、親子間の法律関係の準拠法については、改正前法例は父の本国

法としていましたが、これを改め、子の本国法又は常居所地法を準拠法とし、また、認知及び養子縁組の成立については、子の本国法において子の同意等がその要件とされている場合には、その要件をも備えなければならないものとし、準拠法の指定を子の福祉の理念に一層かなうものにするとしました。

第4に、親子の法律関係等については、準拠法指定の連結点として常居所の概念を採用し、また、夫婦財産制については、当事者の合意による準拠法の選択を認め、諸外国の国際私法の立法等の動向との調和を図ることとしました。

第5に、世界各国の国籍法の改正によって、子がその出生により複数の国籍を取得する場合が増加したことにかんがみ、複数の国籍を同時に取得した場合の本国法の決定の方法について規定したほか、準拠法指定のための補則的規定（重国籍者・無国籍者の本国法の決定、不統一法国に属する者の本国法等）についての所要の整備をしました。

以上の5点の改正の要点を理解することにより、3900号通達を理解することができるとともに、日常における渉外戸籍事件の事務処理にも役に立つものと思います。また、法例が失効し、通則法が施行されましたが、通則法は、親族関係の準拠法については、法例の規定を現代語化してその実質的な規律は維持していると解説されています（小出邦夫、戸籍793号31ページ）。このことからも、通則法下においても、3900号通達を理解することが、事務処理上にも欠かせないと思います。

なお、通達文中又は解説において改正法例第○条とある部分は、対応する通則法の条項を併記して記述しています。また、従前の解説では、「今回の改正においては」等の文章表現を用いていますが、本稿では、改正から30年以上を経過していますので、基本的には、「今回」等の文章表現を用いることなく、簡潔な文章表現としています。

3900号通達の解説に入る前に、渉外的身分関係の準拠法について、簡単

に触れておきます。渉外的身分関係に関する準拠法は、通則法によって指定されます。通則法中の身分関係に関する条項は、次のとおりです。これを、各身分行為等における実質的成立要件と形式的成立要件とに分けて示しました。

1　婚　姻
　・実質的成立要件　→　各当事者の本国法（通則法24条1項）
　・形式的成立要件　→　①　婚姻挙行地の法（通則法24条2項）
　　　　　　　　　　　　②　当事者の一方の本国法（通則法24条3項）
　　　　　　　　　　　　ただし、日本において挙行した場合において、当事者の一方が日本人である場合は日本法（通則法24条3項ただし書）

2　離　婚
　・実質的成立要件　→　①　夫婦の本国法が同一のときはその法（通則法27条・25条）
　　　　　　　　　　　　②　夫婦の共通常居所地法（通則法27条・25条）
　　　　　　　　　　　　③　夫婦に最も密接な関係がある地の法（通則法27条・25条）
　　　　　　　　　　　　ただし、夫婦の一方が日本に常居所を有する日本人であるときは日本法（通則法27条ただし書）
　・形式的成立要件　→　行為の成立について適用すべき法又は行為地法（通則法34条）

3　嫡出である子の親子関係　→　子の出生当時の夫婦の一方の本国法により子が嫡出であるときは、その子は嫡出子（通則法28条）

4　嫡出でない子の親子関係　→　父との間の親子関係については子の出生当時における父の本国法、母との間の親子関係については子の出生当時における母の本国法。子

の認知については、認知当時の認知者又は子の本国法。ただし、子の出生当時又認知当時の認知者の本国法によって認知する場合は、子又は第三者の承諾又は同意要件について認知当時の子の本国法を重複適用（通則法29条）

　　認知の方式は、行為の成立について適用すべき法又は行為地法（通則法34条）

5　準　正　→　準正の要件たる事実の完成当時の父若しくは母又は子の本国法により準正が成立（通則法30条）

6　養子縁組
　・実質的成立要件　→　縁組当時の養親の本国法と養子の保護要件について養子の本国法を重複適用（通則法31条1項）
　・形式的成立要件　→　行為の成立について適用すべき法又は行為地法（通則法34条）

7　養子離縁
　・実質的成立要件　→　縁組当時の養親の本国法（通則法31条2項）
　・形式的成立要件　→　行為の成立について適用すべき法又は行為地法（通則法34条）

8　親子間の法律関係　→　親権等親子間の法律関係は、子の本国法が父又は母の本国法（父母の一方が死亡し、又は知れない場合にあっては、他の一方の本国法）と同一である場合には子の本国法、その他の場合は子の常居所地法（通則法32条）

9　その他の親族関係　→　当事者の本国法（通則法33条）

10　後見等　→　後見、保佐又は補助は、被後見人、被保佐人又は被補助人の本国法（通則法35条1項）

第1　婚姻に関する取扱い

Ⅰ　創設的届出

1　実質的成立要件

(1) 実質的成立要件の準拠法

（通達文）

第1　婚　姻

　1　創設的届出

　　(1)　実質的成立要件

　　　ア　婚姻の実質的成立要件は、従前のとおりであり、各当事者
　　　　の本国法による。

　　ア　通達の趣旨

　通達文は、届出によって成立するいわゆる創設的な婚姻の届出の実質的
成立要件は、法例の改正によっても変更がないことから、各当事者の本国
法（通則法24条1項）によることとなり、従前の取扱いに何ら変わりはな
いことを明らかにしたものです。

　　イ　理　由

　法例の改正は、両性の平等の理念を抵触法規の分野まで及ぼすこと、準
拠法の指定の国際的統一を図ること、準拠法の指定方法を容易にするとと
もに身分関係の成立を容易にすること等を目的として行われたものです。

　また、改正前の法例13条1項（筆者注：婚姻成立ノ要件ハ各当事者ニ付
キ其本国法ニ依リテ之ヲ定ム但其方式ハ婚姻挙行地ノ法律ニ依ル）は、両
性の平等の趣旨に反するものではなく（配分的適用は、当事者を平等に取
り扱っています。）、更には、本国法を原則的な連結点とする法例の立て方
と平仄が合うこと（特に、成立の要件についての連結点は、本国法のみで

す。）などから、改正をする必要はないものとされ、婚姻の実質的成立要件についての準拠法は従前のとおり各当事者の本国法によるものとされたものです。

なお、「本国法」とは、まずは、当事者本人が有する国籍国の法律をいいます。したがって、当事者が単一国籍者である場合は、当該者の属する国籍国の法律がその者の本国法となります。また、当事者が二つ以上の国籍を有する場合は、その国籍を有する国のうちに当事者が常居所を有する国があるときはその国の法律が、それがないときは当事者に最も密接な関係がある国の法律が当事者の本国法となりますが、国籍国の一つが日本の国籍であるときは、日本法を当事者の本国法とするとしています（通則法38条1項）。

しかし、アメリカ合衆国のように同じ国であっても州により法律が異なる場合があります（中国については、後記(2)②ア13ページ参照）。このように、当事者が地域により法律を異にする国に属する場合は、その国の規則に従い指定された法律、もしそのような規則がない場合にあっては、当事者に最も密接な関係がある地域の法律を当事者の本国法とするとしています（通則法38条3項）。また、民族や宗教により法律が異なる場合、すなわち、人的に法律を異にする場合も、その国の規則に従い指定された法律、もしそのような規則がない場合にあっては、当事者に最も密接な関係がある法律を当事者の本国法とするとしています（通則法40条1項）。

さらに、当事者の本国法によるべき場合にその者が国籍を有しないときは、常居所地法によります（通則法38条2項本文）。すなわち、婚姻の場合は、当事者の本国法の代わりにその者の常居所地法が適用されます。しかし、離婚、親権の場合は、国籍を有しない者ですから、第一段階の同一の本国法はあり得ませんので、第二段階の共通常居所地法以下が適用されることになります（同項ただし書）。

　　ウ　実質的成立要件の審査

　日本人と外国人との創設的な婚姻の届出が市区町村長にされた場合、市区町村長は、これを受理するに当たり、婚姻成立のための実質的成立要件及び形式的成立要件（方式）を具備しているか否かについて審査しなければなりません（民法740条）。このうち、形式的成立要件については、婚姻届書に所定の事項が記載され、当事者及び証人の署名・押印 **(注)** などがされているかを確認することにより比較的容易に審査することができます。

　一方、婚姻適齢などの婚姻の実質的成立要件を審査するに当たっては、これを定めるところの準拠法を決定しなければなりませんが、通則法24条1項本文は、いわゆる配分的適用主義を採り、実質的成立要件は各当事者ごとにそれぞれの本国法を適用することとしています。なお、当該要件中には、婚姻適齢、父母等の同意、精神的又は肉体的障害、婚姻意思の欠缺のようにその者についてのみ適用される一方的要件と、近親関係にあること、相姦関係にあること、重婚関係にあること、再婚禁止期間、人種上又は宗教上の理由等に基づく婚姻の禁止（これは、公序に反するとして、我が国では排除される場合があります。戸籍先例としては、「回教徒であるイラン人女と回教徒でない日本人男との創設的婚姻届を受理して差し支えない」としたものがあります（昭和63年1月6日民二77号回答、戸籍534号82ページ）。）のように当事者の一方の本国法上の要件であっても、相手方との関係でも具備すべき双方的要件がありますので、各要件ごとにそれぞれ適用関係を判断しなければなりません。

　例えば、近親婚の制限については、婚姻当事者相互間の関係が問題とされるわけですから、婚姻年齢に関する要件のように各当事者につき個別的に要件具備の有無を判断することは、その性質上できません。そこで、この場合は、要件のより厳しい方がその婚姻についての実質的要件とならざるを得ないことになります。具体的には、日本民法では、三親等内の傍系血族相互間は婚姻することができないこととされており（民法734条）、中

華民国民法は、六親等内の傍系血族相互間では婚姻をすることができないこととされています（中華民国民法983条１項２号本文等）。したがって、日本人と台湾に属する中国人が婚姻する場合、この両者が六親等内の傍系血族の間柄等であるときは、婚姻できないことになります（事例としては、日本に帰化した元台湾系中国人が、台湾系中国人である自己の従兄弟姉妹と婚姻しようとする場合がこの事例に当たります。）。

　ところで、婚姻の実質的成立要件は、各当事者の本国法によることとされていることから、日本人と外国人が婚姻する場合、日本人については日本の民法の規定が、外国人についてはその者の本国法が適用されることになります。したがって、日本人については、戸籍証明書等により、実質的成立要件を審査することになります。また、外国人についての実質的成立要件に関しては、当該身分行為に対する本国法の規定の内容とその身分事実を審査する必要があります。世界各国には、我が国の戸籍のように、その身分事実を明らかにするものが少なく、あっても整備されていないため、その身分事実が確認できないことが大変多くあります。その本国法の規定内容については、市区町村長は法律事項として原則的に承知しているものとされているため、その規定内容が判明しない場合には、管轄法務局長等に受理照会して指示を得て処理することとされ（戸籍法３条２項、戸籍法施行規則82条）、実際は、外務省を通じてその本国に照会し、その規定内容を確認せざるを得ない等、形式的成立要件の審査と比べると相当の困難を強いられているのが実情ではないでしょうか。しかしながら、個々の事件ごとにこのような処理はできないため、渉外戸籍事件においては、届出人は、原則として自己の本国法の定める身分行為の要件を具備していることを、市区町村長に対し、自ら立証するという取扱いがされています（大正８年６月26日民事841号回答、大正11年５月16日民事3471号回答）。その本国の権限を有する官憲が、本国法上、その婚姻の成立に必要な要件を具備している旨を証明した書面、いわゆる婚姻要件具備証明書を婚姻届書に

添付させ（昭和22年6月25日民事甲595号回答、昭和24年5月30日民事甲1264号回答）、これにより、要件を審査することになります。これは、個々の事件ごとに上記のような処理ができないこと、また、届出人の身分事実については、その者しか知り得ないものであること（したがって、届出人がその身分事実について明らかにしない場合は、市区町村長は、当該届出を不受理にせざるを得ないことになります。）。さらに、市区町村長が、職権で本国法の規定内容を調査する場合に比して、届出人が諸要件を証明することの方が時間的に短くてすむ場合が多く、ひいては本人の利益にもつながることになること等によるものです。

　要件具備証明書は、当該事件本人の身分事実と事件本人がその本国法上の要件を具備していることを証明するものです。したがって、その身分事実が、本国官憲が発行する公文書で明らかにされており、かつ、その本国法の内容が、明らかになっているような場合、すなわち、韓国人同士又は台湾系中国人同士の夫婦のような場合は、双方の韓国の家族関係証明書等又は台湾の戸籍謄本等の添付をもって足り、要件具備証明書の添付は不要です。また、出典を明示した当該国の法文の添付（この場合、翻訳者を明らかにした訳文を添付してもらいます。戸籍法施行規則63条）がある場合も、要件具備証明書が有する機能のうち本国法の規定内容を明らかにするという点を代替するものとして取り扱って差し支えありません。

　なお、婚姻要件具備証明書が容易に得られない場合には、従前の取扱いのとおり、これに代えて次のような書類でも差し支えないとされています。

　①　宣誓書　アメリカ人が在日アメリカ合衆国領事の面前で、合衆国のその者の所属する州法により婚姻適齢に達していること、日本人と婚姻するについて法律上の障害のないことを宣誓した旨の領事の署名ある宣誓書（昭和29年10月25日民事甲2226号回答）

　②　結婚証明書　日本国内で外国人と日本人が当該外国の方式によって婚姻した旨の本国官憲発行の証明書（昭和40年12月20日民事甲3474号回

答)、回教寺院発行の結婚証明書（昭和42年12月22日民事甲3695号回答）

③ 出生証明書及び宣誓書　英国人の創設的婚姻届について、在日英国大使館発行に係る、婚姻要件具備証明書の代わりに発行する宣誓書及び出生証明書（平成27年1月21日民一63号回答、戸籍910号97ページ）

④ その他①から③については、本国官憲又はこれに準ずる者によって発行されたものですから、婚姻要件具備証明書に代わるものといっても、これと同一レベルの信用性と証明力があるものといえます。しかし、当事者が、婚姻要件具備証明書を制度として発行しない国の場合や、本国官憲が当事者の身分関係を把握していないため、婚姻要件具備証明書を発行し得ない場合には、婚姻要件具備証明書を得ようとしても、法制度として得ることができませんので、宣誓書及び婚姻要件具備証明書も得られないということになります。

このような場合は、要件の審査のいわば原則に戻り、当事者の本国法の内容、すなわち、民法・親族法における婚姻の要件の内容をまず明らかにし、その上で、当事者が各要件を満たしているかどうかを判断するため、その身分関係事実（年齢、独身であること、意思能力・婚姻能力があること等）を証明する証書等が必要です。前者については、当事者の本国法の婚姻の要件に関する証明書、すなわち、出典を明示した法文（の写し）等が該当します。後者については、本国官憲発行の身分証明書・出生証明書・身分登録簿の写し等が該当します。参考までに、本国官憲から婚姻要件具備証明書を得られず、申述書等を徴した上、受理して差し支えないとした先例（法例改正後のもの）を挙げますが、先例は、あくまで個別案件ですから、実際の受理に当たっては、管轄法務局長等へ照会の上、事務処理をすることがよいと考えます。

【申述書等を徴した上、受理して差し支えないとした先例】

① パキスタン人男と日本人女の婚姻届……パキスタン人男から要件具備証明書を提出できない旨の申述書及び重婚でない旨の宣誓書を徴し

た上、受理して差し支えないとされた事例（平成 6 年10月 5 日民二
6426号回答、戸籍631号79ページ）

②　日本人男とウクライナ人女の婚姻届……ウクライナ人女から本国法
上の婚姻の実質的成立要件を具備している旨の申述書を徴した上、受
理して差し支えないとされた事例（平成 7 年 2 月24日民二1973号回答、
戸籍632号115ページ）

③　バルバドス人女と日本人男の婚姻届……バルバドス人女から婚姻要
件具備証明書が提出できない旨及び過去に婚姻歴がなく現在独身で
あって同国法上婚姻に何らの障碍がない旨の申述書等が提出されてい
る事案について、受理して差し支えないとされた事例（平成 7 年 3 月
30日民二2644号回答、戸籍635号55ページ）

ところで、婚姻要件具備証明書を発行する制度はあるものの、当事者の
身分関係事実を本国官憲が把握していないため、婚姻要件具備証明書を得
られない場合や、そもそも婚姻要件具備証明書の発行制度のない国もあり
ます。このような事情がある場合の婚姻当事者から相談があったときは、
とりあえず国籍を証明する書面及び在留カード並びに外国人住民票等の提
出を求めた上、当事者の申述書も添えて、管轄法務局長等に婚姻届の受理
照会をして、受否の指示を求めることになります。

なお、昭和30年 2 月 9 日付け民事甲245号通達（平成24年 6 月25日付け
民一1550号通達で一部取扱い変更）は、「在日朝鮮人又は台湾人を当事者
とする婚姻届等を受理する場合においては、他の外国人を当事者とする場
合と同様に、その者の本国当該官憲発給の婚姻要件具備証明書を提出させ、
その要件に欠缺のないことを確認して当該届出を受理すべきであるが、目
下のところかかる証明書の交付を受けて提出することが困難な事情にある
当事者も少ないようである。よつて今後は、右の証明書を提出し得ない当
事者については、同証明書を提出することができない旨の当事者の申述書
及び本人の住民票の写し（発行の日から 3 月以内のもの）並びにその身分

関係を証する戸籍謄抄本（本国当該官憲発給の身分関係の証明書を含む。）等を提出させ、これらの書類に基づき婚姻の要件の有無を審査して届出を受理して差し支えないこととした」とありますが、この通達の取扱いは、今ではほとんど事例がないものと思いますので、仮にこのような事例があった場合は、その受否について管轄法務局長等に相談することが望ましいと思います。

　また、日本人と外国人が日本で婚姻する場合、外国人については当該者の本国の法律の定める婚姻の成立に関する実質的要件を備えなていければなりませんが、当該者の本国の国際私法によれば、婚姻挙行地の法律によるべきこととされている場合もあります。この場合には、通則法41条の反致の規定により、日本の民法が準拠法となります。戸籍先例としては、「ペルー法上同国人が日本に住所を有すると認められる場合は、反致が適用されるものとして、ペルー人男の婚姻要件について、日本法を適用して差し支えないとされた事例」があります（平成18年7月25日民一1690号回答、戸籍804号88ページ）。

【外国人についての要件具備証明書の様式例】

　外国人についての要件具備証明書の様式例は、戸籍誌836号（平成21年索引号）13ページ以下に、国別の様式を掲載した戸籍誌の号数が示されていますので、参考としてください。

（注） 押印については、デジタル社会の形成を図るための関係法律の整備に関する法律案（整備法案第7条に戸籍法の一部改正が規定されています。）が成立し、同法が施行（令和3年9月1日予定）された場合は、その義務はなくなりますので、審査は要しません。

　　(2)　本国法の決定

　（通達文）

　イ　当事者の本国法の決定は、次のとおり行うものとする。

　通達文は、婚姻当事者の本国法の決定については、法例改正において、改正法例28条１項（通則法38条１項）において、重国籍である外国人の本国法の決定基準が改正されたことに伴い、戸籍事務の取扱いを明らかにしたものです。

　すなわち、婚姻当事者の本国法の決定に当たっては、日本人については、下記①のとおりであり、外国人については、②のとおりの取扱いとなります。

　　①　日本人の本国法の審査

　（通達文）

　(ｱ)　日本人の場合

　　重国籍である日本人の本国法が日本の法律であることは、従前のとおりである（改正法例第28条第１項ただし書：通則法第38条第１項ただし書）。

　ア　通達の趣旨

　日本人が重国籍である場合には、通則法38条１項ただし書により日本の法律を本国法とすることとなりますが、戸籍事務の取扱いは、従前のとおりで何ら変わりはないことを明らかにしたものです。

　イ　重国籍である日本人の本国法

　重国籍者の本国法は、国籍国のうち、常居所を有する国、それがないときは当事者に最も密接な関係がある国の法を本国法と決定することになります（通則法38条１項本文）。

　ところが、重国籍者が日本人である場合、すなわち国籍国の一つが日本国籍であるときは、法例改正の前後においても、内国国籍を優先させ本国法は日本法によるものとしています（改正前法例27条１項ただし書、通則法38条１項ただし書参照）。

したがって、例えば、婚姻当事者の一人がフランスと日本の重国籍者であったときは、その者に適用すべき本国法は日本の法律となり、婚姻の実質的成立要件が備わっているか否かは日本民法により判断することになりますので、従前の取扱いと何ら変わることはないことを明らかにしたものです。

　なお、内国国籍を優先する制定方法は、各国の立法においても実際の必要から採用され、これに倣ったものです。

　　②　外国人の本国法の審査

　ア　単一国籍であることについて疑義が生じない場合の本国法

　（通達文）

　(イ)　外国人の場合

　　①　外国人である婚姻当事者が届書の本籍欄に一箇国の国籍のみを記載した場合は、当該記載された国の官憲が発行した国籍を証する書面（旅券等を含む。以下「国籍証明書」という。）等の添付書類から単一国籍であることについて疑義が生じない限り、その国の法律を当該外国人の本国法として取り扱う。

　(ア)　通達の趣旨

　通達文は、外国人を婚姻当事者とする創設的婚姻届出がされた場合、婚姻届書の本籍欄（外国人の場合は、この欄に国籍を記載します。）に一箇国の国籍のみが記載され、また、届書に添付された本国官憲の発行した国籍を証する書面等から単一国籍であることについて疑義が生じない限り、その届書に記載されている当該国の法律を外国人の本国法として取り扱うことを明らかにしたものです。

　(イ)　外国人の本国法の認定

　通則法38条１項において、重国籍である外国人について、その本国法の

決定基準が定められていることから、外国人を当事者とする創設的婚姻届出がされた場合は、まず、その者が重国籍者であるか否か、もし重国籍者であるならば、その者の本国法の決定基準である国籍国内における常居所の有無、もし、常居所が当該国にないならば当事者に最も密接な関係がある国、すなわち密接関連国の認定をしなければならないことになります。しかし、通常は、外国人を当事者とする婚姻の届出が市区町村長にされても、その者が重国籍であるか否かは、事件本人が、積極的に届書に明示したり、重国籍であることの証明書類を提出しない限り、市区町村長は、通常、知り得ることはありません。

　ところで、一般的に国籍等身分事項を審査するに当たっては、当事者が届書に記載する事項を前提として、これを裏付ける書証等（パスポート・出生証明書・在留カード等）の提出を求めることになります。その際、当事者が単一国籍と記載してきた場合、審査する担当者としては、それにつき疑義が生じない限り、単一国籍として取り扱って差し支えないことは言うまでもないことです。国籍については、単一であることが原則的形態と考えられますし、例外的な場合までを想定して、常に審査する必要はありません。そうでなければ、市区町村の窓口で混乱を招く原因となってしまいます。

　単一国籍について疑義が生ずる場合とは、届書等提出書類の中で国籍について矛盾がある場合又は届書自体に重国籍である旨の記載ある場合等が考えられます。

　そこで、通達において、外国人である婚姻当事者が届書の本籍欄に一箇国の国籍のみを記載した場合、当該記載された国の官憲が発行した国籍を証する書面（旅券等を含む。以下「国籍証明書」といいます。）等の添付書類から単一国籍であることについて疑義が生じない限り、その国の法律を当該外国人の本国法として取り扱うこととされたのです。

　つまり、外国人である婚姻当事者が婚姻の届出をするに当たって、婚姻

届書の本籍欄に一箇国の国籍のみを記載するとともに、当該国の官憲が発行した国籍証明書等公的証明書を添付した場合、この公の機関の発行した書類が全て同じ国の官憲により発行され、提出書類相互間で国籍に矛盾がなければ、当該外国人を単一国籍者であるとすることについて何ら疑義は生じませんので、その者は正にその婚姻届書に記載されているところの「国籍」のみを有する単一国籍者であると考えられ、当該届書に記載されているその国の法律を当該外国人の本国法であると認定して事件を取り扱って差し支えないことになります。

　したがって、外国人である婚姻当事者が、単一国籍であるとして婚姻届出をした以上、これに疑義が生じない限り、その者が重国籍者であるか否かを更に調査する必要はありません。なお、婚姻当事者が重国籍者であるか否かを判断する前提についてのこの取扱いは、法例改正の前後を通して何ら変わりはありません。

　ところで、「本国の官憲が発行した国籍を証する書面」とは、国家がその公権力に基づきその国民であることを証明するものであり、通常、本国官憲発行の国籍証明書をいいますが、このほか国籍国からしか発給されないところの旅券、婚姻要件具備証明書、出生証明書等が考えられます。これら国籍を証する書面は、国家が直接証明したものであることを要します。当該国家のみが、国籍についての専権的な証明権者であり、それ以外の国は、証明権者とはなり得ません。なお、旅券については、そのものを添付することができませんので、旅券を提示した上、旅券の写しを添付することになります。その場合、市区町村の担当者は、原本を確認した後、同写しに「原本確認済」、「原本還付」と記載又は印判を押すことによって、原本と相違ないものであることを明示しておきます。また、在留カード並びに外国人住民票は、本国官憲が直接証明するものではありませんので、本項でいう国籍証明書に該当しないことはいうまでもありません。

　また、前述のとおり、当該届書に添付された婚姻要件具備証明書中に被

証明者の国籍について証明されておれば、これを国籍証明書として取り扱って差し支えないわけですから、実際には、この取扱いが多くを占めることが予想されます。

　国際私法上、当事者の「本国法」の決定は、私法関係における問題であり、その法律を公布した国家ないし政府に対する外交上の承認の有無等とは次元を異にするものです。ところで、台湾において、中華人民共和国の法規とは異なる法規が現に通用していることは、公知の事実です。このような場合に、国際私法上の解釈として、未承認政府の法律の適用問題として処理するのが適当か、異法地域の本国法決定の問題として通則法38条 3 項を適用して処理するのが適当か（なお、同項は、「当事者が地域により法を異にする国の国籍を有する場合には、その国の規則に従い指定される法（そのような規則がない場合にあっては、当事者に最も密接な関係がある地域の法）を当事者の本国法とする。」と定めています。）問題のあるところですが、いずれのアプローチによっても、中国人と台湾系中国人の本国法は別々の法律とするのが適当です。したがって、当事者が明らかに台湾の法域に属し、そこに適用されている法律が当該当事者に最も密接な関係がある法律であれば、これを当該当事者の本国法として適用することが妥当ではないでしょうか（最高裁判決昭和34年12月22日等）。また、戸籍先例（昭和51年 9 月 8 日民二4984号回答）も、台湾という地域のあることを認め、台湾に属する者については、その法律を適用することを認めています。

　同様に、朝鮮半島の北部地域において、朝鮮民主主義人民共和国の法律が施行されていることは明らかな事実です。これは、中華民国法と同様に、未承認国・政府の法律ですが、最近北朝鮮から来日したことが明らかである等、当事者が明らかにその地域に属する者であるとしたら、朝鮮民主主義人民共和国の法律を本国法とすべきではないかと考えますが、実際には、このような事例があったということを聞いたことはありません。

なお、外国法が不明の場合は、条理によるべきですが、その内容として
は、準拠すべき法秩序と最もよく近似しているとみられる法秩序によるべ
きであるとされています（昭和51年7月17日民二4123号回答）。

　もっとも、戸籍事務の取扱いとしては、韓国官憲発給の旅券の写し又は
国籍証明書若しくは韓国の家族関係証明書等、韓国官憲（韓国大使館等）
の発給した婚姻等についての証明書、又は国籍について韓国と記載されて
いる特別永住者証明書・住民票の写し等を提出した者については、その本
国法は大韓民国の法律であることは当然ですが、その証明がない朝鮮人に
ついても、本人が特に韓国人でないことを主張しない限り、原則として韓
国法によるものと考えて処理して差し支えないものと考えます。

　同様に、中国人と台湾系中国人の本国法の認定については、人民法院
（公証員）、公証処公証員、人民公社、人民委員会等中国の官憲の発給した
証明書を提出した中国人については、中華人民共和国の法律を本国法とし、
台湾の戸籍謄本を提出した者については、中華民国の法律を本国法として
取り扱うことになります。

　　イ　重国籍である場合の本国法

　（通達文）
②　重国籍である外国人については、その国籍を有する国のうち当事
　者が常居所を有する国の法律を、その国がないときは当事者に最も
　密接な関係がある国の法律を当事者の本国法とすることとされた
　（改正法例第28条第1項本文：通則法第38条第1項本文）。

　　(ア)　通達の趣旨

　通達文は、重国籍である外国人の本国法は、法例の改正により、国籍国
のうち、常居所を有する国の法律を、それがないときは当事者に最も密接
な関係がある国の法律を当事者の本国法とすることとされた（通則法38条

1項本文）ことを明らかにしたものです。

　　(イ)　重国籍である外国人の本国法

　重国籍である外国人を当事者とする婚姻届の審査に当たっては、まず、その者の本国法が決定されなければなりません。

　通則法38条1項本文は、「当事者が二以上の国籍を有する場合には、その国籍を有する国のうちに当事者が常居所を有する国があるときはその国の法を、その国籍を有する国のうちに当事者が常居所を有する国がないときは当事者に最も密接な関係がある国の法を当事者の本国法とする。」と規定し、外国人が重国籍者である場合、まず、その国籍を有する国のうち、その者が常居所を有している国があれば、その国の法律を、もし、常居所を有している国がないときは、その国籍を有する国の中で、その者に最も密接な関係がある国の法律を当該者の本国法とすることとしています。なお、「常居所」とは、人が常時居住する場所で、単なる居所とは異なり、人が相当長期間にわたって居住する場所であると解され、日本民法の「住所」と、ほぼ同一のものです。常居所を有しているか否かの判断は、一般的には、居住年数、居住目的、居住状況等諸要素を総合的に勘案した上、決定されますが、市区町村長における審査については、その審査上の制約があることを前提に、全国統一的処理を期するため、3900号通達第8に明示された「常居所の認定」によることになります。

　また、「最も密接な関係がある国」とは、国籍国の中で、自己と一番関係を有する国をいい、例えば、現在は、国籍国以外の国に常居所を有していますが、国籍国のうちの一つの国に家族等が居住し、同国へ往来しているような場合などもその一例として考えられます。重国籍者の本国法についての戸籍先例としては、「カンボジア及び中国の国籍を有する重国籍者の本国法を中国と認めて差し支えないとされた事例」（平成3年2月4日民二914号回答、戸籍577号65ページ）があります。

　なお、3900号通達においては、婚姻の場合、婚姻要件具備証明書の発行

があった国を密接関連国として認定することとし、特に受理照会を要しないこととしています（養子縁組等その他の要件具備証明書の発行があった場合も同様です。）。

　現行の通則法38条１項本文のような条文とされたのは、「婚姻の効力等においてその準拠法の指定を段階的連結方法による場合、密接関連法よりも常居所地法の方が優先されており、その思想的一貫性から常居所地国を優先させるべきこと、このほうが本国法の決定が明確になること、法的安定性の点で優れていること、並列にすると最後に取得した国籍と常居所のいずれを優先させるべきか判断に困難を伴うこと等を理由に優先劣後を定めたものである。」と説明されています（「改正法例下における渉外戸籍の理論と実務」（平成元年12月発行、テイハン、102ページ））。

　重国籍である外国人同士の婚姻の場合の取扱いについては、通則法38条１項本文により、まず夫婦のそれぞれについて本国法を決定した上、実質的要件をそれぞれの本国法に基づき審査することになります。

　　ウ　重国籍である外国人の本国法の認定方法

> （通達文）
> 　この改正に伴い、二以上の異なる国の国籍証明書が提出された場合又は届書その他の書類等から重国籍であることが明らかな場合は、次のとおり取り扱う。

　　　(ア)　通達の趣旨

　通達文は、二以上の異なる国の国籍証明書が提出された場合や届書その他の書類等から重国籍であることが明らかな場合における外国人の本国法の認定方法について、その戸籍事務の取扱いを明らかにしたものです。

　　　(イ)　重国籍であることの判断

　外国人を当事者とする婚姻届を市区町村長が審査する際、例えば、婚姻

要件具備証明書及び旅券の提出があったときに、その発行する国が異なっている場合のように、二以上の異なる国の国籍証明書が添付されていたり、あるいは、届書の本籍欄に二以上の異なる国の国籍が記載されており、調査の結果、重国籍であることが判った場合のように、届書その他の添付書類から重国籍であることが判明する場合は、婚姻の成立要件を審査すべき本国法が定まりませんので、その者の本国法の決定については本則どおり通則法38条１項本文の決定基準に従って認定しなければならないことになります。

　そこで、当該認定に当たっては、下記①から③の方法により取り扱うことになります。

　重国籍者の本国法については、その国籍国のうち、常居所がある国に、それがないときは、当事者に最も密接な関係がある国に決定することになります（通則法38条１項本文）が、これは、通則法25条の段階的連結に平仄を合わせています。すなわち、第一段階として常居所地、第二段階として密接関連地となります。具体的な審査方法は、次のとおりとなります。

　　①　居住証明書により認定する場合

　（通達文）

ⅰ　国籍国のうち居住している国の居住証明書の提出を求めた上で、当該証明書を発行した国に常居所があるものと認定し（後記第8の2(2)参照）、当該外国人の本国法を決定する。

　通達文は、二以上の異なる国の国籍証明書を提出した場合や届書その他の添付書類から重国籍であることが明らかな場合には、「国籍国のうち居住している国の居住証明書の提出を求めた上で、当該証明書を発行した国に常居所があるものと認定し、当該外国人の本国法を決定する。」と定め、婚姻届書類から婚姻当事者である外国人が重国籍であることが明らかと

なった場合には、国籍国のうち、居住証明書を発行した国の法律を本国法とすることとしたものです。

　すなわち、当該外国人が重国籍である場合には、通則法38条1項前段の規定により、国籍国のうち、常居所を有する国が本国法とされますので、当該常居所を認定しなければならないことになります。そこで、その認定のための資料には、国籍国のうちの居住している国の「居住証明書」が最も適当であり、これにより常居所を認定することとしたものです。その常居所の認定に当たっては、国籍国のうちその一国が居住証明書を発行した以上、まずは当該国に常居所があるということができるものと考えられることから、居住証明書の提出があれば、当該国に常居所があるものと取り扱って差し支えないものとされたのです（通達第8の2(2)）。

　したがって、重国籍であることが明らかとなった場合には、国籍国のうち居住証明書が提出されれば、その証明書を発行した国を当該外国人の本国法と決定することになります。

　また、居住証明書は、本国官憲の発行する居住事実・住所の存在に関するもので、その趣旨・内容は、日本における「住民票」と同様のものであればよく、また、名称が多少異なっていても差し支えありません。居住期間は、問題とする必要がありませんので（通達第8の2(2)）、記載がなくとも差し支えありません。

　なお、居住証明書の発行期限は、常居所の判定に当たって、事件本人が、居住証明書の発行後国外に転出し、当該国に常居所を有することとなったことも考えられ、国外に転出した場合、少なくとも1年が経過しない限り、常居所も変動しませんので、発行後1年内のものに限られることとされています（通達第8の1(1)参照）。しかしながら、国籍国間で転居することも考えられることから、その発行日は、直近（できれば3か月以内）のものであることが望ましいでしょう。

②　婚姻要件具備証明書により認定する場合

（通達文）
ⅱ　いずれの国籍国からも居住証明書の発行が得られない場合は、その旨の申述書の提出を求めた上で、婚姻要件具備証明書を発行した国を当該外国人に最も密接な関係がある国と認定し、その本国法を決定する。

　二以上の異なる国の国籍証明書を提出した場合や届書その他の添付書類から重国籍であることが明らかな場合には、まず国籍国のうち居住している国の居住証明書の提出を求め、当該居住証明書が提出されたときは、これにより本国法を決定することになりますが、いずれの国からも居住証明書の発行が得られない場合は、当該外国人の常居所を有する国の認定ができないことになります。

　そこで、通達においては、「いずれの国籍国からも居住証明書の発行が得られない場合は、その旨の申述書の提出を求めた上で、婚姻要件具備証明書を発行した国を当該外国人に最も密接な関係がある国と認定し、その本国法を決定する。」と定め、居住証明書の発行が得られない場合は、婚姻要件具備証明書を発行した国を最も密接な関係がある国すなわち密接関連国と認定し、同国の法律を本国法とすることにしたのです。

　すなわち、通則法38条1項に規定する重国籍者の本国法の決定基準によれば、外国人が重国籍である場合のその者の本国法の認定は、まず、国籍国のうち常居所を有する国の法律とされ、もし常居所を有する国がない場合には、密接関連国の法律をその者の本国法とすることとされています。

　そこで、ある国に常居所を有する者であれば当該国において、通常、居住証明書の発行が受けられるはずですが、国籍国のうちいずれの国からも居住証明書が得られない以上、市区町村においては、これらの国に常居所

があるとの認定はすることができませんので、常居所は、国籍国の中にはないものとして第二段階として密接関連国を認定の上、本国法を決定する以外にはないことになります。

　ところで、婚姻届に添付する婚姻要件具備証明書は、本国官憲が自国民についてその者が婚姻するに当たって自国の法律に適合している旨を証明するものです。この証明書の発行を得る場合は、国籍国のうちの当事者にとって最も関係がある国から得るのが通常であり、その蓋然性は非常に高いものと考えられ、また、本人側の意思とそれに対応する国家の行為という要素があることから、類型的に密接関連があるとして差し支えないと考えられるわけです。つまり、婚姻要件具備証明書は、密接関連国を認定する最も有力な資料となるものです。

　したがって、重国籍者であって、国籍国のいずれの国からも居住証明書の発行が得られない場合に、婚姻要件具備証明書が添付されているときは、当該婚姻要件具備証明書の発行国を密接関連国と認定、重国籍者の本国法を認定することとしたものです。

　なお、当該婚姻要件具備証明書により一律に密接関連国を認定することは、さほど煩瑣なものではなく、以上のとおりの理由で、その認定・判断が容易で誤り等の生じる恐れがないと考えられることから、管轄法務局長等の指示を求めることなく、市区町村長において行うものとされたものです。

　また、居住証明書の発行が得られない場合は、国籍国に常居所がないことを添付書類上も明らかにしておくため、国籍国から居住証明書の発行が得られない旨の申述書を提出させることとされています。当該申述書の内容は、「国籍国のいずれにも常居所がない」旨でも、「国籍国以外の第三国に常居所がある」旨でも差し支えありません。

　そのほかに、居住証明書の発行が得られない場合は、密接関連国を婚姻要件具備証明書により認定するものとされていますが、同証明書に代わるものとして、本国官憲の発行する独身証明書、あるいは、従来から認めら

れている宣誓書（昭和29年10月25日民事甲2226号回答）の添付があれば、これによっても差し支えありません。しかし、申述書（昭和30年 2 月 9 日民事甲245号通達、昭和31年 4 月25日民事甲839号通達等）については、本国官憲の発行する証明書でないことからこの認定資料にはなり得ません。

　③　受理照会により認定する場合

　（通達文）

ⅲ　ⅰ及びⅱにより当該外国人の本国法を決定することができない場合は、婚姻届の処理につき管轄法務局若しくは地方法務局又はその支局（以下「管轄局」という。）の長の指示を求めるものとする。

　外国人を当事者とする婚姻の届出が市区町村長にされた場合、二以上の異なる国の国籍証明書が提出されたり他の添付書類から重国籍であることが明らかとなったときは、前述のとおり、居住証明書の提出を求め、当該証明書により常居所を認定することとされ、また、居住証明書の発行が得られないときは、婚姻要件具備証明書により密接関連国を認定するものとされました。ところが、更にこの婚姻要件具備証明書も添付されていない場合も生じ得ます。

　そこで、通達文は、「（通達文前記の）ⅰ及びⅱにより当該外国人の本国法を決定することができない場合は、婚姻届の処理につき管轄法務局若しくは地方法務局又はその支局（以下「管轄局」という。）の長の指示を求めるものとする」と定め、実質審査を行わなければ本国法の認定ができない場合は、管轄局の長に受理照会をした上、密接関連国を認定することとしたものです。

　それは、密接関連国は、具体的事例ごとに判断を要するものである上、関係当事者から事情を聴取した上、認定することが必要であり、書面審査を前提とする市区町村長がこれを認定することは、困難であるからです。

そこで、管轄局に受理照会をし、管轄局において当該外国人又は関係人について実質的審査を行った上、重国籍者の密接関連国を認定することになります。また、それぞれの事案ごとに種々の態様があり、密接関連国を一律に判断することはできないため、受理照会事件については、当分の間、法務局独自で判断することなく、全て本省照会事案とし、本省からの回答を待って、処理することになります。この本省照会事案については、現在のところ当該事例はないようです。離婚届に関して日本が密接関連地であると認める基準については、平成5年4月5日付け民二2986号民事局第二課長通知で示しています。

　この密接関連国の認定に当たっては、当該外国人の国籍取得の経緯、国籍国のうち居住状況、国籍国での親族居住の有無、国籍国への往来の状況、現在における国籍国とのかかわり合いの程度等を総合的に勘案し、最も密接な関係がある国を密接関連国と認定することになります。

　もっとも、外国人が重国籍であることが明らかな場合で、居住証明書又は婚姻要件具備証明書の添付もないというのは、極めてまれな場合です。重国籍者の本国法の認定の事案は、そもそも外国人を当事者とする婚姻届の中でも重国籍者が当事者となるものは少ない上、大部分が、各種証明書により市区町村長の審査の段階において認定され得るはずだからです。したがって、上記のように、このような事例はなく、今後とも管轄局へ受理照会をしなければならないものはほとんどないものと考えられ、多くの事件は、受理照会をすることなく、審査が可能であると思われます。

2　形式的成立要件（方式）

　(1)　婚姻の方式の準拠法

　　（通達文）

　(2)　形式的成立要件（方式）

> 　婚姻の方式は、これまでの婚姻挙行地法によるほか、当事者の一
> 方の本国法によることができることとされた（改正法例第13条第3
> 項本文：通則法第24条第3項本文）。

　　ア　通達の趣旨

　通達文は、婚姻の方式は、通則法24条3項本文において、婚姻挙行地法
の方式によるほか、当事者の一方の本国法の方式にもよることができるよ
うにされたことを明らかにしたものです。

　　イ　婚姻の方式

　従来の考え方は、婚姻の方式は公の秩序に関するものであり、厳格に処
すべきであるということから、外交婚、領事婚による場合を除き、絶対的
な婚姻挙行地主義を採用し、婚姻は、婚姻挙行地の方式に適合する場合に
のみ有効としていました。しかし、絶対的に挙行地法によらなければなら
ないとされることは、当事者にとって非常に不便であり、ひいては、本国
では有効に婚姻が成立しているものとされているにもかかわらず、日本で
は無効と解されるいわゆる跛行婚も現出しており望ましいことではない
こと、また、婚姻の方式の公序性について、挙行地法のみによらなければ
公の秩序が保たれないとするほど厳格に考える必要はないこと等から、現
行法のようになったものです。

　法例改正前は、外国に在る日本人と外国人が婚姻する場合に、当該外国
人の本国法の方式（例えば、滞在国にある外国人の本国の大公使館での婚
姻登録、あるいは、回教国を本国とする外国人の国外の回教寺院での婚姻
など）によって婚姻をしたとしても、日本法上婚姻の成立は認めていませ
んでしたが、改正後は、これらは、当事者の一方の本国法の方式によるも
のとして日本法上も有効に婚姻が成立したものと認めることになりました。

　また、次のような婚姻も、我が国で有効に成立することになります。

　①　我が国にある外国の外交官又は領事が受理する当該外国の国籍を有

する者と当該外国の国籍を有しない外国人との婚姻（外交婚、領事館）

②　我が国にある外国の教会が外国人同士について行う宗教婚

なお、これらの婚姻について市区町村長に対する報告的届出は、外国人同士のものであり、戸籍法上、受理する旨の規定がないことから、受理できないことはいうまでもありません。

⑵　創設的婚姻届の取扱い

（通達文）

したがって、外国に在る日本人が民法第741条の規定に基づき日本の大使等にする婚姻の届出及び当事者の双方又は一方が日本人である場合における外国から郵送によりする創設的な婚姻の届出は、当事者の一方の本国法による方式によるものとして受理することができる。

ア　通達の趣旨

通達文は、外国に在る日本人同士が、その国に駐在する日本の大使等に、民法741条の規定に基づき婚姻の届出をする場合及び在外の日本人が、日本人同士又は日本人と外国人との婚姻の届出を外国から本籍地の市区町村長に郵送によりする場合、当該届出は、いずれも当事者の一方の本国法による方式によるものとして受理することができることを明らかにしたものです。

イ　外国に在る日本人同士の婚姻届出

通則法24条には、平成元年改正前法例13条2項の規定（前項ノ規定ハ民法第七百四十一条ノ適用ヲ妨ケス）が削除されていることから、民法741条の適用の有無が問題となりますが、通則法24条3項においては、当事者の一方の本国法による方式も有効とされており、当事者双方が日本人の場合、民法741条に定める外交婚・領事婚は当事者の一方の本国法による方

式に該当することになります。すなわち、通則法24条3項に改正前法例13条2項で定められていたものが包含されているのです。そこで、改正前法例13条2項は不要の規定となったことから、これを削除することとしたものです。

したがって、当該条文が削除されても、法例の改正前後において、外交婚・領事婚の取扱いは実質的には何ら変わりはなく、民法741条は従前のとおり適用されることとなっており、外国に在る日本人同士が、当該国に駐在する日本の大使、公使又は領事に対して創設的な婚姻届をすることができる（戸籍法40条）ことはいうまでもありません。

なお、外国に在る日本人と外国人の創設的な婚姻届については、当該国に駐在する日本の大使、公使又は領事に対してすることはできません。これは、「当事者の一方の本国法による方式」とは、在外においては民法741条に該当する場合、すなわち、「外国に在る日本人間」のものでなければならず、日本人と外国人の場合は、これに該当しないからです。

　　ウ　外国からの郵送による婚姻届

平成元年改正前法例13条1項ただし書は、「其方式ハ婚姻挙行地ノ法律ニ依ル」としていましたが、外国に在る日本人が、日本人又は外国人との間の創設的婚姻届を本籍地の市区町村長宛てに直接郵送する場合、戸籍先例は、これを有効として受理する取扱いとなっています（昭和26年3月6日民事甲412号回答）。この考え方は、届書を本籍地に郵送した場合、当該婚姻の挙行地は、郵便により届書が到達した地、すなわち本籍地のある「日本」であると解することに基づくものです。しかし、婚姻挙行地とは、当事者が婚姻を挙行する地であって、当事者の双方が不在である日本を婚姻挙行地とすることに本質的な問題があり、また、改正前の法例9条では、「法律ヲ異ニスル地ニ在ル者ニ対シテ為シタル意思表示ニ付テハ其通知ヲ発シタル地ヲ行為地ト看做ス」とあり、この規定の趣旨からも、婚姻挙行地は、婚姻届書を郵送に付した地、すなわち、外国であるとすべきである

との批判がありました。

　ところで、通則法24条３項において、当事者の一方の本国法による方式によって婚姻することも認められることになったため、在外の日本人が日本人又は外国人との間でする婚姻は、当事者の一方の本国法、すなわち、日本の法律に基づいてすることもできることとなったものです。つまり、在外の日本人から日本法（戸籍法）で定める方式、すなわち、市区町村長へ郵便により直接届書を送付する届出をすることにより婚姻が有効に成立することになりました。このため、婚姻挙行地はいずれであるかを問うまでもなく当然認められることになったわけです。

　なお、届書の提出を外国からすることができるか否かについては、我が国の戸籍法の管轄（行政管轄）に関する問題ですが、在外の日本人については、戸籍法の適用が属人的に及ぶことから、外国から郵送によるすることができることはいうまでもありません（戸籍法47条参照）。

　したがって、従来から当事者の双方又は一方が日本人である創設的届出が外国から郵送によってされた場合に、これを受理していましたが、平成元年の法例改正後は、これを挙行地法による方式とするのではなく、当事者の一方の本国法による方式に基づくものとして受理することができることとなりました。結局、この取扱いについては、適用条文が変わったものの、結論においては変わりはないのです。

　また、これと同様に、外国に在る日本人と外国人との創設的婚姻届が、当該国に駐在する日本の大使、公使又は領事にされた場合は、これを受理すべきではありませんが、これが誤って受理され、本籍地市区町村長に送付されたときは、当該市区町村長に送付された時に婚姻の効力が生じるものとして取り扱われていましたが、平成元年の法例改正後は、これについても当事者の一方の本国法による方式に基づくものとして、同様に取り扱われることになりました（平成元年法例改正前の取扱いとして、在外公館から本籍地市区町村長に送付された時に婚姻が成立するとした先例は、大

正15年2月3日民事281号回答、昭和11年2月3日民事甲40号回答、昭和
35年8月3日民事甲2011号回答）。

3 法例改正後の創設的婚姻届等の戸籍先例

①　平成4年6月30日付け民二3763号回答は、「日本人男とルーマニア
　人女との婚姻届を受理して差し支えない」としたものです（戸籍594
　号（平成4年8月号）59ページ）。

②　平成4年9月28日付け民二5674号通知は、「米軍関係者に係る婚姻
　要件具備証明書は所定の様式により米軍法務部長が証明する取扱いで
　差し支えない」としたものです（戸籍598号（平成4年12月号）61
　ページ）。

③　平成6年10月5日付け民二6426号回答は、「パキスタン人男と日本
　人女の婚姻届について、パキスタン人男から要件具備証明書を提出で
　きない旨の申述書及び重婚でない旨の宣誓書を徴した上、受理して差
　し支えない」としたものです（戸籍631号（平成7年4月号）79ペー
　ジ）。

④　平成7年2月24日付け民二1973号回答は、「日本人男とウクライナ
　人女の婚姻届について、ウクライナ人女から本国法上の婚姻の実質的
　成立要件を具備している旨の申述書を徴した上、受理して差し支えな
　い」としたものです（戸籍632号（平成7年5月号）115ページ）。

⑤　平成7年3月30日付け民二2644号回答は、「バルバドス国に対して
　出生の報告がされていないためバルバドス国官憲において身分関係が
　把握されていないとするバルバドス人女と日本人男の婚姻届について、
　バルバドス人女から婚姻要件具備証明書が提出できない旨及び過去に
　婚姻歴がなく現在独身であって同国法上婚姻に何らの障碍がない旨の
　申述書等が提出されている事案について、受理して差し支えない」と
　したものです（戸籍635号（平成7年8月号）55ページ）。

⑥　平成 7 年 9 月14日付け民二3747号回答は、「ミャンマー人男と日本
人女の婚姻届について、ミャンマー国の地方裁判所公証弁護士の作成
に係る独身証明書が婚姻要件を具備していることを証する書面に当た
るとして、当該届出を受理して差し支えない」としたものです（戸籍
638号（平成 7 年11月号）83ページ）。平成23年12月 6 日付け民一2951
号回答で一部変更されています（後記㉘参照）。

⑦　平成 7 年10月23日付け民二4085号回答は、「日本人男とリトアニア
人女の婚姻届について、添付された証明書を権限ある本国官憲発行の
婚姻要件具備証明書と認めて、受理して差し支えない」としたもので
す（戸籍641号（平成 8 年 1 月号）95ページ）。

⑧　平成 9 年10月 9 日付け民二1848号回答は、「ベトナム国ホーチミン
市人民委員会発行の婚姻証明書の取扱いについて」というものです
（戸籍667号（平成 9 年12月号）75ページ）。

⑨　平成12年 4 月 7 日付け民二936号回答は、「トリニダード・トバゴ共
和国官憲発行の独身証明書及び在大阪英国総領事館発行の証明書がト
リニダード・トバゴ共和国人の婚姻要件具備証明書に当該する」とし
たものです（戸籍702号（平成12年 5 月号）72ページ）。

⑩　平成13年 1 月29日付け民一221号回答は、「在ジョルダン日本国大使
館発給の渡航証明書により入国したパレスチナ発給の旅券を保持して
いる男について、居所地法である日本民法が適用されるとして、その
パレスチナ人男と日本人女との創設的婚姻届が受理された」ものです
（戸籍714号（平成13年 3 月号）84ページ）。

⑪　平成13年10月16日付け民一2692号回答は、「トーゴ共和国人男（添
付の「婚姻証明書」及び「独身未婚証明書」とも権限ある本国官憲が
発給したものと認定）と日本人女の創設的婚姻届を受理して差し支え
ない」としたものです（戸籍727号（平成14年 2 月号）78ページ）。

⑫　平成14年 8 月 8 日付け民一1885号通知は、「日本人と中国人を当事

者とする婚姻について、平成 3 年 8 月 8 日付け民二第4392号民事局第二課長通知を廃止した上、1）日本国に在る日本人と中華人民共和国に在る中国人が日本において婚姻した場合であっても、同国民法通則第147条が適用され、同国国内においても有効な婚姻と認められる。したがって、当事者は同国国内であらためて婚姻登記又は証人手続を行う必要はない。2）日本国の方式で婚姻したという証明は、日本国外務省及び在日本中華人民共和国大使館又は領事館において認証を得れば、同国国内でも有効に使用できる。」としたものです（戸籍735号（平成14年10月号）75ページ）。

⑬　平成15年 3 月24日付け民一837号回答は、「日本人男とラトビア人女の創設的婚姻届について、ラトビア共和国リガ市役所発行の宣誓書が独身であること及び婚姻障害がないことについての正当な証明書であるとして、受理して差し支えない」としたものです（戸籍745号（平成15年 6 月号）72ページ）。

⑭　平成15年 9 月19日付け民一2811号回答は、「サウジアラビア人男と日本人女との創設的婚姻届において、サウジアラビア国内務省の婚姻許可がない場合には、受理することができない」としたものです（戸籍755号（平成16年 2 月号）81ページ）。

⑮　平成16年 4 月13日付け民一1178号回答は、「マリ共和国人男と日本人女の創設的婚姻届の受理について、マリ共和国において発給された独身証明書を添付した創設的婚姻届について、同証明書はマリ共和国の法制上婚姻の成立に必要な要件を備えていることを証明する書面と認められることから、当該婚姻届を受理して差し支えない」としたものです（戸籍760号（平成16年 7 月号）52ページ）。

⑯　平成17年 2 月 4 日付け民一311号回答は、「モルドバ共和国キシニョフ市結婚登録所発行の結婚の記録がないことの証明書が添付されたモルドバ人女と日本人男の創設的婚姻届について、受理して差し支えな

い」としたものです（戸籍772号（平成17年5月号）64ページ）。

⑰　平成18年2月3日付け民一290号通知は、「日本で婚姻したブラジル人夫の氏変更の取扱いについて」を示したものです（戸籍785号（平成18年4月号）91ページ）。

⑱　平成18年2月9日付け民一335号回答は、「日本人男と中華人民共和国澳門特別行政区の旅券を所持する中国人女の創設的婚姻届について、添付された澳門特別行政区政府民事登記局が発行した聲明書及び婚姻記録をもって中国人女が婚姻の実質的要件を具備しているものとして取り扱って差し支えない」としたものです（戸籍788号（平成18年7月号）61ページ）。

⑲　平成18年7月25日付け民一1690号回答は、「ペルー法上同国人が日本に住所を有すると認められる場合は、反致が適用されるものとして、ペルー人男の婚姻要件について、日本法を適用して差し支えない」としたものです（戸籍804号（平成19年9月号）88ページ）。

⑳　平成20年1月17日付け民一156号回答は、「カンボジア王国人男と日本人女との創設的婚姻届に添付されたカンボジア王国人男の独身証明書を婚姻要件具備証明書として取り扱って差し支えない」としたものです（戸籍815号（平成20年6月号）151ページ）。

㉑　平成20年5月23日付け民一1475号回答は、「パラオ共和国人男と日本人女との創設的婚姻届の受否について、届書に添付された書面（「AFFIDAVIT」及び「CERTIFICATE OF LIVE BIRTH」）をもって、パラオ共和国人男について、婚姻要件を具備していると認められるため受理して差し支えない」としたものです（戸籍816号（平成20年7月号）81ページ）。

㉒　平成21年2月25日付け民一446号回答は、「ベネズエラ・ボリバル共和国人女と日本人男の創設的婚姻届について、受理して差し支えない」としたものです（戸籍828号（平成21年5月号）103ページ）。

㉓　平成21年３月26日付け民一762号通知は、「ブラジル人を当事者とする創設的婚姻届の取扱いについて」を示したものです（戸籍827号（平成21年４月号）117ページ）。

㉔　平成21年２月27日付け民一474号回答は、「ニジェール共和国人男と日本人女との創設的婚姻届について、ニジェール人男から公的な独身証明書の提出を求めた上で、ニジェール人男について独身であることが確認できれば、受理して差し支えない」としたものです（戸籍842号（平成22年５月号）71ページ）。

㉕　平成22年３月31日付け民一833号通知は、「中国人を当事者とする創設的婚姻届の審査について」を示したものです（戸籍845号（平成22年８月号）79ページ）。

㉖　平成23年２月４日付け民一290号回答は、「ギニアビサウ共和国人男と日本人女の創設的婚姻届について、夫の本国法及び妻の本国法における婚姻要件が具備されていることが認められ、夫の未婚証明書も本国が発行した正当な証明書であることが明らかにされたことから、受理して差し支えない」としたものです（戸籍854号（平成23年３月号）70ページ）。

㉗　平成23年７月27日付け民一1780号回答は、「日本人男とミャンマー人女との創設的婚姻届は、届書に添付された「FAMILY LIST」により事件本人が独身であることが認められることから受理して差し支えない」としたものです（戸籍861号（平成23年10月号）50ページ）。

㉘　平成23年12月６日付け民一2951号回答は、「日本人男とミャンマー人女との創設的婚姻届について、双方の実質的成立要件が満たされた届出として受理して差し支えなく、また、従前、仏教徒のミャンマー人の婚姻に係る実質的成立要件とされていた共同生活の開始については、現在は、形式的成立要件と考えて差し支えない」としたものです（戸籍867号（平成24年２月号）45ページ）。

㉙　平成24年1月27日付け民一262号回答は、「アフガニスタン人男と日本人女との創設的婚姻届について、双方の実質的成立要件が満たされた届出として受理して差し支えない」としたものです（戸籍869号（平成24年4月号）65ページ）。

㉚　平成24年4月19日付け民一994号回答は、「マダガスカル人男と日本人女との創設的婚姻届について、双方の実質的成立要件が満たされた届出として受理して差し支えない」としたものです（戸籍873号（平成24年8月号）64ページ）。

㉛　平成24年7月31日付け民一1952号回答は、「ニカラグア人男と日本人女を当事者とする創設的婚姻届について、添付の独身証明書をもって婚姻要件具備証明書と取り扱って差し支えないとし、受理相当」としたものです（戸籍881号（平成25年2月号）62ページ）。

㉜　平成24年9月24日付け民一2439号回答は、「パレスチナ人男と中国人女との創設的婚姻届について、双方の実質的成立要件が満たされた届出として受理して差し支えない」としたものです（戸籍884号（平成25年5月号）43ページ）。

㉝　平成24年11月30日付け民一3329号回答は、「イラク人男と日本人女を当事者とする創設的婚姻届について、添付の独身証明書をもって婚姻要件具備証明書と取扱い受理して差し支えない」としたものです（戸籍884号（平成25年5月号）74ページ）。

㉞　平成24年12月4日付け民一3384号回答は、「カナダ人男とコンゴ民主共和国人女との創設的婚姻届に関し、コンゴ民主共和国人女について、添付された独身証明書及びパスポートだけでは婚姻要件を具備していることが明らかではないことから、受理することは相当でない」としたものです（戸籍887号（平成25年8月号）35ページ）。

㉟　平成26年6月6日付け民一694号回答は、「セントルシア国人男と日本人女の創設的婚姻届について、受理して差し支えない」としたもの

です（戸籍901号（平成26年 8 月号）78ページ）。

㊱　平成26年12月24日付け民一1475号回答は、「モーリシャス人男と日本人女の創設的婚姻届について、受理して差し支えない」としたものです（戸籍911号（平成27年 4 月号）47ページ）。

㊲　平成27年 1 月21日付け民一63号回答は、「英国人の創設的婚姻届について、英国官憲の発給に係る出生証明書及び宣誓書を我が国において婚姻する際に要求している婚姻要件具備証明書に代わるものとして取り扱うことは差し支えない」としたものです（戸籍910号（平成27年 3 月号）97ページ）。

㊳　平成27年 6 月 9 日付け民一751号回答は、「ツバル人男と日本人女の創設的婚姻届の受否について、受理して差し支えない」としたものです（戸籍923号（平成28年 2 月号）31ページ）。

㊴　平成28年 3 月15日付け民一274号回答は、「セントビンセント人男と日本人女の創設的婚姻届について、受理して差し支えない」としたものです（戸籍927号（平成28年 6 月号）106ページ）。

㊵　平成28年10月25日付け民一974号回答は、「日本人男とカンボジア王国人女の創設的婚姻届について、受理して差し支えない」としたものです（戸籍936号（平成29年 2 月号）67ページ）。

㊶　平成29年 7 月 5 日付け民一846号回答は、「日本人男とメキシコ人女の婚姻については、メキシコ人女についての準拠法は日本法となるので、日本法により審査する」としたものです（戸籍945号（平成29年10月号）93ページ）。

㊷　平成30年 7 月17日付け民一986号回答は、「タンザニア人男と日本人女の創設的婚姻届について、受理して差し支えない」としたものです（戸籍965号（平成31年 2 月号）97ページ）。

II 報告的届出

1 日本人同士が外国の方式により婚姻した場合の取扱い

（通達文）

2 報告的届出

(1) 日本人同士が外国においてした婚姻の報告的届出については、従前のとおりである。

(1) 通達の趣旨

通達文は、日本人同士が外国において婚姻した場合の報告的届出についての取扱いは、平成元年の法例の改正前後においても何ら変わらないことを明らかにしたものです。

(2) 報告的婚姻届出一般についての従前の取扱い

外国に在る日本人が、当該外国の方式により婚姻をした場合、その外国の方式に従って婚姻に関する証書（以下「婚姻証書」といいます。）を作らせたときは、その証書の謄本（もし、婚姻証書を作成しない場合には、婚姻の成立を証する書面。）を婚姻の成立の日から3か月以内に、その国に駐在する日本の大使、公使又は領事に提出しなければならないとされています（戸籍法41条）。また、大使等は、これを遅滞なく外務大臣を経由して本人の本籍地の市区町村長に送付しなければなりません（戸籍法42条）。

そこで、報告的届出として婚姻証書等の謄本が提出された場合、市区町村長は、まず、提出された婚姻証書等が、真正に作成されたものであるか否かについて審査することとなります。真正に作成されたものであることが確認されれば、その国の方式によって婚姻が成立したことが証明されるわけです。

なお、その国の婚姻の方式が広く知られており、証書の作成者・体裁・内容などから判断して、真正に成立したものと認められるものが提出され

たときは問題はありませんが、もし、証書作成名義者の有する権限につい
て疑問があったり、内容に不明確な点があるときには、管轄法務局へ照会
し、管轄法務局でも明らかにすることができないときには、法務省あるい
は外務省、在外公館と照会を重ね、明確にした上で処理することになります。

　また、外国の方式によって婚姻をする場合、実質的要件については、各
当事者の本国法が準拠法となりますので、この準拠法に基づく要件を充足
していなければならないわけであり、準拠法の要件を満たしているかどう
かを審査する必要があります。もっとも、外国の方式によって婚姻した場
合、当該日本人が、我が国の民法の定める実質的要件を具備していないに
もかかわらず、婚姻が行われてしまうこともあり得ます。このような場合、
外国の方式によって一応婚姻は成立しているものですから、その婚姻につ
いて取消し事由があったとしても、そのことを理由に報告的婚姻届出を受
理しないことは許されませんが（大正15年11月26日民事8355号回答、昭和
26年7月28日民事甲1544号回答、同44年2月13日民甲事208号回答等）、実
質的成立要件の欠缺・無効事由がある場合については、無効であるので受
理を拒まなければなりません（昭和5年9月29日民事890号回答）。もっと
も、我が国の民法の無効事由は、意思の欠缺が主なものであり、戸籍の窓
口でこれを現実に審査することは、かなり困難であると思われ、事実上は、
そのまま受理することがほとんどではないでしょうか。

　(3)　日本人同士の報告的婚姻届出の取扱い

　日本人同士が外国においてした婚姻について、報告的届出をする場合と
は、平成元年の法例改正前の法例13条1項ただし書、通則法では24条2項
の規定により婚姻挙行地である外国の方式に従って婚姻した場合をいい、
この報告的届出は、戸籍法41条に基づきその国の方式に従って作成された
婚姻証書の謄本をその国に駐在する日本の大使等に婚姻成立の日から3か
月以内に提出することにより行われます。

　なお、日本人同士の婚姻についてこの報告的婚姻届出として婚姻証書を

提出する場合には、夫婦の称する氏（民法750条）、夫婦について新戸籍を編製すべきときにおける新本籍（戸籍法16条・30条1項）などを、夫婦で協議した上で届け出なければなりません（昭和25年1月23日民事甲145号回答）。また、戸籍法41条の規定による報告的届出は、関係当事者の一方からでもすることができるものとされています（昭和28年4月8日民事甲561号回答）が、夫婦の称する氏などについては、夫婦の協議によって定めなければなりませんから、婚姻証書などにより夫婦の称する氏が明らかでない限り、結局、夫婦共同で提出することになります。

　ところで、平成元年の法例改正後における婚姻の方式は、婚姻挙行地によるほか、当事者の一方の本国法による方式によってもすることができることになりましたが、日本人同士の報告的婚姻届出の場合にこれを適用する余地はありません。なぜなら、日本人の本国法、すなわち、日本法によるとするならば、届出により婚姻が成立する創設的届出以外にはないからです。

　したがって、日本人同士が外国においてした婚姻についての報告的届出の取扱いは、平成元年の法例改正前後において何ら変わっておらず、従前のとおりということになり、現在においても、この取扱いの変更はありません。

　なお、当該国に日本の大使等が駐在している場合であっても、報告的婚姻届出を本籍地に郵送したり、帰国後に提出したりすることができることも変わりはありません（大正3年12月28日民893号回答12、昭和26年7月19日民事甲1542号回答）。

2　日本人と外国人が外国において婚姻した場合の取扱い

（通達文）

(2)　日本人と外国人が外国においてする婚姻は、婚姻挙行地法による方式によるほか、当該外国人の本国法による方式によることができ

ることとされたことに伴い、外国に在る日本人は、外国人配偶者の
本国法による方式により婚姻し、婚姻に関する証書を作らせたとき
は、その本国が婚姻挙行地国以外の国であっても、三箇月以内にそ
の所在する国に駐在する日本の大使等にその証書の謄本を提出しな
ければならないこととなる（戸籍法第41条の類推適用）。

(1)　通達の趣旨

　通達文は、日本人と外国人が外国においてする婚姻は、婚姻挙行地法に
よる方式によるほか、当該外国人の本国法による方式によることができる
こととされたため（（前記Ⅰ2(1)イ）解説参照。なお、日本人と外国人間
の日本法の方式は、我が国の市区町村長に対する創設的届出のみです。）、
外国に在る日本人が、外国人配偶者の本国法上の方式により婚姻した場合
の報告的婚姻届出の取扱いを明らかにしたものです。

(2)　外国人配偶者の本国法の方式による婚姻

　外国に在る日本人が、婚姻挙行地である外国の方式に従って婚姻し、当
該婚姻に関する証書を作らせたときは、3か月以内にその国に駐在する日
本の大使、公使又は領事にその証書の謄本を提出しなければならないこと
とされています（戸籍法41条1項）。これは、外国の方式によって既に成
立した婚姻の事実を当該婚姻証書の謄本の提出を受け、その者の戸籍に記
載しようとするものにほかならないからです。

　ところで、平成元年の法例改正に伴い、日本人が外国においてする婚姻
は、前記の婚姻挙行地による方式のほか、当事者の一方の本国法による方
式によることもできることとされたことにより、外国に在る日本人が、外
国人配偶者の本国法の方式により婚姻することができることになりました。
例えば、絶対的挙行地主義を採用している甲国に駐在する乙国の大使館で、
乙国人と日本人が乙国の方式により婚姻をした場合、乙国がこの婚姻を乙
国の方式に従ったものとして認める限り、当事者の一方、すなわち、乙国

の本国法の方式による有効な婚姻として取り扱うことができます。

　そうすると、日本人が外国において外国人配偶者の本国法の方式により婚姻した場合も同様に、その者の戸籍に婚姻の事実を記載する必要があることはいうまでもありません。

　そこで、外国に在る日本人が、外国人配偶者の本国法の方式（婚姻挙行地法による場合を除く。）により婚姻し、外国人配偶者の本国官憲に婚姻に関する証書を作らせたときは、戸籍法41条を類推適用することとし（過料（戸籍法137条）に関する部分については、拡張解釈が許されないためです。）、3か月以内にその所在する国に駐在する日本の大使等にその証書の謄本を提出しなければならないこととしたものです。

　また、この場合、大使等がその国に駐在しないときは、これについても戸籍法41条2項の類推適用により3か月以内に本籍地の市区町村長に証書の謄本を発送しなければならないことになります。

　なお、これらの場合は、戸籍法41条の類推適用ですから、当該提出期間を経過しても、戸籍法施行規則65条による管轄簡易裁判所への失期通知は要しないことになります（平成10年7月24日付け民二1374号通知は、戸籍法41条の証書の謄本についても、それが法定の期間内に提出又は発送されなかった場合であっても、失期通知を要しないとしました。）。

　⑶　本国官憲の発給する婚姻証書

　外国人配偶者の本国が婚姻挙行地国以外の国である場合における当該配偶者の本国官憲の作成する婚姻に関する証書、いわゆる婚姻証書としては、具体的には、甲国の国籍を有する者と日本人が、乙国に駐在する甲国大使館で婚姻を挙行した場合の甲国官憲の発給する婚姻証書等が該当します。また、ギリシャ正教徒であるギリシャ人と日本人が第三国にあるギリシャ正教会で婚姻を挙行した場合においては、教会の発行に係る婚姻証書は本国官憲が認めている婚姻であることから婚姻証書と見ても差し支えないものと考えます。

(4)　記載例

　日本人と外国人が当該外国人の本国法の方式により行った報告的婚姻届の戸籍の記載例は、外国にある日本人男が外国人女と所在国の方式に従って婚姻した場合で婚姻前既に夫が戸籍の筆頭に記載されているとき（法定記載例番号77）と同様になりますから、次のとおりです。

・紙戸籍の場合

「令和○年○月○日国籍△△△△何某（西暦○年○月○日生）と同国の方式により婚姻○月○日証書提出○月○日在□□総領事から送付㊞」

・コンピュータ戸籍

婚　　姻	【婚姻日】令和○年○月○日
	【配偶者氏名】何某
	【配偶者の国籍】△△△△
	【配偶者の生年月日】西暦○年○月○日
	【婚姻の方式】△△△△の方式
	【証書提出日】令和○年○月○日
	【送付を受けた日】令和○年○月○日
	【受理者】在□□総領事

3　日本人と外国人が日本において婚姻した場合の取扱い

（通達文）

(3)　日本において婚姻を挙行した場合において、当事者の一方が日本人であるときは、他の一方の当事者の本国法による方式によることはできないこととされた（改正法例第13条第3項ただし書：通則法第24条第3項ただし書）ので、日本人と外国人が日本において婚姻をした（日本人と外国人が当該外国人の本国の大使館等において婚姻をした場合を含む。）旨の報告的届出は、受理することができない。

(1)　通達の趣旨

　通達文は、日本人と外国人が日本において外国人の本国法により婚姻を挙行しても、その旨の報告的届出は受理することができないことを明らかにしたものです。

(2)　日本人と外国人が日本で外国の方式により婚姻を挙行した場合の取扱い

　日本人と外国人が婚姻する場合、婚姻挙行地法による方式のほか婚姻当事者の一方の本国法による方式によってもすることができるとされた（通則法24条3項本文）ことから、日本において婚姻当事者の一方の外国人の本国法による方式によって挙行された婚姻について、その成否いかんが問題となりますが、通則法24条3項ただし書においては「日本において婚姻が挙行された場合において、当事者の一方が日本人であるときは、この限りでない。」と規定し、当事者の一方が日本人である場合において日本で婚姻するときはこれを認めないこととしたものです。すなわち、日本人と外国人が日本において、外国人の本国法の方式で婚姻を挙行し、その旨の報告的届出を市区町村長にしても、これを受理することはできません。

　このような取扱いとしたのは、次のような理由に基づくものです。つまり、日本人と外国人が、日本国内で当該外国人の本国法の方式によって婚姻した場合、もしこれが成立したものとして取り扱うこととすると、当該婚姻についても事後的に市区町村長に対して報告的届出をしなければならないことになります。しかし、そのことは、挙行地法である日本の方式としての創設的婚姻届出を初めから要求することと実質上差異がなく、また、これを要求しても、当事者に格別に困難を強いることにはならないものと考えられるからです。

　また、逆に日本人についても、当該外国人の本国法の方式により婚姻が成立し、報告的婚姻届出ができるものとすると、日本人について既に国内において身分関係の登録を要する事象が発生しているにもかかわらず、こ

れが戸籍に記載されないまま、婚姻の成立を認めざるを得ない結果となり問題です。当該婚姻から出生した子の国籍や地位が事実上不安定になって望ましくないこと等がその理由に挙げられます。

　そこで、日本において婚姻を挙行する場合、当事者の一方が日本人であるときは、日本の法律による以外は認めないこととされたものです。したがって、日本人と外国人が日本において婚姻した場合は、通達文括弧書き（括弧書きは、「日本人と外国人が当該外国人の本国の大使館等において婚姻をした場合を含む。」としています。）も含め、日本人と外国人が日本において婚姻した旨の報告的届出は、受理することができないことを明らかにするとともに、これに対する例外を認めないとしたものです。

　次に、戸籍法41条証書に関する先例を掲載します（平成 2 年以降に成立した婚姻証書等に関するものです。戸籍誌の掲載号数順に示しています。）。

【戸籍法41条証書に関する先例】

①　平成 2 年 8 月24日付け民二3740号回答は、「日本人男とエルサルバドル人女とのグアテマラ共和国における婚姻について、同国弁護士が発給した婚姻証明書を戸籍法41条に規定する婚姻証書として取り扱って差し支えない」としたものです（戸籍568号（平成 2 年10月号）59ページ）。

②　平成 7 年12月11日付け民二4369号回答は、「イスラエル人男と日本人女の婚姻届に添付されたサイプラス（キプロス）共和国ラルナカ市発行の婚姻証明書を戸籍法41条に規定する証書として取り扱って差し支えない」としたものです（戸籍642号（平成 8 年 2 月号）87ページ）。

③　平成 9 年11月10日付け民二1999号回答は、「韓国人男と日本人女の報告的婚姻届に添付されたバハマ国の方式による婚姻証書を戸籍法41条に規定する証書として取り扱って差し支えない」としたものです（戸籍667号（平成10年12月号）82ページ）。

④　平成10年 5 月27日付け民二1008号回答は、「キルギス共和国人女と

日本人男との報告的婚姻届に添付された在中国キルギス共和国大使館発行の婚姻証明書を戸籍法41条に規定する証書として取り扱って差し支えない」としたものです（戸籍677号（平成10年8月号）76ページ）。

⑤　平成11年10月26日付け民二2326号回答は、「シエラレオネ共和国人男と日本人女との報告的婚姻届に添付されたシエラレオネ共和国官憲発行の婚姻証明書を戸籍法41条に規定する証書として取り扱って差し支えない」としたものです（戸籍695号（平成11年12月号）81ページ）。

⑥　平成13年4月9日付け民一938号回答は、「日本人男とBNO旅券を保持する英国人女の婚姻が香港の方式で成立した旨の婚姻証書及び報告的婚姻届書中の妻の氏が漢字表記されている場合、戸籍へそのまま記載して差し支えない」としたものです（戸籍716号（平成13年5月号）69ページ）。

⑦　平成17年8月2日付け民一1741号回答は、「日本人女がアルバニア共和国人男と同国の方式により婚姻した旨の同国官憲発行の婚姻証明書を添付して報告的婚姻届がされた場合において、同証明書を戸籍法41条に規定する証書として取り扱って差し支えない」としたものです（戸籍776号（平成17年9月号）68ページ）。

⑧　平成19年3月5日付け民一514号回答は、「日本人男とウズベキスタン人女との報告的婚姻届について、添付された結婚登録証明書を戸籍法41条に規定する証書と認めて受理して差し支えない」としたものです（戸籍803号（平成19年8月号）81ページ）。

⑨　平成22年2月2日付け民一255号回答は、「コソボ共和国人男と日本人女との報告的婚姻届について、その届書に添付された婚姻証明書を戸籍法41条に規定する証書と認めて受理して差し支えない」としたものです（戸籍839号（平成22年2月号）63ページ）。

⑩　平成22年4月28日付け民一1092号回答は、「日本人女及びニジェール人男の間でニジェール共和国の方式により婚姻が成立した旨の証明

書を添付して届出がされた報告的婚姻届について、受理して差し支えない」としたものです（戸籍845号（平成22年8月号）89ページ）。

⑪　平成24年8月14日付け民一2060号回答は、「日本人男とモンゴル国人女との報告的婚姻届について、添付された婚姻証明書をもって戸籍法41条に規定する証書と認め、受理して差し支えない」としたものです（戸籍875号（平成24年10月号）88ページ）。

⑫　平成24年7月31日付け民一1953号回答は、「中国村民委員会（居民委員会）発行の証明書をもって婚姻の成立を証明する有効な証書として取り扱うことはできない」としたものです（戸籍883号（平成25年4月号）72ページ）。

⑬　平成25年12月26日付け民一1041号回答は、「日本人男とマレーシア人女との間でマレーシア国の方式で婚姻が成立したとして提出された報告的婚姻届及び同女との子の嫡出子出生届について、日本人男は、既に他のマレーシア人女と婚姻しており、重婚となっているが、後婚は無効とはいえないとして、受理して差し支えない」としたものです（戸籍900号（平成26年7月号）75ページ）。

⑭　平成26年5月2日付け民一545号回答は、「セントルシア国人男と日本人女との報告的婚姻届の受理の受否について、受理して差し支えない」としたものです（戸籍901号（平成26年8月号）66ページ）。

⑮　平成24年9月5日付け民一2300号回答は、「ギニアビサウ共和国人男と日本人女の婚姻届に添付された婚姻証明書は、権限ある官憲により証明されたものであり、戸籍法41条に規定する証書として取り扱うことができることから、報告的婚姻届として受理して差し支えない」としたものです（戸籍909号（平成27年2月号）51ページ）。

⑯　平成27年2月2日付け民一106号回答は、「日本人女とベリーズ人男の報告的婚姻届及び同人らの子の出生届について、受理して差し支えない」としたものです（戸籍914号（平成27年7月号）81ページ）。

⑰　平成27年8月13日付け民一963号回答は、「グルジア（ジョージア）国人男と日本人女の報告的婚姻届について、受理して差し支えない」としたものです（戸籍925号（平成28年4月号）60ページ）。

Ⅲ　外国人との婚姻による氏の変更届（戸籍法107条2項）等の取扱い

　通則法25条は、「婚姻の効力は、夫婦の本国法が同一であるときはその法により、その法がない場合において夫婦の常居所地法が同一であるときはその法により、そのいずれの法もないときは夫婦に最も密接な関係がある地の法による。」と規定し、婚姻の効力について、いわゆる段階的連結により準拠法を指定する方式としています。

　したがって、例えば、夫婦の同居義務、婚姻による成年擬制、夫婦間の契約、夫婦の行為能力の制限、夫婦の貞操義務等の法律関係の適用に当たって準拠法が変わることとなります。

　ところで、夫婦の一方が外国人である場合の夫婦の氏については、学説上、婚姻という身分変動の効果として生ずる問題であるという点に着目し、通則法25条を適用すべきであるとするのが通説的見解ですが、戸籍事務の取扱いは、従前から、氏名権という夫婦それぞれの人格権に関する問題であるとして、当事者の属人法（本国法）によることとしており、少なくとも日本人については日本法によるものとする立場が採られています（昭和40年4月12日民事甲838号回答）。

　したがって、戸籍法107条2項のいわゆる外国人との婚姻による氏の変更の届出等については、通則法25条とは直接関係しないことになります。

　なお、外国人と婚姻した日本人が、その氏を戸籍法107条2項の届出により、婚姻の効果として外国人配偶者が称することとなった複合氏に変更することは認められないとしたものがあります（平成27年6月1日民一707号回答、戸籍917号（平成27年10月号）86ページ）。

第2　離婚に関する取扱い

Ⅰ　創設的届出

1　実質的成立要件

（通達文）

第2　離　婚

　1　創設的届出

　(1)　離婚については、第一に、夫婦の本国法が同一であるときは
その法律により、第二に、その法律がない場合において夫婦の
常居所地法が同一であるときはその法律により、第三に、その
いずれの法律もないときは夫婦に最も密接な関係がある地の法
律によることとされた（改正法例第16条本文：通則法第27条本
文）が、夫婦の一方が日本に常居所を有する日本人であるとき
は、日本の法律によることとされた（同条ただし書：通則法同
条ただし書）。

　　　この改正に伴い、協議離婚の届出については、次の取扱いと
する。なお、当事者の本国法の決定は、第1の1(1)イの例によ
る。

---

　(1)　通達の趣旨

　通達文は、届出によって離婚が成立するいわゆる創設的な離婚の届出の
実質的成立要件が、法例の改正により変更したので、その改正法例の内容
を明らかにしたものです。

　(2)　改正の内容

　平成元年の改正前法例16条本文は、「離婚ハ其原因ノ発生シタル時ニ於
ケル夫ノ本国法ニ依ル」と規定し、準拠法の基準時を定め、離婚原因発生

当時の夫の本国法が準拠法であるとしていました。これは、離婚の原因である事実発生後の夫の国籍変更により、離婚が困難となり、又は容易となって、妻の予期しない結果の発生を避ける趣旨に基づくものです。しかしながら、これまでの裁判例で、離婚の原因である事実発生後に、夫が国籍を変更し、離婚の準拠法として国籍変更前の夫の本国法を適用した事例は見当たらず、また、離婚原因発生時に当てはまる準拠法により、離婚に関する一切の問題を支配する立法は必ずしも妥当とはいえないとの批判があった（法務省民事局内法務研究会編「改正法例下における渉外戸籍の理論と実務」（テイハン、平成元年12月発行）126ページ参照）ということから、これを改め、段階的連結による準拠法の定め方を採用したものです。

　改正前の法例16条ただし書は、「裁判所ハ其原因タル事実カ日本ノ法律ニ依ルモ離婚ノ原因タルトキニ非サレハ離婚ノ宣告ヲ為スコトヲ得ス」と規定し、離婚の原因は公の秩序に関するものであるという理由で、準拠法上定められた離婚原因が我が国の法律においても離婚原因である場合でなければ離婚は認められないものとしていました。しかしながら、我が国の離婚法が比較的、離婚を自由に認めているため、このただし書にあるような日本民法の留保により離婚の成立が阻止されることは実際に極めて少ないこと、このような規定を削除しても必要な場合は公序による留保条項を用いることも可能なので、その目的を達することができること、抵触法規を簡素化するためにはむしろ削ることが望ましい等との批判もありました。

　通則法27条は、離婚の準拠法について、婚姻の効力の準拠法を定めた25条の規定を準用しています。これは、両性の本質的平等を考慮して、夫婦双方に関連する法律によることとする方向で検討した結果、婚姻の効力の準拠法の定め方（すなわち、同一本国法、共通常居所地法、密接関連法の三段階による連結）と一致したためです。この場合、「離婚は、婚姻の効力の準拠法による」と定めることも考えられなかったわけではなかったようですが、特に密接関連法の認定に当たり、婚姻の効力の場合、多くは夫

婦が同居し、婚姻生活を営んでいますから、その婚姻の住所を基に、その婚姻関係を規律する法律を求めればよいのに対し、離婚の場合は、夫婦の一方ないし双方が、婚姻の住所地国から他国へ移動する等により、別居しているのが一般的ですから、婚姻の効力と離婚では、重点の置くべき事情が異なり、その結果、準拠法が異なることがあり得るため、「準用」の形で書き、「婚姻の効力の準拠法による。」とは規定されなかったというものです。

　通則法は、25条を準用し、離婚の準拠法の指定方法として三段階連結によることとしています。すなわち、まず、夫と妻の本国法が同一のときは、その法律によることとし、次に、同一の本国法がないときは、夫婦が同じ国に常居所を有していれば、その法律によるのが適当ですから、第二段目として、共通常居所地法によることとし、さらに、その法律もないときは、その夫婦にとって最も密接な関係がある地の法律によることとするのが適当であることから、第三段目として、密接関連法によることとしています。

　次に、通則法27条には、離婚の準拠法について、ただし書が設けられています。ただし書は、「夫婦の一方が日本に常居所を有する日本人であるときは、離婚は、日本法による。」と規定しています。これは、離婚の準拠法について、婚姻の効力の準拠法について定める25条の規定を準用するのみでは、我が国が協議離婚制度を有することから、一義的には形式的審査権を前提とする市区町村長に密接関連法の認定という困難な判断を強いることになり、実務的には機能しがたいため、この点が考慮されたものです。なお、27条ただし書は、日本法を重視するあまり、妥当性を欠くのではないかとの疑問が提起されることがなしとはしませんが、このただし書は、規定の体裁にかかわらず、第三段階である密接関連法のみに優先して適用されることになります。なぜなら、ただし書の適用される場合を考えてみますと、夫婦の本国法が同一でありながらただし書が優先適用されるという場合は、夫婦が共に日本の国籍を有している場合に限られますし、

同様に、夫婦の一方が日本に常居所を有する場合において、共通常居所地法があるとすれば、これも日本法となるなど、ただし書が適用されるような場面では、本文の規定によっても準拠法は日本法となるからです。そして、ただし書が適用される場合は、密接関連法によることとしても、日本法がこれに該当することが多いということができます。すなわち、協議離婚の場合を考えますと、一般的には、他方当事者が合意の上で日本法に基づき離婚しようとの意思を有している場合でありますし、裁判離婚の場合についても、裁判管轄は被告の住所地を原則的な基準とすることから、ただし書が適用される場合とは、日本に住所及び常居所を有する日本人を相手に日本の裁判所に訴えを提起する場合であって、いずれにしても、ただし書の要件を満たす大抵の場合は、日本法が密接関連法として認定されるものと考えられるからです。

　そこで、通則法27条の意味するところを全て書き尽くすと次のとおりとなります。

①　離婚は、夫婦の本国法が同一であるときはその法律により、その法律がない場合において夫婦の常居所地法が同一であるときはその法律による。

②　前項に掲げた法律がないときは、夫婦に最も密接な関係がある地の法律による。ただし、夫婦の一方が日本に常居所を有する日本人であるときは、離婚は、日本法による。

となりますが、25条の規定を準用した結果、規定上全てに日本人条項が優先するような体裁となっていますので、夫婦の一方が日本人の場合の協議離婚の審査は、日本法によることになりますので、審査も容易になっています。

2　離婚の形式的成立要件（方式）

(1)　法例改正前の取扱い

　法律行為の方式とは、法律行為において当事者がその意思を表現すべき方法ないしは法律行為の外部的形式とされています。

　離婚の方式については、親族関係の法律行為の方式について、改正前法例 8 条が適用されることから（通説・判例）、改正前法例 8 条 1 項により、「法律行為ノ方式ハ其行為ノ効力ヲ定ムル法律ニ依ル」べきものとし、本則が定められていたほか、この本則に対して、同条 2 項本文で「行為地法ニ依リタル方式ハ前項ノ規定ニ拘ハラス之ヲ有効トス」と定め、「場所は行為を支配する」という国際私法上の原則が補則として定められていたところです。したがって、離婚は、夫の本国法若しくは行為地の方式に従って行われたときに限り、有効に成立するものとされていました。

(2)　改正後の取扱い

　法例の改正により、改正前の法例 8 条（現通則法10条 1 項・ 2 項）に特則が設けられ、離婚等の親族関係についての法律行為の方式については、通則法34条（法例改正時は、法例22条）によることとされました。

　通則法34条 1 項は、「第25条から前条までに規定する親族関係についての法律行為の方式は、当該法律行為の成立について適用すべき法による。」とし、本則が、「行為の効力について適用すべき法」から、「法律行為の成立について適用すべき法」に変更されました。これは、通則法25条から32条までに掲げられた親族関係については、身分登録機関への登録、関係機関の決定等がその成立要件となっていることが多く、方式は、「効力」よりもむしろ「成立」に深くかかわっているため、これらの法律行為の方式は、その行為の効力の準拠法よりも、むしろその行為の成立の準拠法によらしめるのが適当とされたものです。したがって、改正後は、離婚が、夫婦の同一本国法、共通常居所地法及び密接関連法が定める方式あるいは行為地の方式に従ってされたときに限り有効に成立することになります。

(3) 外国からの郵送による協議離婚の届出

① 配偶者の一方が日本人の場合

外国からの郵送による協議離婚の届出が認められるか否かは、通則法34条によると、郵送による届出が、(i)身分行為の成立の準拠法上の方式として有効な場合（同条1項）、(ii)行為地法上の方式として有効な場合（同条2項）が考えられます。

法例改正前においては、外国に在る日本人と外国人との間の創設的な身分行為について、日本人がその本籍地市区町村長に直接届書を送付した場合については、その身分行為の行為地は届書が到着した届出のされる地、すなわち日本であると解され（昭和26年3月6日民事甲412号回答）、行為地法の方式による身分行為として有効に成立するとされていました。これに対しては、当事者双方が不在である上、異法地域者間の法律行為についての改正前法例9条の「法律ヲ異ニスル地ニ在ル者ニ対シテ為シタル意思表示ニ付テハ其通知ヲ発シタル地ヲ行為地ト看做ス」の規定の趣旨から、届書の到達した地を行為地とみることに批判がありました。

通則法は、婚姻の方式については、「当事者の一方の本国法に適合する方式は、有効とする。」（通則法24条3項本文）とし、婚姻の項で説明したとおり（25ページ）、行為地が届書の到着した地であると見ることなく有効と解されることとなりました。

協議離婚についても、婚姻と取扱いを異にする理由はなく、むしろ婚姻による場合と同様に取り扱うべきですから、外国から郵送に付した場合は、日本は行為地ではないものとして取り扱うことになります。したがって、外国に在る日本人が協議離婚届をその本籍地市区町村長に直接郵送し、当該協議離婚が有効に成立する場合としては、郵送による届出を身分行為の方式として認める日本法が、離婚の成立の準拠法として指定される場合、すなわち、日本人配偶者が日本に常居所を有するとき、日本人配偶者は日本に常居所を有しないが、夫婦の密接関連法として日本法が指定される場

合に限り、外国からの郵送による協議離婚届が有効となります。なお、夫婦の双方が日本人の場合は、同一の本国法としての日本法が離婚の準拠法となることから、常に郵送による届出ができることになります。

　　②　外国人夫婦同士の場合

　外国からの郵送による協議離婚届については、国際私法上は当事者の一方が日本人でなくとも考えられるところです。

　例えば、生来の在日韓国人・在日中国人夫婦が一時的滞在地であるアメリカから郵送するような場合です。上記のとおり、郵送による届出の場合の身分行為の行為地は、当該届書を郵送に付した地とされることから、協議離婚が行為地の方式として有効に成立することはありませんが、外国人夫婦の共通常居所地が日本である場合、その離婚の準拠法は、その夫婦に同一本国法がない場合は、夫婦の常居所地法である日本法が指定されることから、離婚の方式については、成立の準拠法である日本法によることとして、すなわち、日本法では、外国から日本の市区町村長に郵便で届け出ることができますので、外国からの郵送による届出により有効に協議離婚ができるのではないかという問題があります。

　ところで、戸籍法は、日本国の法律として日本国の領域内に施行され、しかも戸籍法は、人の身分関係の登録、公証を目的とする行政法規としての実質を有しているため、戸籍法の対象となる人の身分関係の変動が日本国内で発生した場合には、当然その事件について戸籍法の関係法規の適用があります。これは、その事件本人が日本人であると外国人（なお、外交官、軍人等日本国の管轄権に服さない者には適用されません。）であるとを問いません。また、出生や死亡に限らず、外国人が日本国内において裁判上の認知や離婚をした場合等、戸籍法によって報告的届出事項とされている事実が日本国内で発生した場合には、日本人と同様、届出義務が課されることになります。さらに、通則法は、離婚等の創設的身分行為についても行為地法によることができることとしていますが、行為地法である我

が国の民法は、これらの身分行為については、戸籍法の定める届出をもってその方式としていますから、外国人が我が国の領域内で行為地法である民法の定める方式によって、これらの身分行為をする場合には、戸籍法によらざるを得ません。このように、戸籍法は、これら日本国内に在る外国人についても適用されます。しかしながら、我が国の行政法規である戸籍法は、日本人が自己の志望によって外国の国籍を取得し、日本国籍を喪失したときにする国籍喪失届（戸籍法103条）等、戸籍法が外国に在る外国人について特別の規定を設け届出義務を課しているような場合を除き、外国に在る外国人に属人的に直接適用されるようなことはありません。また、外国人に関する届出は、届出人の所在地でこれをしなければならないと定められており（戸籍法25条2項）、届出人の所在地の市区町村長のみが届出の受理の権限を有していますので、外国に在る外国人は、自身の所在地が外国であることをもって、戸籍法による届出によって身分上の行為をすることはできないことになります。これは郵送によって我が国の市区町村長に届け出られた場合も同様です。したがって、外国に在る外国人からの郵送による届出は受理できないことになります。

　なお、上記の離婚届の不受理処分をしたときは、その届書類を届出人等に返戻し、不受理処分整理簿に処分及び返戻の年月日、事件の内容並びに不受理の理由を記載しなければなりません（戸籍事務取扱準則制定標準31条）。

3　離婚当事者の本国法の決定

　通達文は、協議離婚の当事者の本国法の決定については、通達第1の1(1)イの例によることを明らかにしています。離婚当事者の本国法の決定に関する通達の解説については、第1婚姻の1(1)イを参照してください。

4　渉外戸籍事件における市区町村長の審査

　日本国内で日本人と外国人の夫婦が離婚する場合あるいは外国人同士の

夫婦が離婚する場合の実質的成立要件は、通則法の指定する準拠法によることになります。

　渉外戸籍事件に関する市区町村長の要件審査については、形式的成立要件に関するものと実質的成立要件に関するものとに区分されます。形式的成立要件については、届書に所定の事項が記入されているか、当事者及び証人が署名押印(注)しているか等を確認することにより、比較的容易に行うことができます。実質的成立要件に関する審査については、当該身分行為に対する本国法の規定内容とその身分事実を審査する必要があります。

　また、市区町村長は、届出の受理に際し、外国法制が不明な場合は、当該国の法文等の提出を求めることができます（戸籍法27条の３）。

(注)　押印については、デジタル社会の形成を図るための関係法律の整備に関する法律案（整備法案第７条に戸籍法の一部改正が規定されています。）が成立し、同法が施行（令和３年９月１日予定）された場合は、その義務はなくなりますので、審査は要しません。

Ⅱ　創設的離婚届

1　夫婦の双方が日本人である場合の協議離婚の届出

　（通達文）

　ア　夫婦の双方が日本人である場合

　　従前のとおり、協議離婚の届出を受理することができる。

---

　(1)　通達の趣旨

　通達文は、日本人夫婦間の協議離婚の届出については、離婚の準拠法の指定方法が「夫の本国法」から「夫婦の同一本国法」に変わっても、指定された準拠法は改正の前後を通じ、日本法ですから、我が国の民法と戸籍法の規定により協議離婚の届出ができることには何ら変わりはありません。したがって、従前のとおり、協議離婚の届出を受理することができること

を明らかにしたものです。

　⑵　具体的取扱い

　日本人夫婦の離婚について、問題となるのは、外国における協議離婚です。離婚当事者が日本人夫婦の場合、我が国の国際私法である通則法の規定の適用は一見関係ないように考えられますが、そもそも国際私法は、渉外的法律関係における準拠法を規律するものです（渉外的要素とは、当事者の国籍、住所、居所、行為地などが異なった国に関連を有する場合です。）。したがって、当事者が同国人同士であっても、住所・行為地等が本国以外の外国の場合にも国際私法である通則法の適用が考えられることになります。

　ところで、準拠法が日本法と指定されれば、日本法によることになります。日本民法、戸籍法等は、属人的効力から日本人が外国に在る場合にも適用があります。したがって、日本人夫婦が外国で協議離婚をする場合には、日本民法の実質的成立要件（離婚に関する夫婦の合意等）を満たした上、その国に駐在する日本の大使、公使又は領事に協議離婚の届出をし、これが受理されることによって離婚が成立するものと解されています（離婚の場合は、婚姻の場合における民法741条のような直接的な規定はありませんが、民法764条、739条及び戸籍法40条、76条により、可能とされています。大正12年1月6日民事4887号回答、昭和27年3月5日民事甲239号回答）。

2　夫婦の一方が日本人である場合の協議離婚の届出

　（通達文）

イ　夫婦の一方が日本人である場合

　㈠　日本人配偶者が日本に常居所を有するものと認められる場合（後記第8の1⑴参照）又はこれには該当しないが外国人配偶者

　　　が日本に常居所を有するものと認められる場合（後記第8の1(2)
　　　参照）は、協議離婚の届出を受理することができる。
　　(ｲ)　(ｱ)のいずれの場合にも該当しないが、当事者の提出した資料等
　　　から夫婦が外国に共通常居所を有しておらず、かつ、その夫婦に
　　　最も密接な関係がある地が日本であることが認められる場合は、
　　　管轄局の長の指示を求めた上で、協議離婚の届出を受理すること
　　　ができる。

　(1)　通達の趣旨

　通達文は、夫婦の一方が日本人である場合で、①日本人配偶者が日本に
常居所を有する場合（通則法27条ただし書等により、準拠法が日本法とな
ります。）、②これには該当しませんが、外国人配偶者が日本に常居所を有
する場合（夫婦の密接関連法が日本法となる場合です。）は、日本民法に
より協議離婚の届出を受理することができることを明らかにしたものです。

　(2)　具体的な取扱い

　通則法は、27条において、離婚の準拠法について、婚姻の効力の準拠法
を定めた25条の規定を準用し、同一の本国法、共通常居所地法、密接関連
法の三段階の連結によっています。また、同条ただし書において、日本人
の常居所が我が国にある場合、常に協議離婚の届出ができます。例えば、
協議離婚制度のない外国人夫が外国に在り、配偶者である日本人妻が日本
に居住し、別居状態にあるような場合において、日本人妻が日本に常居所
を有する場合は、協議離婚の届出をすることができます。

　また、通則法は、反致に関する41条にただし書を加え、離婚の準拠法の
ように段階的連結をする場合には反致を認めないこととしました。これは、
段階的連結の場合には、当事者双方に共通する法律を厳選、精選していま
すので、反致を認めず、その法律によることとするのが適当であること、
反致を認めると、例えば、同一本国法によるべきところのその国の国際私

法の規定により反致をする場合に、その国の国際私法上、共通常居所が日本にあるため反致するのならともかく、夫の住所地を理由に反致することもあり得ますが、そのときは、「共通」の要素を欠く法律を適用することとなる上に、両性の本質的平等の見地からも適当とは思われない結果を招来することとなり、相当ではないこと、また、その国の国際私法上、密接関連法によることとされることを理由として反致する場合には、その認定に困難を伴うこと等を理由とします。法例改正前の戸籍事務の取扱いとしては、夫の本国法が自国の法律では協議離婚の制度を設けていなくとも、夫の住所地が日本にあるような場合、その本国の権限ある官憲の発給した反致に関する証明書の提出があった場合は、協議離婚届を受理して差し支えない（昭和49年12月21日民二5701号回答）としたものがありましたが、法例改正後は、この取扱いは認められないことになります。

　(3)　密接関連法等の認定

　　ア　日本人配偶者が日本に常居所を有する場合

　密接関連法の認定については、夫婦が別々の国に別居している国際別居の際にはじめて問題となりますが、離婚の当事者の一方が日本人である場合は、通則法27条ただし書の規定により、日本に常居所があることが認定できれば、すなわち住民票の写しの添付があれば、我が国の民法が離婚の準拠法として指定されることにより、協議離婚の届出が受理できることになります。このただし書は、専ら協議離婚における戸籍窓口での審査の容易化あるいは平易化を目指して設けられた規定であり、配偶者が日本人である場合の協議離婚については、ほとんど対応できるのではないでしょうか。これによらないで当該夫婦の密接関連法を認定しなければならない例というのは、極めてまれな場合ということになります。

　　イ　外国人配偶者が日本に常居所を有する場合

　日本人配偶者が日本に常居所を有している場合は、上記アにより日本法の適用があります（ただし書の適用のある場合です。なお、夫婦共に我が

国に常居所がある場合は、本文によっても共通常居所地法である日本法の適用となります。）。

　しかし、日本人配偶者が日本に常居所を有していない場合、すなわち、日本人配偶者が国外に転出し、我が国に常居所が認定できない場合であって、外国人配偶者について、我が国に常居所があるものと認定できる場合であれば（後記第8「常居所の認定」参照）、すなわち、在留カード、外国人住民票の写し及び旅券の写しの添付により、通達が定める外国人の常居所の認定要件上、外国人配偶者が日本に常居所を有しているものと認められる場合は、協議離婚届を受理して差し支えないということになります。

　この場合は、①配偶者の一方が日本人であること、②外国人配偶者の常居所が日本に在ること、③当事者双方が日本法による協議離婚に合意しており、かつ、それが離婚当事者の一方の本国法である日本法であること等により、当該夫婦に最も密接な関係がある地を日本と認め得ることから、当該夫婦の密接関連法は日本法となるのです。

　　　ウ　夫婦が共に外国に在り共通常居所がない場合

　夫婦が共に外国に在り共通常居所がない場合は、離婚の際に夫婦に最も密接な関係がある地の認定が問題になります。

　法例の一部を改正する法律の施行に伴う戸籍事務の取扱いについての3900号通達中「最も密接な関係がある地が日本であることが認められるとして、管轄局の長に指示を求める」こととされ、管轄局の長が民事局第二課長（現民事局民事第一課長）あてに照会する際には、次の五つの事項を調査し、意見を付すこととされていました（平成元年12月14日民二5476号民事局第二課長通知。以下「5476号通知」といいます。）。

　　i　日本での夫婦の居住状況

　　ii　婚姻中の夫婦の常居所地

　　iii　夫婦間の未成年の子の居住状況

　　iv　過去の夫婦の国籍国

v　その他密接関連地を認定する参考事項

　この5476号通知発出後、離婚の際に夫婦に最も密接な関係がある地が日本と認定する事例の積み重ねがあり、離婚の際に夫婦に最も密接な関係がある地が日本と認定することができるのは、次のような場合であるとして、次の①から③の認定基準が示されました（平成5年4月5日民二2986号通知。戸籍605号60ページ以下解説参照）。このような場合は、市区町村長限りの審査で受理して差し支えないということになります。

①　婚姻が日本での届出により成立し、夫婦が日本において同居し、婚姻の成立から協議離婚の届出に至るまでの間、夫婦の双方が日本に居住していた場合は、夫婦に最も密接な関係がある地は日本であると認めることができる。

②　婚姻が外国で成立した場合であっても、夫婦が日本において同居し、以後協議離婚の届出に至るまでの間、夫婦の双方が日本に居住して婚姻生活の大部分を日本で送ったと認められるときは、夫婦に最も密接な関係がある地は日本であると認めることができる。

③　夫婦の一方又は双方が、協議離婚の届出の際に日本に居住していない場合、又は協議離婚の届出のために日本に入国したにすぎない場合は、夫婦に密接な関係がある地を日本とは認めない。ただし、これらの場合であっても、婚姻が日本での届出により成立しており、夫婦に最も密接な関係がある地が外国であると認められる事情（夫婦が外国で同居していたこと等）が全くないときは、夫婦に最も密接な関係がある地は日本であると認めて差し支えない。

　なお、最も密接な関係がある地が日本であると認めるに当たって、疑義がある場合は、管轄局の長に照会を求めることになります。

3　夫婦の双方が外国人である場合の協議離婚の届出

(1)　その本国法が同一の場合

（通達文）

ウ　夫婦の双方が外国人でその本国法が同一である場合

　　夫婦の本国法により協議離婚を日本の方式に従ってすることがで
きる旨の証明書の提出がある場合（昭和26年6月14日付け民甲第
1230号当職通達参照）は、協議離婚の届出を受理することができる。

ア　通達の趣旨

　通達文は、夫婦の双方が外国人で、その本国法が同一、すなわち、同国
人同士の場合で、当該本国法上協議離婚が認められている場合は、その本
国法により協議離婚を日本の方式に従ってすることができる旨の証明書の
提出があるときは、協議離婚の届出を受理することができることを明らか
にしたものです。なお、本国法が同一であるか否かについては、当事者の
それぞれについて本国法を決定した上で、これが同一かどうかを判断する
ものであり、一方又は双方が重国籍者の場合、単純に両者に共通する国籍
国があるとしても、それが直ちに同一の本国法にはなりません。それぞれ
の本国法を決定した上で（それぞれの本国法を絞り込んだ上で）、それが
同一かどうかによることになります。

イ　具体的取扱い

　通則法27条本文は、離婚の実質的成立要件の準拠法について、夫婦の本
国法が同一であるときはその本国法によるとしており、当該外国人夫婦の
本国法が協議離婚の制度を設けていることが証明書等により確認できる場
合は、準拠法上問題がないことになります。

　また、通則法34条2項ただし書は、離婚の方式の準拠法について、「行
為地法に適合する方式は、有効とする。」として行為地法を身分行為の方

式の補則としており、行為地法である我が国の民法、戸籍法により市区町村長に協議離婚の届出をすることができます（通則法34条、民法764条、戸籍法25条2項）。その夫婦の本国法が離婚について法院の許可等を要している場合、これは方式の問題として、我が国の市区町村長が代わって届出を受理することができます。

したがって、夫婦の本国法により協議離婚を日本の方式に従ってすることができる旨の証明書の提出がある場合（昭和26年6月14日民事甲1230号通達参照）は、協議離婚の届出を受理することができます。

　　ウ　韓国人及び中国人の取扱い

通達では、夫婦の本国法により協議離婚を日本の方式に従ってすることができる旨の証明書の提出がある場合、協議離婚の届出を受理することができるとしていますが、韓国人、台湾系中国人又は中国人に関する各法制については、上記の証明書の提出がない場合であっても、他の要件が備わっていれば、受理して差し支えありません。

法例改正前においては、韓国民法等が準拠法の場合は、その身分事実が確認できる場合に限り、協議離婚の要件具備証明書の提出がない場合であっても、我が国において協議離婚を受理することができる取扱いとされていたところです（韓国については昭和53年12月15日民二6678号通知(注)参照、台湾系中国人については同28年7月7日民事甲1152号回答、中華人民共和国については昭和49年12月25日民二6643号回答）。これは、韓国民法834条、中華民国民法1049条及び中華人民共和国婚姻法31条に協議離婚をすることができる旨が規定されていることによるものであって、戸籍事務担当者は、その離婚法制について常に把握していることから、その証明を求める必要はないことによります。これらの取扱いは、現在も変更のないところです。

なお、中国人と台湾系中国人間の本国法、又は韓国人と北鮮系朝鮮人間の本国法は、いずれも同一ではありません。国際私法上の解釈として、未

承認政府の法律の適用問題として処理するのが適当か、異法地域の本国法決定の問題として、通則法38条3項を適用して処理するのが適当か（なお、同項は、「当事者が地域により法を異にする国の国籍を有する場合には、その国の規則に従い指定される法（そのような規則がない場合にあっては、当事者に最も密接な関係がある地域の法）を当事者の本国法とする。」と規定しています。）問題のあるところですが、いずれのアプローチによっても、それぞれの者の本国法は、別々の法律となるからです。

（注） 本通知は、在日の韓国人夫婦から家庭法院の確認を受けないまま協議離婚の届出がされた場合は、これを受理して差し支えないとする取扱いを示したものです。戸籍実務としては、在日の韓国人夫婦から協議離婚の届出が市区町村長に提出された場合は、行為地法（通則法34条）によるものとして、受理せざるを得ませんが、戸籍窓口において相談等があったときは、韓国での取扱い（韓国では、家庭法院による離婚意思の確認を受けなければ、成立を認めない取扱い。）を説明し、その詳細については、在日韓国大使館等に問い合わせるよう対応することが望ましいところです（平成16年9月8日民事局民事第一課補佐官事務連絡参照）。

　　(2)　その本国法が同一でない場合

　エ　夫婦の双方が外国人でその本国法が同一でない場合
　　(ｱ)　夫婦の双方が日本に常居所を有するものと認められる場合（後記第8の1(2)参照）は、協議離婚の届出を受理することができる。
　　(ｲ)　夫婦の一方が日本に常居所を有し、かつ、他方が日本との往来があるものと認められる場合その他当事者の提出した資料等から夫婦が外国に共通常居所を有しておらず、かつ、その夫婦に最も密接な関係がある地が日本であることが認められる場合は、イ(ｲ)の例による。

　　ア　通達の趣旨
　通達文は、夫婦の双方が外国人でその本国法が同一でない場合に、夫婦の双方が日本に常居所を有するものと認められるときは、協議離婚の届出

を受理することができること、また、夫婦の一方が日本に常居所を有し、かつ、他方が日本との往来があるものと認められる場合、その他当事者の提出した資料等から夫婦が外国に共通常居所を有しておらず、かつ、その夫婦に最も密接な関係がある地が日本であることが認められる場合は、管轄局の長の指示を求めた上で、協議離婚の届出を受理することを明らかにしたものです。

　　　イ　具体的取扱い

　通則法27条によると、夫婦の本国法が同一でない場合は、第二段階の共通常居所地法により、共通常居所地法もない場合は、第三段階の密接関連法によることになります。

　　　㈠　共通常居所がある場合

　協議離婚をする外国人夫婦について、通達が定める外国人の常居所の認定要件を満たし（後記第8の1⑵参照）、日本に常居所が認められる場合は、当該外国人の本国法の規定内容にかかわらず、共通常居所地法としての日本法が準拠法となります。したがって、この場合、外国人夫婦は、その所在地の市区町村長に協議離婚の届出をすることにより、日本法上有効に協議離婚をすることができます（通則法34条、民法764条、戸籍法25条2項）。

　　　㈡　日本法が密接関連法として認定される場合

　夫婦の双方が外国人でその本国法も常居所地法も同一でない場合に、我が国が密接関連国と認定されるには、夫婦の一方が我が国に常居所を有していることが必要であり、それに加えて、他方配偶者に日本との往来が認められること等の夫婦に最も密接な関係がある地が日本であることが認められる事情が必要です。夫婦の双方が日本に常居所を有しない場合あるいは夫婦双方が我が国を去ったような場合に、日本法が密接関連法として認定されることは、ほぼあり得ず、戸籍法の効力の及ぶ範囲の観点からも、我が国の市区町村長に対して協議離婚の届出をすることができません。

　なお、配偶者の一方が日本に常居所を有していない日本人である場合で、外国人配偶者が日本に常居所を有するときは、その夫婦に最も密接な関係がある地が日本であることが認められ、協議離婚の届出ができる（管轄局の長に対する受理照会も不要です。）のに比較し、夫婦の双方が外国人である場合には、一方が日本に常居所を有していても、直ちに協議離婚の届出を受理することができない（受理照会の対象となります。）とされ、差があります。これは、前者の場合、①配偶者の一方が日本人であること、②外国人配偶者の常居所が日本に在ること、③当事者双方が日本法による協議離婚に合意しており、かつ、それが一方の本国法である日本法であること等の要素があるのに対し、後者の場合は、②の要素しか認められないことによるものです。

　これらの密接関連性の認定、例えば、「日本との往来があるもの」については、旅券等によって認定せざるを得ないと思われますが、結局、具体的事件ごとに様々な資料により個々に認定せざるを得ないため、市区町村長は、当該届出について受理照会を行い、管轄局の長の指示を求めた上で、受理することになります。なお、この認定方法については、58ページを参照してください。

4　離婚の際の子の親権者の指定

　（通達文）
(2)　離婚の際の子の親権者の指定については、改正法例第21条（通則法第32条）による（後記第 7 参照）。

　(1)　通達の趣旨
　通達文は、離婚の際の子の親権者の指定については、通則法32条によることを明らかにしたものです。

(2)　具体的取扱い

　戸籍事務においては、これを親子間の法律関係の準拠法を定める通則法32条によることとし、原則として子の本国法によることとしました。

　協議離婚の届出の受理については、離婚する夫婦に未成年の子がある場合、「父母が協議上の離婚をするときは、その協議で、その一方を親権者と定めなければならない。」（民法819条1項）とされていますので、この指定がされない限り、協議離婚届は受理できません。したがって、日本法が離婚の準拠法として指定されており、離婚する夫婦に未成年の子がある場合は、まずその親権の指定に関する準拠法、すなわち子の本国法等を特定した上、それが日本法のときは、離婚届書の「未成年の子の氏名」欄にその氏名を記載してもらうほか、子が外国人の場合は、届書の「その他」欄にその国籍、生年月日を記載してもらった上、受理することになります。

　なお、未成年の子の親権に関する通達の解説については、親権の項（193ページ）を参照してください。

【子の親権者の指定又は親権の準拠法に関する戸籍先例】

　①　平成10年11月25日付け民二2244号回答は、「パラグアイ人である未成年の子の親権者を妻と記載したパラグアイ人夫と日本人妻の協議離婚届を受理することができない」としたものです（戸籍681号（平成10年12月号）66ページ）。

　②　平成21年8月17日付け民一1953号回答は、「未成年の子を有するパキスタン人夫とブラジル人妻の夫婦の協議離婚に関して、法の適用に関する通則法上の最も密接な関係がある地又は国の法として、協議離婚の実質的要件について日本法が、協議による親権者指定についてパキスタン法がそれぞれ適用される」としたものです（戸籍843号（平成22年6月号）129ページ）。

　③　平成24年6月14日付け民一1490号回答は、「韓国人男とルーマニア人女の離婚届について、ルーマニア法制上、親権者の指定は裁判によ

らなければならないとし、離婚届書の親権指定の記載を消除の上、受理して差し支えない」としたものです（戸籍879号（平成25年 1 月号）99ページ）。

④　平成25年 3 月 7 日付け民一218号回答は、「日本人男とコロンビア人女の協議離婚届書にコロンビア国籍を有する当該夫婦間の子の親権者を一方に定める旨の記載がされているが、コロンビア法においては、子の親権は父母が共同して行うこととされていることから、離婚届書の親権指定の記載を消除させ、親権を父母共同親権とした上で、受理して差し支えない」としたものです（戸籍889号（平成25年10月号）79ページ）。

⑤　平成25年 3 月18日付け民一266号回答は、「未成年の子を有するアメリカ人男と韓国人女の夫婦の協議離婚に関して、重国籍である未成年の子の親権の準拠法は、アメリカ合衆国ミズーリ州法と認められるところ、同州法上、離婚の際に父母の一方の親権とするためには、裁判によらなければならないとされていることから、親権者指定の記載のある離婚届については、親権者指定の記載を消除させ、共同親権とした場合には、受理して差し支えない」としたものです（戸籍910号（平成27年 3 月号）85ページ）。

⑥　平成28年 8 月19日付け民一823号回答は、「アメリカ人男と日本人女の創設的離婚届に、婚姻前にアイルランド国において出生した子に係る親権者の定めの記載があるところ、父子関係の成立については同国発行の出生証明書をもって確認することができることから、受理して差し支えない」としたものです（戸籍936号（平成29年 2 月号）54ページ）。

⑦　平成29年 7 月24日付け民一900号回答は、「未成年の子（ニュージーランド及びベルギーの重国籍者）らを有するニュージーランド人男とベルギー人女の夫婦の協議離婚における協議による親権者指定につい

て、未成年の子らの親権の準拠法をベルギー王国法と認め、受理して差し支えない」としたものです（戸籍947号（平成29年12月号）69ページ）。

⑧　令和元年10月7日付け民一711号回答は、「ブラジル人夫とロシア人妻の日本法に基づく協議離婚届について、当該夫婦の未成年の子に係る親権の準拠法をロシア法とした場合は、共同親権として取り扱うこと」としたものです（戸籍981号（令和2年4月号）65ページ）。

Ⅲ　報告的離婚届

（通達文）
2　報告的届出
　　離婚の裁判（外国における裁判を含む。）が確定した場合における報告的届出の取扱いは、従前のとおりであり、外国において協議離婚をした旨の証書の提出があった場合の取扱いは、離婚の準拠法が改正された点を除き、従前のとおりである。

1　通達の趣旨

　裁判離婚（外国における裁判を含む。）があった場合における報告的届出は、従前のとおりの取扱いですが、外国において協議離婚をした旨の証書の提出があったときは、離婚の準拠法上協議離婚をすることができる場合に限り、これを受理することを明らかにしたものです。

2　概　要

　戸籍事務では、外国で日本人を当事者の一方又は双方とする裁判離婚が成立し、あるいはその国の方式に従って離婚に関する証書を作らせたとして戸籍法77条あるいは戸籍法41条の規定に基づき、いわゆる報告的離婚届

がされた場合、これが我が国の法律上有効に成立したものであるかどうか
審査した上、受理することとされています。

　(1)　外国裁判所の判決による離婚

　外国裁判所における離婚判決は、創設的離婚届出の審査と異なり、通則
法27条に規定する準拠法の要件を審査する必要はなく、戸籍実務は、外国
判決の承認の問題として、民事訴訟法118条が適用されるものとされてい
ます（家事事件手続法79条の 2 、昭和51年 1 月14日民二280号通達）。した
がって、外国裁判所において、日本人を当事者の双方又は一方とする離婚
判決がされ、その判決の謄本を添付して離婚の報告的届出がされた場合は、
民事訴訟法118条の要件を満たす限り、日本においてもその効力を有する
ことになります。同条の要件は、

①　法令又は条約により外国裁判所の裁判権が認められること（ 1 号）。

②　敗訴の被告が訴訟の開始に必要な呼出し若しくは命令の送達（公示
　送達その他これに類する送達を除く。）を受けたこと又はこれを受け
　なかったが応訴したこと（ 2 号）。

③　判決の内容及び訴訟手続が日本における公の秩序又は善良の風俗に
　反しないこと（ 3 号）。

④　相互の保証があること（ 4 号）。

　このうち 4 号の「相互の保証があること。」の要件については、執行を
伴う財産上の判決についてのみ適用されるものですから、離婚のような身
分上の判決については不要であるとされていますので、①から③までの各
要件を充足する場合に限り、我が国においてその効力が認められます。

　外国裁判所の判決の承認に民事訴訟法118条が全面的に適用されるのは、
訴訟、判決という法律上の判断形式に国際的な共通性があるほか、確定力
及び固有の手続的保障もあることによるものです。そして、離婚訴訟等の
形成訴訟にも、このような信頼に値する形式、効力、手続的保障、争訟性
があり、この本質的部分に関しては、他の訴訟と異なるところはありませ

んので、形成訴訟における判決にも他の訴訟の場合と同様に同条の適用を認めることは、理論的にも大きな問題はなく、しかも、そうすることが国際的法判断の矛盾を回避すべきであるとの要請にも適合するためです。

なお、民事訴訟法118条2号に関しては、法例改正後の平成8年の民事訴訟法の一部改正により、内外人平等の観点から、改正前の民事訴訟法200条（現行法の118条）2号に規定されていた「敗訴ノ被告カ日本人ナル場合ニ於テ」との文言が削除されていますが、改正により削除された規定を解釈により復活させることは、邦人保護の観点を重視しても困難であると考えられます。

そして、平成30年の人事訴訟法等の一部を改正する法律（平成30年法律第20号）により、外国裁判所の家事事件における確定判決について、民事訴訟法118条をそのまま準用することが明文化されました（家事事件手続法79条の2の新設）ので、これは、従前の取扱いを追認したものということができます。

したがって、外国裁判所の判決による離婚については、上記のとおり準拠法上の要件は審査する必要がありませんから、改正前法例の取扱いと変わるところはありません。

最後に、外国裁判所の判決による離婚届の審査は、離婚にかかる判決謄本のほか、判決確定証明書（判決謄本により確定日が判明する場合には不要です。）、被告が呼出しを受け又は応訴したことを証する書面（判決謄本によって判明する場合には不要です。）及びこれらの訳文の添付を求めた上で、当該離婚判決が民事訴訟法118条に定める要件を明らかに欠いていると認められるか否かを判断することになります（上記通達）。

次に、外国裁判所の離婚判決に関する先例を掲載します（平成2年以降の戸籍誌に掲載された外国離婚判決に関するものです。）。

【外国裁判所の離婚判決に関する戸籍先例】

① 平成2年1月12日付け民二116号回答は、「アメリカ合衆国カリフォ

ルニア州裁判所における離婚判決による「離婚成立の日」は、離婚判決書記載の「Date Marital Status Ends」（婚姻終結の日）以降に発行された同判決謄本に基づき、当該日（婚姻終結の日）として処理するのが相当であると」としたものです（戸籍562号（平成 2 年 4 月号）74ページ）。

② 　平成11年 4 月23日付け民二872号回答は、「アメリカ合衆国ミズーリ州クレイ郡巡回裁判所においてされた日本人男とアメリカ人女との離婚判決の判決書謄本を添付した離婚届を受理して差し支えない」としたものです（戸籍688号（平成11年 5 月号）69ページ）。

③ 　平成21年 8 月31日付け民一2050号回答は、「日本人女とシンガポール人男とのシンガポールで成立したとされる報告的離婚届について、その届書に添付された証明書中、離婚判決が確定していることが認められ、受理して差し支えない」としたものです（戸籍842号（平成22年 5 月号）80ページ）。

④ 　平成22年 6 月 9 日付け民一1444号回答は、「パラオ人男と日本人女夫婦について、パラオ共和国パラオ民事訴訟裁判所による離婚の判決に基づき届出された報告的離婚届について、受理して差し支えない」としたものです（戸籍846号（平成22年 9 月号）75ページ）。

⑤ 　令和 2 年 2 月27日付け外務省領事局政策課領事サービス室へ返戻した事案は、「在外公館にて受理されたアメリカ合衆国アリゾナ州上級裁判所の離婚判決謄本を添付した離婚届について、当該離婚判決が公示送達により行われていることから、民事訴訟法118条の要件を満たしていないとして届書を返戻する」としたものです（戸籍981号（令和 2 年 4 月号）72ページ）。

(2) 　協議離婚

外国に在る日本人が協議離婚をする場合、日本人同士の夫婦がその国に駐在する日本の大使・公使・領事等に届出をするときを除き、外国裁判所

の判決による離婚と異なり、我が国の国際私法である通則法が定める準拠法及び方式に従って協議離婚を行わない限り有効なものとはなりませんので、まず、その準拠法を決定する必要があります。報告的離婚届は、既に成立した離婚についての届出であるため、当該協議離婚が準拠法によった有効なものであるか又は適法な方式に基づくものであるかを確認した上、受理することになります。したがって、外国において協議離婚をした旨の証明書の提出があったとしても、離婚の準拠法上協議離婚をすることができる場合に限って、報告的協議離婚届を受理できることになります。

　ア　離婚の準拠法の決定

　通則法27条は、離婚の準拠法を、①夫婦の本国法が同一であるときはその法律、②その法律がない場合において夫婦の常居所地法が同一であるときはその法律、③そのいずれの法律もないときは夫婦に最も密接な関係がある地の法律、ただし、夫婦の一方が日本に常居所を有する日本人であるときは日本の法律と定めています。したがって、日本人が外国において協議離婚をすることができる場合は、次のとおりです。

　　㈠　夫婦が日本人同士の場合
　　㈡　夫婦の一方が日本人である場合
　　　①　日本人配偶者が日本に常居所を有する場合
　　　②　夫婦の常居所地法が同一で、その地の法律が協議離婚制度を設けている場合
　　　③　夫婦に共通常居所がない場合においてその夫婦に最も密接な関係がある地が日本あるいはその地の法律が協議離婚制度を設けている地であるとき

　なお、外国人同士の夫婦が外国で協議離婚をした旨の報告的届出については、戸籍法の適用がなく、受理できないことはいうまでもありません（51ページ参照）。

　したがって、日本人と外国人夫婦の外国においてした協議離婚に関する

報告的届出については、夫婦が協議離婚をすることができない地に共通常居所を有することが明らかであるときは、これを受理することができないことになりますが、このような事例は極めてまれな事例であるということになります。

　外国で協議離婚をした旨の報告的協議離婚届について、届出の対象となっている協議離婚が有効に成立しているか否かの審査については、届書及びその添付書類に基づいて行うことになりますが、届書中の「別居する前の住所」欄に協議離婚をすることができない地が記載されているときや、届書に添付されている離婚証書の夫婦の住所が協議離婚をすることができない地である場合は、協議離婚の準拠法に疑義がある場合ですから、直ちに受理することなく管轄局においてその事実を調査した上、上記(ア)及び(イ)の要件を充たすことが確認される場合に限り受理することになります。

　　イ　協議離婚の方式

　通則法34条は、親族関係の法律行為の方式について、その1項で「第25条から前条までに規定する親族関係についての法律行為の方式は、当該法律行為の成立について適用すべき法による。」とし、同2項で「前項の規定にかかわらず、行為地法に適合する方式は、有効とする。」と規定していますので、協議離婚は、「法律行為の成立について適用すべき法」又は「行為地法」が定めるいずれの方式によっても有効に成立させることができることになります。そこで報告的協議離婚届が届け出られたときは、届書の添付書類として添付されている離婚証書に基づいて、協議離婚が上記のいずれかの方式に基づいてされているかどうかを審査し、適法な方式であることが認められる場合は、受理することになります。

　次に、外国の方式による離婚が成立したものに関する先例を掲載します（平成2年以降の戸籍誌に掲載されたものです。）。

【外国の方式による離婚が成立したものに関する戸籍先例】

　①　平成16年4月26日付け民一1320号回答は、「イタリア人夫と日本人

妻とのオランダ国法上の登録パートナーシップ制度に基づく同居契約解消登録により離婚が成立した旨の報告的離婚届について、同国の方式により離婚が成立したものとして処理して差し支えない」としたものです（戸籍761号（平成16年8月号）65ページ）。

② 平成31年1月11日付け民一57号回答は、「日本人女とイタリア人男の夫婦について、イタリアの方式による協議離婚が成立したものと認められることから受理して差し支えない」としたものです（戸籍970号（令和元年7月号）93ページ）。

第3　出生等に関する届出

I　子の嫡出性・非嫡出性等

（通達文）

第3　出生等

　夫婦の一方の本国法であって子の出生の当時におけるものにより子が嫡出であるときは、その子は嫡出子とすることとされた（改正法例第17条：通則法第28条）。また、嫡出でない子の父子関係の成立につき認知主義及び事実主義（生理上の父子関係がある場合には、認知を要件とすることなく、法律上の父子関係を認める法制のことをいう。以下同じ。）の双方に適用する規定が設けられ、その結果、父との間の親子関係については、子の出生の当時の父の本国法によることとされた（改正法例第18条第1項：通則法第29条第1項）。

　この改正に伴い、出生等の届出については、次の取扱いとする。なお、関係者の本国法の決定は、第1の1(1)イの例による。

1　通達の趣旨

　嫡出親子関係の成立についての規定の改正（通則法28条1項）、認知以外の嫡出でない子の親子関係の成立についての規定の新設（通則法29条1項前段）、認知による嫡出でない子の親子関係の成立についての規定の改正（同条）及び準正による嫡出子の身分取得についての規定の新設（通則法30条1項）がされたことに伴い、嫡出である子・嫡出でない子についての取扱いが改正されましたが、通達文は、この出生届等の取扱い方法について明らかにしたものです。

2　具体的取扱い

　嫡出親子関係については、子の出生当時の父又は母の本国法のいずれか一方の法律によって嫡出子である場合には、その間の子を嫡出子とすることとされました（通則法28条1項）。なお、子の出生前に夫が死亡したときは、従前から夫の死亡時の本国法によるものとされています（同条2項）。また、嫡出でない子の親子関係については、父又は母との関係で子の出生当時の父又は母のそれぞれの本国法によることとされ、認知主義による父子関係の成立のほか、事実主義による父子関係の成立についても適用されます（同29条1項前段）。さらに、準正については、その要件の事実が完成した時の父若しくは母又は子のいずれかの本国法により準正となるときは、その子は準正嫡出子の身分を取得します（同30条1項）。このように、子と親との間の嫡出親子関係若しくは嫡出でない子の親子関係又は準正の成立が、多くの選択肢として認められます（いわゆる選択的連結といいます。）。

　通達文中「出生等の届出」としているのは、通達文が、既に戸籍に記載された嫡出でない子について、外国人父の本国法の規定が事実主義を採用している場合において出生届に父の氏名の記載の追完の届出があったときの取扱いのほか、嫡出子の身分を取得する旨の婚姻届の追完の届出があったときの取扱い等についても示しているからです。

3　関係者の本国法

　通則法及び通達文中には、準拠法の決定に当たって、「本国法」という文言が頻繁に用いられています。このことから、通達文で、関係者の本国法の決定は、第1の1(1)イの例によるとしています。そこで、本国法の決定についてですが、当事者が日本人である場合は、その者が重国籍者であるか否かにかかわらず日本の法律により（通則法38条1項ただし書）、また、当事者が外国人である場合は、出生届書の本籍欄に記載した国が一箇

国の国籍のみで、当該記載された国の官憲が発行した国籍を証する書面
（以下「国籍証明書」といいます。）等の添付書類から単一国籍であるとき
は、このような疑義が生じない限り、その記載されている国の法律による
ことになります（第1の1(1)イ）。なお、重国籍者である外国人の本国法
の決定については、まず、その国籍を有する国のうち当事者が常居所を有
する国の法律を、次にその常居所を有する国がないときは当事者に最も密
接な関係がある国の法律を段階的に適用して、当事者の本国法とすること
になります（通則法38条1項本文）。

　おって、無国籍者である外国人の本国法の決定については、当事者が常
居所を有している地の国の法律をその本国法とすることになります（通則
法38条2項本文）。

Ⅱ　嫡出である子
1　父母の双方が日本人の場合

　（通達文）

1　嫡出子

　(1)　父母の双方が日本人の場合

　　　従前のとおりである。

---

　(1)　通達の趣旨

　通達文は、父母の双方が日本人の場合における嫡出子出生届の取扱いに
ついて示したものです。

　(2)　取扱い

　通則法は、渉外事件について適用されますので、父母の双方が日本人の
とき、通則法が登場する場合に同法が適用されるときは、極く限られてい
ます。そして、若し、日本人夫婦の子の嫡出性について通則法が適用され

る場合は、そのいずれの本国法も日本法であるため、日本法が適用されますので、通達文は、「従前のとおりである。」としたものです。嫡出子の取扱いを示すと、次のとおりです。

　(3)　嫡出子

　嫡出子とは、法律上正当な婚姻関係にある男女間に生まれた子、すなわち、母がその法律上の夫によって懐胎し、婚姻後に出生した子のことをいいます。子が嫡出子であるためには、父母の法律上の婚姻と母の夫による懐胎をその要件とするため、父母の法律上の婚姻と母の夫による懐胎という事実を確認しなければ、父母と出生子との間に嫡出親子関係があるとはいえません。しかしながら、母と子との親子関係は分娩の事実によって、比較的容易に知り得ることが可能ですが、母がその法律上の夫によって懐胎したかどうかという点、言い換えれば、父と子との親子関係の事実は容易に知り得ません。

　そこで、我が国を始め諸外国の多くの国では、法律上の婚姻関係が成立している女性を母として一定の期間経過後に生まれた子、あるいは、法律上の婚姻関係にあった女性を母として、婚姻解消後一定の期間内に生まれた子については、その婚姻中の母の夫が子の父としての蓋然性が高いところから、母の夫を子の父と想定し、法律によって、その婚姻関係にある、又は婚姻関係にあった男女間の嫡出子とする取扱いがされています。

　我が国の取扱いによれば、嫡出子については、①〔推定を受ける嫡出子〕父母の婚姻の成立の日から200日後又は婚姻の解消若しくは取消し（以下単に、「離婚」といいます。）の日から300日以内に生まれた子は、父母が婚姻中に懐胎したものとして夫の子として推定するとされています（民法772条）。②〔推定を受けない嫡出子〕婚姻成立後200日以内に生まれた子が、母の夫によって懐胎された子であれば、父の認知を得るまでもなく生来の嫡出子とするとされています（大判昭和15年1月23日民集19巻1号54ページ）。③〔準正嫡出子〕出生後に、父母の婚姻及び父からの認知

が成立することによって、嫡出子の身分を取得するとされています（民法789条。これによる嫡出子を準正といいます。）の三つに区別しています。③の場合は、更に父母の婚姻前に出生し、父から認知されている嫡出でない子が父母の婚姻によって嫡出子となる場合（これを「婚姻準正」といいます。）と嫡出でない子が父母の婚姻後父から認知されたことによって嫡出子となる場合（これを「認知準正」といいます。）とに区別しています。この認知準正によって嫡出子の身分を取得する出生届未済の子について、父母から嫡出子出生届があった場合には、これを戸籍法62条に基づく出生届として、特に、この届出に認知の効力を認めています。

　なお、母が再婚禁止期間内（民法733条）に婚姻したため、あるいは重婚（民法732条）する等の事情によって、子の嫡出性が重複する場合には、裁判所によって父が決定されます（民法773条）。この場合、裁判によって父が決定されるまでの間は、この子は、戸籍上、父未定の子として取り扱われます。

　本項は、これらのそれぞれの場合における嫡出子の取扱いを示したものです。

2　父母の一方が日本人の場合

（通達文）
(2)　父母の一方が日本人である場合
　ア　日本民法により事件本人が嫡出であるときは、事件本人を嫡出子とする。
　イ　日本民法によれば事件本人が嫡出でない場合において事件本人を嫡出子とする出生の届出があったときは、子の出生の当時における外国人親の国籍証明書及び外国人親の本国法上の嫡出子の要件に関する証明書の提出を求め、その結果、外国人親の本国法に

よって事件本人が嫡出子となるときは、届出を受理する。

ウ　添付書類等から事件本人が母の再婚後に出生した子であることが判明したときは、次のとおりとする。

(ｱ)　母又は前夫のいずれかの本国法により前夫の子と推定され、かつ、母又は後夫のいずれかの本国法により後夫の子と推定されるときは、父未定の子として取り扱う。

(ｲ)　(ｱ)の法律による前夫又は後夫のいずれか一方のみの子としての推定があるときは、推定される方の夫の子として取り扱う。

エ　戸籍法第62条による嫡出子の出生の届出の取扱いは、従前のとおりである。

なお、外国人母から生まれた子について、日本人父から戸籍法第62条による嫡出子出生の届出があった場合の戸籍の記載は、参考記載例19の例による。

(1)　通達の趣旨

　通達文は、父又は母の一方が日本人である場合における嫡出子出生届の取扱いについて示したものであり、ア、イにおいてこの場合の原則的な取扱いについて示し、ウにおいて母が再婚した後に子を出生した場合の取扱い、エにおいて戸籍法62条による嫡出子の出生の届出の取扱いについて示したものです。

(2)　原則的な取扱い（通常の処理）

　　ア　父母の一方が日本人で日本法上、子が嫡出子となる場合

　通則法28条1項は、子の嫡出性は夫婦の一方、つまり父又は母の本国法によることとしていますから、日本法上、この間の子が嫡出子である場合は、この子は嫡出子として取り扱うことになります。通達文アは、この取扱いについて明らかにしたものです。つまり、父又は母の一方が日本人の場合は、まず、日本の民法を適用し、嫡出性の存否を判断し、ここで、嫡

出子として認定されれば、これによって処理し、外国人配偶者の本国法を
調査する必要はありません。そして、我が国の民法上、嫡出子とならない
場合に初めて、外国人配偶者の本国法を調査することになります。

　日本法上嫡出子となる場合は、次のイに示す外国人父又は母の本国法上、
嫡出子となるときにおける外国人父又は母の国籍証明書等の添付は不要で
す。

　これらの出生届の取扱いは、法例改正前の取扱いと何ら変わることはあ
りません。

　なお、父母の婚姻成立後200日以内に生まれた子（推定を受けない嫡出
子）は、我が国の民法上、嫡出でない子の出生届も可能ですが、この場合
には、外国人父又は母の本国法上も嫡出子として取り扱っていない場合に
限られます（通達第3の2⑴参照）。

　　　イ　父母の一方が日本人で外国人父又は母の本国法のみによって嫡
　　　　　出子となる場合

　外国人父又は母の本国法のみによって嫡出子となる場合とは、日本人父
又は母の本国法である日本法上の取扱いによれば嫡出子としての推定を受
けない子が、他の一方である外国人父又は母の本国法上の取扱いによれば
嫡出子として推定される場合をいいます。通達文イは、この場合の取扱い
について示したものです。

　ところで、我が国の法制上、嫡出子として取り扱うことのできる範囲は、
一応父母婚姻中の出生子及び父母離婚後300日以内の出生子ということに
なります（76ページ参照）。したがって、この間に生まれた子については、
日本法上嫡出子として取り扱うことができますので、この事案として取り
扱う場合とは、この範囲を超えて、つまり、離婚後301日以後に生まれた
子を嫡出子として届け出た場合に限定されます。そして、我が国民法の嫡
出子の取扱いは比較法的にみて、かなり緩やかといわれており、これに該
当する事案とは、父母離婚後302日以内の出生子を嫡出子として取り扱う

台湾系中国人が父母の一方である場合などまれなケースに限られます。以下、この場合の取扱いについて説明します。

　　　ウ　出生届に関する事務の取扱い

　　　(ア)　添付書類

　通達文は、外国人親の国籍証明書及び外国人親の本国法上の嫡出子の要件に関する証明書を出生届に添付させることとしています。これらの証明書は、子の出生当時におけるその嫡出子としての認定の根拠となるものですから、戸籍法27条の3に基づき、これらの証明書の提出を求めることができる旨を通達で明らかにしたものです。

　この戸籍法27条の3の規定は、戸籍法の一部を改正する法律（令和元年法律第17号）により、戸籍の記載の正確性を担保するための措置として新設されたものです（法例改正時は、戸籍法施行規則63条に規定されていましたが、規則を法律化したものです。）。この規定は、市区町村長又は管轄法務局長等は、必要があるときは、届出人等に対し、質問をし、又は必要な書類の提出を求めることができる（戸籍法3条3項・27条の3）とし、市区町村長の任意調査権の明確化を図ったものです。

　　　①　国籍証明書

　国籍証明書とは、どこの外国の法律を適用して嫡出子と判断したかを明らかにする資料とするために添付を求めるものです。この国籍証明書は、本国官憲が発行する証明書であることを要し、旅券（原本）等がこれに当たります。

　外国人父又は母が重国籍者である場合の本国法の決定については、通達第1の1(1)イによるものとなります（詳細については、10ページ以下参照）。

　ところで、これらの添付書類は、厳密にいえば、子が出生した時点における外国人父又は母の国籍を判断するためのものであることから、その時点で外国人父又は母の本国が証明したものということになります。しかしながら、国籍の変動（得喪）は、当事者にとって最も重大な身分事項の一

つであって、軽々に行われるものではなく、また、一方において外国の国籍を取得するためには、国家を相手とし、一定の要件（我が国の国籍法 5条等）が厳格に要求されるなど、要件の厳しい身分事項の一つであって、変動性に乏しい事項と思われます。さらに、実際問題として、出生の時点で証明書の発行を受けることはまず無理であって、一定の範囲のものは認められることが許されることが前提となるでしょう。この国籍証明書の発行時点をあまりにも厳格に取り扱うこととすると、出生の届出期間内（日本国内で出生した場合には、14日以内）の履行が、添付書類の入手のために遅延するということにもなりかねません。このようなことから、子の出生時点と本国官憲の発給した証明書、旅券取得の時期がかなり隔離しているとき、あるいは、重国籍者で本国法の変化をうかがわせる事情があるなど疑義があるとき等を除き、その時点の国籍証明書に限定することなく、その時点での国籍が推認される発行時期の証明書であれば足りるでしょう。特に、届出を受理するに当たって、国籍に疑義があるときは、管轄局と相談の上、処理することが望ましいと思います。

　なお、出生証明書が当該外国人父又は母の本国の官憲によって証明された場合のものである場合には、当該者が自国の国民であることを前提として作成されたものであることがうかがえることから、このような場合には、特に国籍証明書の添付を求める必要はないものと考えます。

　　②　嫡出子の要件に関する証明書

　嫡出子の要件に関する証明書は、嫡出子と判断するに至った外国人親の本国法を明らかにするために添付を求めるものであり、当該本国官憲の発給した証明書のみならず、本国の法律内容が明らかとなる法文の写しを関係者が出典を明示し、当該国の法律の条文の写しである旨を証明し、これにその訳文（戸籍法施行規則63条）を添付したもので足ります。なお、当該国の法律が明らかな場合には、この証明書の添付は不要です。また、この証明書の添付がない場合、あるいは添付書類に疑義がある場合には、管

轄局の長に受理照会することになります。

　　　(イ)　届出義務者

　嫡出親子関係が成立することになる父又は母は、我が国の法律の適用に当たっては当然に父又は母として取り扱うことになります。したがって、父母の一方のみの本国法によって、新たに父又は母と認定される者も戸籍法52条に定める出生届の届出義務者となります。

　　　(ウ)　戸籍の処理

①　外国人と婚姻した日本人については、婚姻届によってその日本人を筆頭者とする戸籍が編製されているため（戸籍法16条3項）、その間の日本人である嫡出子は日本人である父又は母の氏を称し、その戸籍に入籍することになります（民法790条1項、戸籍法18条2項）。なお、日本人と外国人との離婚後であっても、両者の間の嫡出子として推定を受ける限り、その出生子は日本国籍を取得し、その間の嫡出子は離婚の際における日本人である父又は母の氏を称することから（民法790条1項ただし書、戸籍法18条2項）、同様に取り扱うことになります。

②　出生事項の記載については、通常の父母婚姻中の嫡出子の出生届による記載（法定記載例番号1・2参照）又は父母離婚後に出生した嫡出子の出生届による記載（参考記載例番号5）により処理します。

　(3)　母が再婚した後に子を出生した場合の取扱い（特別の場合）

　子は、父又は母の本国法のいずれかによって嫡出子となるときは、嫡出子とするとしています（通則法28条1項）から、子の嫡出性については、前婚、後婚の夫婦を単位として判断していくことになります。つまり、当該出生子については、前夫、後夫及び母のそれぞれの本国法をその審査の対象とすることになります。これを母を中心に大別すると、母が日本人であるときの①前夫、後夫とも日本人の場合、②前夫日本人、後夫外国人の場合、③前夫外国人、後夫日本人の場合、④前夫、後夫とも外国人の場合の四つの類型に、また、母が外国人であるときの①前夫、後夫とも外国人

の場合、②前夫外国人、後夫日本人の場合、③前夫日本人、後夫外国人の場合、④前夫、後夫とも日本人の場合の四つの類型に分けることができます。ただし、通達第3の2⑴で触れている場合とは、父母の一方が日本人である出生子の場合であることから、これを要約すると、母が日本人であるときの①後夫が外国人である場合、②前夫が外国人である場合、③前夫及び後夫が外国人である場合と、母が外国人であるときの①後夫が日本人である場合、②前夫が日本人である場合、③前夫及び後夫が日本人である場合とに区分できます。

　ところで、いずれの場合であっても、当事者の一方が日本人であることから、通則法の適用からも我が国の民法も適用されることになります。我が国の取扱いは、嫡出の推定が重複する場合には、父未定の子の出生届をして、裁判所が父を定める取扱いとなっています（民法773条）。そこで、通達ウ(ア)では、「母又は前夫のいずれかの本国法により前夫の子と推定され、かつ、母又は後夫のいずれかの本国法により後夫の子と推定されるときは、父未定の子として取り扱う。」として父未定となる場合の取扱いを示しています。これを日本の民法の嫡出子、嫡出でない子の取扱い区分を基準にして、ⅰ　母の離婚の日から300日以内であって母の再婚後に出生した子の場合、ⅱ　母の離婚の日から301日以後であって母の再婚後に出生した子の場合に大別し、更にこれを「a　母の再婚の日から200日以内に出生した場合」、「b　母の再婚の日から201日以後に出生した場合」に細分して、以下、それぞれの場合について具体的に説明します。なお、子の嫡出性については、前婚、後婚の夫婦を単位として判断することから、前婚の嫡出性については母又は前婚の夫の本国法に照らして、後婚の嫡出性については母又は後婚の夫の本国法に照らして決定することになります。

　また、通達文でいう「……前夫の子と推定され、……後夫の子と推定されるときは、……」とあるのは、いずれも法律上の「推定を受ける嫡出子」のことをいい、「推定を受けない嫡出子」のことをいうものではあり

ません。前夫の「推定を受ける嫡出子」であり、後夫の「推定を受けない嫡出子」というような場合には、当然法律上の「推定を受ける嫡出子」が優先するものと考えられます（日本民法上も773条において父未定の子として父を定める訴えを要するとされているのは、嫡出性の推定（民法772条）が重複する場合であると規定されています。）。つまり、嫡出子としての法律上の推定が重複する場合にのみ、父未定の子としての処理をするのであって、嫡出の推定が前夫又は後夫のいずれか一方の当事者間にしか存しない場合には、その推定される夫の子としての取扱いをすることを意味するものです。この点について、通達文ウ(イ)は、明らかにしています。

　　ア　母の離婚の日から300日以内であって再婚後に出生した子の場
　　　合

　この場合の出生子は、日本法上前婚中の夫の推定を受ける嫡出子です（民法772条）。母が日本人である場合、前夫が日本人である場合には必ずこの規定の適用を受けます。

　なお、離婚後300日以内に生まれた子の出生届に医師が作成した「懐胎時期に関する証明書」が添付されている場合は、日本法上前婚の推定が及ばないものとして、その届出を受理することとするという取扱通達が発出されています（平成19年5月7日民一1007号通達）。

　次の戸籍先例は、日本人母の離婚後300日以内に出生した子の出生届に関するものですが、母が再婚していない事例です。

・平成29年1月17日付け民一120号回答は、「日本人母の離婚後300日以内に出生した子について、母の前夫（カナダ人X）の嫡出推定を受ける一方で、事実主義国の他男（カナダ人Y）との間に父子関係が成立している場合において、「父未定の子」として出生届がされたときは受理して差し支えない」としたものです（戸籍939号（平成29年4月号）74ページ）。

　　(ア)　母の再婚の日から200日以内に出生した場合

　母の再婚の日から200日以内に出生した場合、日本法上出生子は後婚の夫の推定を受けない嫡出子となります。一方、出生子は前婚の夫の推定を受ける嫡出子です。そして、前述のとおり推定を受ける嫡出性と推定を受けない嫡出性が重複する場合には、推定を受ける嫡出性が推定を受けない嫡出性よりも優先しますから、嫡出の推定が重複し、父未定の子の出生届をしなければならない場合とは、母が日本人の場合において、外国人後夫の本国法により後夫の嫡出子として推定されるときが考えられます。この場合は、子の出生当時における外国人親の国籍証明書及び外国人親の本国法上の嫡出子の要件に関する証明書の提出を求めることになります。なお、母が外国人の場合において外国人母又は後夫の本国法により後夫の嫡出子として推定される場合も考えられますが、戸籍事務処理上、このようなことが判明することは、まずあり得ないでしょう。

　ところで、後夫の嫡出子として推定される場合とは、外国人母の本国法あるいは後婚の夫である外国人父の本国法が、婚姻後200日以内の出生子を推定を受ける嫡出子として法律上明らかにしている場合をいいますが、このような法制度を採っている国は、アメリカ合衆国カリフォルニア州（婚姻中の子は全て夫の子と推定）、フランス（婚姻後180日目よりも前に出生した子も夫の子と推定）、ドイツ（子の出生時に母と婚姻していた男子は子の父と推定）等があります。

　次の戸籍先例は、日本人母の離婚後300日以内であって、かつ、母の再婚後200日以内に出生した子の出生届に関するものです。

①　平成24年11月6日付け民一2902号回答は、「日本人女と外国人男（ナイジェリア人）の離婚の日から300日以内であって、かつ、日本人女と他の外国人男（タンザニア人）の再婚の日から200日以内に出生した子の出生届について、後夫の本国法において、当該子は嫡出子として取り扱われることから、「父未定の子」として取り扱う」とした

ものです（戸籍884号（平成25年5月号）70ページ）。

② 令和元年8月26日付け民一543号回答は、「日本人女とナイジェリア人前夫の離婚の日から300日以内であって、かつ、同女とナイジェリア人後夫の再婚の日から200日以内に出生した子の出生届について、後夫の本国法において、当該子は嫡出子として取り扱われることから、「父未定の子」とし取り扱う」としたものです（戸籍974号（令和元年11月号）97ページ）。

(イ) 母の再婚の日から201日以後に出生した場合

母の再婚の日から201日以後に出生した場合、日本法上、出生子は後婚の夫の推定を受ける嫡出子となります。一方、出生子は前婚の夫の推定を受ける嫡出子でもあります。母が日本人である場合には、通則法28条1項により、日本民法が適用される結果、前婚の子、後婚の子として嫡出性が重複することになりますので、必ず、前記同様父未定の子として出生届をすることになります。

母が外国人である場合で後婚の子としての出生届があった場合又は日本人夫との離婚後300日以内に生まれた子をその夫の子として出生届があった場合は、通常は、母の前婚又は後婚関係が不明ですから、そのまま受理することになります。

イ 母の離婚の日から301日以後であって再婚後に出生した子の場合

本件事案による出生子は、日本法上、前婚中の夫の子と推定を受けていない子になります。

(ア) 母の再婚の日から200日以内に出生した場合

母の再婚の日から200日以内に出生した場合、日本法上、出生子は後婚の夫の推定を受けない嫡出子となります。一方、出生子は、前婚の夫の子であるとの推定を受けていません。したがって、日本法上の取扱いによれば、後夫の嫡出子出生届、あるいは嫡出でない子の出生届のいずれの届出

も可能です。

　この場合において、嫡出の推定が重複し、父未定の子の出生届をしなければならない場合とは、母が日本人の場合において、外国人前夫の本国法により前夫の嫡出子として推定され、しかも後夫の本国法により後夫の嫡出子として推定されるときです。

　なお、前夫の嫡出子として推定される場合とは、離婚後301日以後の出生子についても、これを嫡出子とする法制を採る台湾系中国、タイ等であり、また、後夫の嫡出子として推定される場合とは、前記ア(ア)（85ページ）に示した例と同様です。

　　　(イ)　母の再婚の日から201日以後に出生した場合

　母の再婚の日から201日以後に出生した場合、日本法上、出生子は後婚の夫の推定を受ける嫡出子となります。一方、出生子は前婚の夫の推定を受けていないことになります。したがって、日本法上の取扱いによれば、後夫の嫡出子出生届によることになります。

　この場合において、嫡出の推定が重複し、父未定の子の出生届をしなければならない場合とは、①母が日本人の場合において、外国人前夫の本国法により前夫の嫡出子として推定されるとき、②母が外国人の場合において、外国人母又は前夫の本国法により前夫の嫡出子として推定されるときです。

　参考までに、これらのうち、日本人が母である場合を中心として、この取扱いを一覧表で示すと別紙のとおり（119ページ参照）となります。

　以上ア、イによる取扱いは、嫡出の推定が重複する場合の取扱いであって、嫡出の推定が重複する外観を呈していても、前夫又は後夫のいずれかとの嫡出推定を否定する特殊な事情が存在し、それが、嫡出否認・親子関係不存在確認・離婚等の裁判上明らかにされた場合は、その者との嫡出性が否定され、嫡出の推定が重複しないことになりますので、この場合の父は嫡出の推定を受ける他の一方と定まります。ただし、この取扱いが認め

られるためには、その嫡出性が認められる父又は母の本国法によってその嫡出性が否定されることが必要となりますので、後夫と子の嫡出親子関係については、後夫及び母の本国法で、前夫と子の嫡出親子関係については、前夫及び母の本国法で、その関係が否定されることが必要となります。例えば、前夫及び母が日本人である場合に、前夫が3年以上行方不明であることを理由として離婚裁判が確定したときには、同判決後300日以内の出生子については、前夫の嫡出子として、推定が及ばないとされていますので（昭和2年10月11日民事7271号回答）、後夫の嫡出子としての出生届が認められることになります。

　　ウ　戸籍の処理

　　　(ア)　届出義務者

　前夫及び後夫の嫡出の推定が重複する子については、出生届書にその旨を明らかにして、母がこの届出をしなければならないとされています（戸籍法54条）。この出生届をした後、人事訴訟法2条・4条・43条による裁判手続によって父を確定することになります。したがって、このような場合には、父未定の子の出生届のみを受理することになります（大正7年5月16日民1030号回答、昭和26年1月23日民事甲51号回答）。

　　　(イ)　出生子の国籍

　父未定の子についての日本国籍の取得は、母が日本人である場合と母が外国人である場合とで異なります。母が日本人である場合には、前夫又は後夫のいずれの子として父が定められても、その間の子は、母の国籍である日本国籍を取得することになりますが、母が外国人である場合には、前夫又は後夫のいずれか日本人の子として定められた場合に限って、父の国籍である日本国籍を取得することになります。

　　　(ウ)　戸籍の処理

　①　母が日本人の場合の父未定の子の出生届の処理は、出生子は裁判によって、父が定まるまでの間、母からの出生届により（戸籍法54条）、

一応、出生当時の母の氏を称し、その当時の母の戸籍に入籍させることになります。一方、母が外国人の場合の父未定の子の出生届の処理は、外国人母には戸籍がなく、また、当該出生子が日本国籍を取得するものであるかどうか未定であるため、戸籍の記載をすることなく、当該出生届書は戸籍の記載を要しない届書類として、市区町村長が保存することになります（戸籍法施行規則50条）。

②　父未定の子の出生届の出生事項の記載については、日本人母の戸籍に、参考記載例番号6により子の身分事項欄に出生事項を記載し、父欄を空欄、父母との続柄欄を「長男（長女）」として処理します。なお、後日、父が判決又は審判によって確定したときには、戸籍法116条による戸籍訂正申請（裁判の謄本と確定証明書添付）により処理します。この場合、父が後夫と定められたときは、父欄を記載し、父母との続柄長男（長女）とあるのを長男（長女）と訂正することになります。また、前夫が日本人である場合に、子が前夫の子と定められたときには、出生当時の母の戸籍にある父未定の子は、母と前夫の婚姻解消当時の戸籍に入籍させる取扱いとなりますので、法定記載例番号204・205によって処理することになります。

(4)　戸籍法第62条の出生届の場合

戸籍法62条は、民法789条2項の規定によって、嫡出子となるべき者について、父が嫡出子出生の届出をしたときは、その届出に認知の届出の効力を有する旨を規定しています。つまり、父母の婚姻前に出生した子について、その出生の届出に先立ち、父母が婚姻した場合には、出生の届出と認知の届出を各別にするまでもなく、父から嫡出子出生届があったときは、この届出（これを、以下単に「戸籍法62条の出生届」といいます。）に認知の届出の効力を認めようとするものです。

通達文エは、日本人と外国人との婚姻前の出生子に関し、この戸籍法62条の出生届の取扱いについては、法例改正の前後をとおして変わりがない

ことを明らかにしているものです。そこで、この取扱いを示すと、次のとおりです。

　　　ア　要　件
　(ア)　この届出は、認知の届出の効力を認める嫡出子出生の届出であることから、認知に関する要件を具備していなければならないことはいうまでもありません。つまり、この届出は認知をし得る者自身（父）からの届出であって、成年に達した子についてはその承諾を要し（民法782条、昭和43年4月5日民事甲689号回答）、また、既に死亡した子についてはその子に直系卑属がある場合に限られ（民法783条2項、大正6年3月6日民197号回答）、この直系卑属が成年者のときはその承諾を要することになります。これらの所定の要件を欠く場合には、この出生届は受理できないことになります。しかし、成年に達した子や既に死亡した子については、現実としてはあり得ない届出であると思います。

　(イ)　父母の婚姻
　この嫡出子出生届をする時期は、父母の婚姻成立後であることはいうまでもありませんが、届出当時にその婚姻が継続していることを要しないとされています（大正8年3月28日民710号回答）。

　　　イ　取扱い
　通則法は、子の出生当時の認知する者の本国法又は認知当時の認知する者の本国法若しくは子の本国法のいずれの法律によっても認知することができる（選択的連結）とし、その際に子の本国法が子又は第三者の承諾又は同意を要件とするときは、その要件をも具備することとしています（通則法29条1項・2項）。さらに、準正の原因である事実の完成当時における父若しくは母又は子のいずれかの本国法によって準正が成立する場合に、これを認め、子は嫡出子の身分を取得するとしています（同法30条1項）。
　具体的な取扱いとしては、例えば、日本人男と外国人女との間の子の戸籍法62条の出生届があった場合は、認知の要件に関し、子又は第三者の承

　諾又は同意についての要件を別として、父の本国法である日本法によって判断すれば足りることになります。また、外国人男と日本人女との間の子の戸籍法62条の出生届があった場合は、子は出生当時の母の国籍である日本国籍を取得していますから（国籍法2条1号）、子の本国法である日本法によって判断すれば足りることになります。

　ところで、外国人父の本国法が事実主義を採用している場合、当該外国人と日本人母との間の子は、父母の婚姻によりその子は準正子の身分を取得する（通則法30条）ことになりますので、既に準正子の身分を取得しているため、当該外国人父が戸籍法62条の出生届ができるかという問題があります。しかし、事実主義を採用している場合であっても、認知ができるということから、この場合も、当該外国人父から戸籍法62条の出生届ができるということになります。なお、この場合に、事実主義を採用している外国人の本国法が事実主義を採用している旨の証明書等（通達第3の2(2)ア、3(3)）を添付して、父母婚姻後に父から嫡出子の出生届があったときは、戸籍法62条による出生届としてではなく、通達第3の3(3)による出生届として取り扱うことになります。

　　ウ　戸籍法62条の出生届に関する戸籍事務の取扱い

　　　(ア)　届出人

　この届出をすることができるのは、父のみです。したがって、父の死亡後はこの届出をすることはできませんが、母が死亡していても、父が届出をすることはできます（大正8年9月13日民事3685号回答、大正7年5月30日民1159号回答）。母その他の者から既に嫡出でない子の届出がされている場合には、父からこの届出をすることは認められません。

　　　(イ)　添付書類

　戸籍法62条の出生届も出生届の一種ですので、出生証明書の添付が必要であることはいうまでもありません。さらに、渉外戸籍事件の場合は、認知の要件を満たしていることの証明書の添付が必要となります。なお、父

母の婚姻の事実は、婚姻の記録のある戸籍証明書により判明します。また、認知に当たっては、子の本国法が、その子又は第三者の承諾又は同意を要件としている場合には、通達第4の1(2)に示された要件を満たす旨の証明書（通則法29条1項後段）の添付を求める必要があります。

(ウ)　出生子の国籍

戸籍法62条の出生届は、父母の婚姻及び認知によって、子は嫡出子の身分を取得することから認められた届出ですが、これは出生によって取得した子の国籍に何らの影響を及ぼすものではありません。すなわち、認知あるいは父母の婚姻によって子の国籍は変動するものではなく、日本人と外国人との間の出生子が出生によって日本国籍を取得するかどうかについては、子の出生時における日本人父又は母と子との間に、法律上の父子関係又は母子関係の存在があるかどうかによって決まります。

したがって、日本人男と外国人女の婚姻前の子は出生の時点では日本人男との法律上の父子関係が成立していないことから、日本国籍を取得せず、また、日本人女と外国人男の婚姻前の子は母の国籍である日本国籍を取得し、日本国籍となります。なお、外国人女の本国法が出生子と父との関係について、事実主義を採用している場合であっても、日本人父と子の間の嫡出でない子の親子関係の成立は、父の本国法である日本法にのみよることになりますので、これによる影響を受けるものではありません。

(エ)　戸籍の取扱い

①　日本人母と外国人父の婚姻前の出生子について

父母婚姻後外国人父から戸籍法62条の出生届があった場合、子は出生により日本国籍を取得していますので、当該出生届によって直ちに母の戸籍に嫡出子として入籍することになります。この場合の子の身分事項欄の記載例は、次のとおりです。この記載例は、参考記載例番号13の嫡出でない子の出生届〔事実主義法制に基づき父の氏名を戸籍に記載する場合〕と同様です。

出　　生	【出生日】令和5年5月10日
	【出生地】東京都千代田区
	【父の国籍】アメリカ合衆国
	【父の生年月日】西暦1990年10月4日
	【届出日】令和5年5月20日
	【届出人】父

②　日本人父と外国人母の婚姻前の出生子について

　父母婚姻後日本人父から戸籍法62条の出生届があった場合、子は出生により日本国籍を取得していませんので、父の戸籍には入籍できませんから、日本人父の戸籍に外国人の子について、認知の届出の効力を有する出生届をした旨の記録に留めることになります。この場合の父の身分事項欄の記載例（参考記載例番号19）は、次のとおりです。

認　　知	【届出日】令和5年7月10日
	【届出の性質】認知届出の効力を有する出生届出
	【認知した子の氏名】アーティアート，サムエル
	【認知した子の国籍】フィリピン共和国
	【認知した子の生年月日】西暦2022年1月20日
	【認知した子の母の氏名】アーティアート，ミラー

3　父母の双方が外国人の場合

（通達文）

(3)　父母の双方が外国人である場合

　　子の出生の当時における父又は母の本国法のいずれかにより事件本人が嫡出であるときは、事件本人を嫡出子とする。

(1) 通達の趣旨

　子の出生時において父母双方が外国人である者の間に生まれた子の出生届の取扱いについて示したものです。

(2) 取扱い

　子の嫡出性が父又は母のいずれかの本国法により認められれば、子はその夫婦の嫡出子として取り扱われます（通則法28条1項）。この嫡出子に関する取扱いは、父母の一方が日本人の場合であっても、父母の双方が外国人の場合であっても、何ら異なるものではありません。したがって、外国人父又は母のいずれか一方の本国法により嫡出子として取り扱われている場合には、嫡出子として取り扱うことになります。通達は、この取扱いを明らかにしたものです。

　ところで、父母双方が外国人である子の嫡出子出生届については、戸籍記載のための審査が不要であること等から、出生届書に記載されている内容から父母の嫡出子でないことが明らかに否定されない限り、特段の添付書類を求めることなく出生届書に記載されたとおり嫡出子として処理していると思います。また、当該出生子が外国人父母の嫡出子として取り扱われるかどうか、つまりは、当事者である外国人父又は母の本国法においてどのように判断され、取り扱われるかは、結局のところ、当該外国の国際私法をも含めた外国法令の取扱いによるところでもあります。また、我が国でその子の嫡出性が問題となったときは、その時点で判断すれば足りるものともいえます。さらに、日本人は関与していませんので、戸籍の記載が問題になることもありません。婚姻のように届出に創設的な効果を持たせるときは、外国人同士の場合であっても、要件が具備しているかを十分に審査すべきですが、出生届の場合は、少なくともどの母から子が生まれたかについては公証する必要がありますので、十分の審査を要しますが、嫡出性については、出生届や添付書類から明らかに疑義がある場合を除き、そのまま受理しても差し支えないといってもいいのではと思います。

　したがって、父母の双方が外国人である場合の出生届を受理するに当たっては、通達第3の1(2)イによる外国人親の国籍証明書及び外国人親の本国法上の嫡出子の要件に関する証明書の提出をあえて求める必要はないものと考えます。なお、嫡出子出生届があった場合は、届書「その他」欄に、例えば、「父母は年月日東京都〇〇区長に婚姻届出」等と記載してもらうことも望ましいと思います。

　もちろん、子の嫡出性の審査のため市区町村長は、戸籍法27条の3の規定に基づき、これらの証明書、さらには母についての前婚関係についての証明書の提出を求めた上、調査することも可能ですが、これらの証明書の提出は、出生届書の記載内容等から、明らかに疑義が生じた場合に限定されるのではないでしょうか。嫡出でない子として出生届があった場合も同様です。

　なお、当該出生届は、戸籍に記載を要しない届書類として、受理した年度の翌年から10年保存することになります（戸籍法施行規則50条2項）。

Ⅲ　嫡出でない子
1　父母の一方が日本人である場合の原則的な取扱い（通常の処理）

　（通達文）
　2　嫡出でない子
　(1)　父母の一方が日本人である場合において、母の婚姻成立の日から200日以内に出生した子を嫡出でない子とする出生の届出があったときは、外国人親の本国法上夫の子と推定されていない場合に限り、届出を受理する。婚姻の解消又は取消しの日から301日以後に出生した子を嫡出でない子とする出生の届出があったときは、特段の疑義が生じない限り、届出を受理して差し支えない。

(1) 通達の趣旨

　通達文は、父母の一方が日本人の場合において、母の婚姻成立後200日以内に出生した子及び離婚の日から301日以後に出生した子を嫡出でない子とする出生の届出があった場合の取扱いについて示したものです。

(2) 取扱い

　ア　母の婚姻後200日以内に出生した子の出生届

　嫡出親子関係について通則法28条１項は、子の出生当時の父又は母の本国法のいずれか一方の法律によって嫡出子となるときは、その間の子を嫡出子としています。父母の一方が日本人である場合において、母の婚姻成立の日から200日以内に出生した子については、嫡出子出生届、嫡出でない子の出生届のいずれの届出も可能となる反面、他方の配偶者である外国人父又は母の本国法でその間の子が嫡出子となる場合は、嫡出子として処理することになりますので、この場合には、この点についての配慮が求められます。そこで、通達文は、このように日本の取扱い上、嫡出子、嫡出でない子のいずれの届出によることもできる場合にあって、出生子が嫡出でない子として届け出られた場合の出生届の取扱いを示したものであり、外国人父又は母の本国法上も夫の子と推定されない場合に限って、この届出を受理するとしています。

　この他方の外国法において、夫の子と推定されない場合の審査については、当該外国法の嫡出推定に関する規定、すなわち、法文（の抜粋）によることになります。

　なお、日本人母から嫡出でない子として出生の届出後、母の夫（外国人）から認知の届出があった場合、子は生来の嫡出子となりますので、先の嫡出でない子の出生届を嫡出子出生届に訂正するための追完届ないしは申出書とし取り扱うことになります（昭和34年８月28日民事甲1827号通達、同10月19日民事甲2332号回答）。

　おって、外国人父又は母の本国法によって、嫡出子と推定されることが

明らかな場合には、嫡出子出生の届出のみ受理することになります。

　　　イ　母の離婚の日から301日以後に出生した子の出生届

　我が国の法律上、この事案による出生子は、民法772条による嫡出子としての推定を受けないことになります。ところが、通則法28条1項は、嫡出親子関係については、子の出生当時の父又は母の本国法のいずれか一方の法律によって嫡出子となるときは、その間の子を嫡出子としています。

　したがって、父母の一方が日本人である場合において、母の離婚の日から301日以後に出生した子について、我が国の民法上の取扱いによれば、嫡出でない子となりますが、他方の配偶者である外国人父又は母の本国法でその間の子が嫡出子となる場合は、我が国としてもこれを嫡出子として取り扱うことになります。通達文は、この母の離婚の日から301日以後に出生した子について、嫡出でない子の出生届があった場合、特段の疑義が生じない限り、この嫡出でない子の出生届を受理することとしています。この理由は、この場合の出生子を嫡出子とする法制を採用している国は、台湾系中国、タイ等一部の国に限られ、多くの国では、我が国の法制と同様に嫡出でない子とする法制を採っていますので、出生子の父又は母が当該外国人であることが明らかな場合などの特段の疑義が生じない限り、この嫡出でない子の出生届を受理して概ね正当であるためと説明されています（法務省民事局内法務研究会編「法例改正下における渉外戸籍の理論と実務」（テイハン、平成元年12月発行）187ページ）。

2　外国人父の本国法が事実主義を採用している場合の嫡出でない子の出生届

　（通達文）

(2)　外国人父の本国法が事実主義を採用している場合における日本人母からの嫡出でない子の出生の届出については、次のとおり取り扱

う。

　ア　届書の父欄に氏名の記載があり、「その他」欄に父の本国法が
　　事実主義を採用している旨の記載があり、かつ、父の国籍証明書、
　　父の本国法上事実主義が採用されている旨の証明書及びその者が
　　事件本人の父であることを認めていることの証明書（父の申述書、
　　父の署名ある出生証明書等）の提出があるときは、事件本人の戸
　　籍に父の氏名を記載する。
　　　この場合の戸籍の記載は、参考記載例13の例による。
　イ　母から出生の届出に基づき子が入籍している場合において、母
　　からアに掲げる証明書を添付して父の氏名を記載する旨の出生届
　　の追完の届出があるときは、これを受理し、事件本人の戸籍に父
　　の氏名を記載する。
　　　この場合の戸籍の記載は、参考記載例14の例による。

　(1)　通達の趣旨
　通則法は、嫡出でない子の親子関係については、子と父との関係につい
ては子の出生当時における父の本国法により、また、子と母との関係につ
いては子の出生当時における母の本国法によるとしています（通則法29条
１項前段）。つまり、親の一定の方式による意思表示（認知）による親子
関係の成立のみならず、単に出生という事実のみによる親子関係の成立に
ついても認めることとしています。
　通達文は、婚姻関係にない日本人母が、事実主義を採用している外国人
男の子を出生した場合の出生届の取扱いについて示したものです。
　(2)　事実主義
　事実主義とは、嫡出でない子とその父又は母との父子関係又は母子関係
の形成について、その父又は母が自分の子であることを認める（これに
よって父子関係又は母子関係が発生するとすることを認知主義又は意思主

義といいます。）までもなく、その間に血縁関係が客観的に存在すれば、これをもって法律上もこの関係を認める法制をいいます。これを端的にいいますと、法律上の親子関係の成立に関し、認知主義に対応する概念として存在するものが、事実主義であるといえます。

　この点を、もう少し詳しく説明しますと、次のとおりです。

　まず、事実主義・認知主義の双方とも、当該出生子と父との間に血縁上（父子関係）の存在を必要とするものである点には相違はありません。そこで、認知（意思）主義との対比により事実主義を定義付けると、認知（意思）主義が、父と出生子との事実上の血縁関係の存在に留まらず、父が自己の子としてこれを積極的に認めるという行為が存在して初めて法律上の父子関係が成立するものであるのに対し、事実主義とは、単に事実としての父子関係の存在が確認されれば、法律上も父子関係を認めようとするものです。したがって、父の意思表示の法的効果の面からいえば、認知主義の下では、これは重要な要件事実となりますが、事実主義の下では、これは法律要件ではなく、父の確定に当たっての一資料に過ぎないということになります。

　我が国の民法上、父子関係については認知主義によっており、また、母子関係については分娩という事実があれば法律上の親子関係を認めることから、事実主義によっているということができます。

　なお、我が国においては、認知によるほか、父と子の血縁関係に基づき、裁判所での裁判認知（民法787条）による父子関係の創設を認めています。この場合は、認知行為を要件としないという意味で、事実主義に近いものではありますが、法律上の父子関係を成立させるためには、裁判所の裁判の確定が要件となっており、ここにいう事実主義の範ちゅうには属しません。

　このように、事実主義を採る国とは、父の意思に基づかないで、生理上の父子関係の存在という事実のみにより法律上の父子関係が成立するという法制を採る国のことをいいますが、一般的にいって、母からの一方的な

申出のみによって、父親が全く不知の間に父子関係を認定するものとは、考えられません。日本における任意認知のように、父親が自己の子であることを認めることについて、一定の要式行為による積極的な意思表示を必要としないまでも、父と子の間に父子関係があると認められるに足りる客観的な一定の事実が必要となります。この客観的事実が、妥当性のあるものとして自国民に広く承認されるためには、例えば、父親の承認又は裁判所等の公的機関の承認があること、あるいは、同居している男女間に生まれた子であること等が必要であり、しかも、これらの事実をもって、出生子と父親との間に出生と同時に父子関係が成立したことが当該国の法律で明記されていること（明記されていない場合は、本国官憲のその旨の証明のあること。）が必要となります。

　　ア　事実主義を採っている国

　事実主義の本質は、父子関係の確定に当たり父の意思表示を要しないという点にあります。しかし、父の意思表示がなくとも父子関係を認める法制は相当あり、何をもって、あるいはどのような態様をもって事実主義を採用しているとみるかという点については、その判断に苦慮するところです。この点、通達は、上記のとおり、「生理上の父子関係がある場合には、認知を要件とすることなく、法律上の父子関係を認める法制のことをいう。」と述べています。これは、例えば、扶養目的のためには、認知を要せず、生理上の父子関係の存在で足りるとするのでは不十分であり、生理上の父子関係の存在という事実により一般的に法律上の父子関係を認める法制であるということです。

　なお、次に記載する国々が、事実主義を採り入れていると考えられます。

　ⅰ　フィリピン共和国

　ⅱ　ニュージーランド

　ⅲ　カナダ（オンタリオ州）

　ⅳ　中華人民共和国

　　　イ　戸籍事務との関係

　従来から、父と子の本国法が事実主義を採用している場合（例えば、フィリピン人母から生まれた嫡出でない子で、その子の父もフィリピン人の場合）は、その法制が適用され出生により法律上の父子関係が存在すると解されていましたが、戸籍事務では、父又は子の少なくとも一方が日本人の場合のみが注目され、この場合は、認知を要件としていたため、事実主義を問題とすることがなかったわけです。

　通則法は、子が日本人の場合も、父の本国法が事実主義を採用しているときは、その法制を適用するとしているため、戸籍上審査をする必要があります。しかしながら、この血縁関係の存在という事実をどのような形態で認定するか、裏返していえば、生殖の事実を立証する方法は何が適当かということは、現実の問題として必ずしも容易なことではありません。

　これをどのような場合に認めるかということについては、大別して、次のような方法が考えられます。

　まず、第1には、最も徹底した方法で、父子関係は、市区町村長が認定していき、そのため本国で認める証明書をはじめ、全ての資料の提出を求め、それでも不足するということであれば、積極的に事実調査を行って確定してゆくとするものです。つまり、この場合には、事実主義を正面から取り扱っていくことから、父性の重複する認知届は受理しないということになるでしょう。

　第2には、最も厳しい方法で、事実主義を限定的、かつ、厳格に認めるというもので、父子関係の確定する書面について、父子関係存在確認の訴訟の判決謄本のみとするものです。この場合は、最も厳格な方法を採ったがゆえに、認知は受理しないことになります。

　第3には、第1と第2との折衷案ともいうべき方法で、事実主義は裁判によるもの以外に、父母双方が認める場合も採り入れますが、事実主義と認知とは別個のものであって、認知の有用性から、重複して可能とするも

のです。

　以上のような考え方の中で、我が国における事実主義の取扱いとしては、第3の方法を採用しました。第1の方法では、実務上機能しないこと、第2の方法では、厳格に過ぎること等、それぞれに難点があるからです。なお、第3の方法を採用したため、出生証明書に父の署名のあるもの等を添付させることとしています。このようにすれば、父子関係について、父のみならず、届出義務者である母も認めていることになり、信用性が高いものとなります。

　　(3)　出生届書の父欄に氏名の記載があり、事実主義を採用していることが明らかな場合の出生届の取扱い

　通則法は、子と父との嫡出でない子の親子関係については、子の出生当時における父の本国法により成立するものとしており（通則法29条1項前段）、日本人の子についても認知（意思）主義による親子関係の成立のみならず、血縁という事実主義による親子関係の成立を認めることとしています。したがって、外国人父の本国法が事実主義を採用している場合には、この事実主義による父子関係の成立を出生届に反映する必要があるため、母からの嫡出でない子の出生届の届書中の「父母の氏名」欄に父の氏名を記載してもらい、これによって、子の戸籍に父の氏名を記載することになります。ただし、この父子関係の存在を認めたからといって、その父と母が婚姻しない限り、当該出生子が嫡出子の身分を取得するというものではありませんので、嫡出でない子としての身分は変わらず、嫡出でない子の出生届として母がこの届出をしなければならないことはいうまでもありません（戸籍法52条2項）。当該外国人父は、父としての資格では届出ができませんが、同居者としての資格があれば、出生届が可能です（戸籍法52条3項）。

　なお、事実主義とは、血縁上の父子関係の存在という事実によって法律上の父子関係も当然に成立するとするものですから、成年に達した日本人

の子について当該出生届であっても、民法782条に規定する被認知者の承諾は要しないことになります。

　　ア　出生届の「その他」欄への記載

　外国人男の本国法が事実主義を採っている場合には、届出人に出生届書の「父母の氏名」欄に父の氏名を記載してもらい、「その他」欄に、例えば、「父の本国であるフィリピン共和国では、父子関係について事実主義を採用している。その旨の証明書（又は法文の写し）を添付する。」と記載してもらいます。

　　イ　添付書類

　　　㋐　国籍証明書

　外国人父の本国法がどの国の法律であるかを調査するためのものです。

　国籍証明書とは、届書に記載されている父の国籍国の官憲が発行した国籍証明書又は旅券（原本）をいいます。

　　　㋑　事実主義が採用されている旨の証明書

　事実主義が採用されている旨の証明書とは、父の本国法上事実主義を採用している旨の証明書のことをいいますが、これは必ずしも本国官憲の発給したものではなくとも、父の本国の法律について出展を明示した上、その写しを関係者がこれを訳文し（戸籍法施行規則63条）、当該国の法律の写しである旨を証明したもので足ります。

　　　㋒　外国人父が当該出生子の父であることの証明書

　事実主義により法律上の父子関係の存在を認めるためには、血縁上の父子関係を確認する必要がありますが、誰がこれを証明するのかという問題があります。この証明の手段としては、我が国の戸籍の取扱い上、当事者の双方である父及び母の承認を必要とすることとしました。父母双方による承認は、高い証明力があるといえるからです。

　そして、この出生届の届出義務者は母であることから、届書の「父母の氏名」欄に父の氏名を記載してもらうこと及び届出人の署名押印**(注)**をす

ることにより、当然母からの「当該者が父であること。」の証明及び承認の意味もその届出に内包されていますので、別途母からの申述書の添付は、不要ということになります。そこで、通達では、父が作成したその旨の申述書を添付させる必要があることのみが記載されています。なお、その内容は、「当該出生子○○△△（当該出生子の氏名）の父は、私こと□□□、◎◎◎（父の氏名）である。」旨の記載があれば足ります。この申述書の作成は父に限られ、第三者による申述書は認められないことはいうまでもありません。自然的父子関係の存在を認定することは、一般に審査が困難なものです。戸籍の窓口は、裁判所ほど多くの調査手段とその能力を持たず、しかも、全国統一的に正確かつ迅速に処理しなければならない要請があります。このような制度上の要請から、いわば、父母の二重のチェックを要求することによって初めて誤りの少ない取扱いができますので、このような取扱いとしたものです。

なお、父の本国官憲の父子関係証明書は、生理上の父子関係を証明する書類ということができ、この添付があるときは、申述書は不要です。また、出生証明書に父の署名がある場合あるいは出生登録証明書に父の氏名が記載されている場合であって、しかも、その登録証明書への父の氏名が父自らの届出、申出等によって記載されている場合には、父の意思により行為が書面上明らかですから、やはり申述書は不要です。

おって、出生届の際、父が死亡したため、この申述書の添付ができない特別の事情のある場合には、前記申述書に代わりうる書面（父の署名のある出生証明書等公的機関の証明書）によって、処理することになります。

以上の添付書類に疑義のある場合には、管轄局の長にその受理について照会を求めることになります。

(注) 押印については、デジタル社会の形成を図るための関係法律の整備に関する法律案（整備法案第7条に戸籍法の一部改正が規定されています。）が成立し、同法が施行（令和3年9月1日予定）された場合は、その義務はなくなりますので、審査は要しません。

　　　ウ　出生子の国籍

　この事案の出生子は、日本人母の嫡出でない子であることから、日本国籍を取得し（国籍法2条1号）、母の氏を称し、母の戸籍に入ることになります（民法790条2項、戸籍法18条2項）。

　なお、外国人父の本国の法制が、事実主義の法制を採用し、しかも国籍に関し血統主義を採用しており、出生により父子関係が成立すると当然にその子に父の国籍を付与する法制を採っている場合は、当然に父の国籍をも取得することになります。したがって、当該出生子が国外で生まれた場合には、出生の届出とともに国籍留保届（戸籍法104条）をしなければ、日本国籍を失うことになりますので、届書審査の際には、注意する必要があります（国籍法12条）。

　子の身分事項欄にする出生事項の記載例は、次のようになります。この記載をし、父欄に外国人父の氏名を記載します（参考記載例番号13）。

　　出　　　生　　　【出生日】令和5年5月10日
　　　　　　　　　　　【出生地】東京都千代田区
　　　　　　　　　　　【父の国籍】フィリピン共和国
　　　　　　　　　　　【父の生年月日】西暦1990年6月2日
　　　　　　　　　　　【届出日】令和5年5月16日
　　　　　　　　　　　【届出人】母

　(4)　既に母からの出生届によって母の戸籍に入籍している子について、母から出生届に事実主義を採用している国の国籍を有する外国人父の氏名を記載する旨の追完届があった場合の取扱い

　　　ア　出生届の追完の届出

　外国人父の本国法が事実主義を採用している場合には、母からの嫡出でない子の出生届にその旨を記載し、必要書類を添付したときは、出生子の戸籍に父の氏名を記載する取扱いがされます。しかし、当初の出生届の際に、その取扱いについて、届出人が不知であったり、あるいは必要書類が

揃わなかったり等の理由によって、通常の嫡出でない子の出生届をし、父の氏名が記載されていない場合もあります。

　戸籍の取扱いは、このように既に届出に基づいて戸籍の記載がされている場合であっても、当該届出事項の一部分は届書の不備によって戸籍の記載ができなかったときは、戸籍法45条に基づく追完届によって処理することとされています（大正４年１月９日民1009号回答）。この場合、この追完届をすべき者は、原則として不備な届出をした当該届出人ですが、当該事件について届出をすべき者であれば他の者でもよいとされています（大正３年12月28日民1962号回答）。

　したがって、外国人父の本国法が事実主義を採用している場合において、父の氏名が記載されていない嫡出でない子について、関係書類を添付して、嫡出でない子の出生届に父の氏名を記載する旨の追完の届出が母からあったときは、これを受理することになります。また、父死亡後であっても、その申述書に代えて、死亡者が事件本人の父である旨の公的機関の証明書があれば、母からの追完の届出は可能です。しかし、母死亡後は、前記(3)のイ(ウ)で説明した、母の「外国人父が当該出生子の父であることの証明及び承認」の部分に関する証明を得ることができないことから、前記追完の届出の一般の取扱いによる処理にはなじまないということになります。このような場合に、子が父の氏名の記載を望むときは、父子関係存在確認又は強制認知の裁判による判決を得る必要があります。

　おって、本件追完の届出は、既に事実主義を採用している外国人父の本国法によって成立している父子関係を戸籍に記載するに過ぎないため、成年に達した子についての追完の届出であっても、民法782条に規定する子の承諾は不要です。

　　　イ　添付書類

　この追完届については、外国人父の本国法が事実主義を採用している場合において、父の氏名を戸籍に記載するため嫡出でない子の出生届の際に

必要とした全ての必要書類（通達第3の2(2)ア）の添付を有することはいうまでもありません。

　　ウ　戸籍の記載

　この追完届によって子の身分事項欄に記載する記載例は、次のようになります。この記載をし、父欄に外国人父の氏名を記載します（参考記載例番号14）。

出　　　生	【出生日】令和5年5月10日
	【出生地】東京都千代田区
	【父の国籍】フィリピン共和国
	【父の生年月日】西暦1990年6月2日
	【届出日】令和5年5月16日
	【届出人】母
追　　　完	【追完日】令和5年6月15日
	【追完の内容】父の国籍，生年月日
	【届出人】母
	【記録の内容】
	【父の国籍】フィリピン共和国
	【父の生年月日】西暦1990年6月2日
追　　　完	【追完日】令和5年6月15日
	【追完の内容】父の氏名
	【届出人】母
	【記録の内容】
	【父】アーティアート，サムエル

　(5)　その他

　ア　日本人母が、事実主義を採用している国の国籍を有する外国人を父とする嫡出でない子が国外で生まれた場合において、その子の出生届を出生後3か月を経過して届出された後、本件追完届がされた場合に

は、当該追完届に国籍留保の旨を記載してもらい、遅延理由を記載した理由書を添付の上、戸籍法104条3項に該当するか否かを審査する必要がありますので、この場合は、管轄局の長に受理照会した上、その指示に基づき処理することになります。

イ　通達では、外国人父の本国法が事実主義を採用している場合しか示しておりません。これは、外国人母の本国法が仮に父との嫡出でない子の親子関係について事実主義を採用している場合であっても、父との嫡出でない子の親子関係は通則法29条1項前段の規定により「父との関係は父の本国法による」のであって、外国人母の本国以外の国、例えば、日本人父と子の父子関係についてまで影響を及ぼすものではないからです。日本法上は、当該出生子について父からの胎児認知届がされていない限り、日本人父との父子関係は出生によりその出生時から成立しません。したがって、当該出生子が、日本国籍を取得することもなく、また、戸籍も編製されません。

Ⅳ　嫡出となる子（準正嫡出子）

（通達文）

3　嫡出となる子

子は、準正の要件たる事実の完成の当時の父若しくは母又は子の本国法により準正が成立するときは、嫡出子たる身分を取得することとされた（改正法例第19条第1項：通則法第30条第1項）が、婚姻準正又は認知準正があった場合における続柄欄の訂正手続等は、従前のとおりである。なお、外国人父の本国法が事実主義を採用している場合において、子が父母の婚姻により嫡出子たる身分を取得するときは、次のとおり取り扱う。

(1)　婚姻前に出生の届出がされ、それに基づき父の氏名が記載され

ている場合は、婚姻の届書の「その他」欄の記載により続柄欄を
訂正する。

(2) 婚姻の届出後、2(2)アに掲げる証明書を添付して父の氏名を記
載する旨の出生届の追完の届出及び嫡出子たる身分を取得する旨
の婚姻届の追完の届出があった場合は、父の氏名を記載し、続柄
欄を訂正する。

(3) 婚姻の届出後、婚姻前に出生した子について、母から、届書の
「その他」欄に父母が婚姻した旨が記載され、かつ、2(2)アに掲
げる証明書の添付された嫡出子出生の届出があった場合は、嫡出
子として戸籍に記載する。なお、父も、これらの証明書及びその
者が父である旨の母の申述書を添付して、当該出生の届出をする
ことができる。

1 通達の趣旨

通達文は、父母の婚姻及び認知主義又は事実主義に基づく父子関係の成
立によって、嫡出でない子が嫡出子の身分を取得（準正嫡出子）した場合
の取扱いについて示したものです。

2 取扱い

我が国の民法によれば、「父が認知した子は、その父母の婚姻によって
嫡出子の身分を取得する。」（民法789条1項）、「婚姻中父母が認知した子
は、その認知の時から、嫡出子の身分を取得する。」（同条2項）とありま
す。前者を婚姻準正といい、後者を認知準正といいます。ちなみに戸籍法
62条による出生届（通達第3の1(2)エ）は、この認知準正に基づき、特に
戸籍法で規定した取扱いに過ぎません。また、父から認知された嫡出でな
い子が死亡後に、その父母が婚姻した場合、あるいは嫡出でない子が死亡
後に父母が婚姻し（又は父母婚姻後に嫡出でない子が死亡し）、その後に

認知がされた場合も、準正の効果は認められます（同条３項）。

　通則法30条１項により、嫡出でない子は、準正の要件である事実が完成した当時における父若しくは母又は子の本国法により準正が成立するときは、準正によって、嫡出子の身分を取得することになります。これによって、準正の原因となる事実の完成の当時、すなわち、父母の婚姻によって準正となる場合には婚姻成立の時、また、父又は母の認知等によって準正となる場合には法律上の父母双方との間に親子関係が成立された時のそれぞれの場合、父又は母のいずれか一方の本国法又は子の本国法によって、準正が認められるときは、この準正の成立を認めることになります。

　なお、父の本国法が事実主義を採用している場合は、父の本国法上、父からの認知を待つまでもなく、父母の婚姻によって直ちに準正（婚姻準正）となりますので、留意する必要があります。

　⑴　婚姻準正又は認知準正があった場合

　通達は、婚姻準正又は認知準正があった場合の戸籍上の取扱いは、従来の取扱いと変わらないことを明らかにしたものです。

　なお、戸籍のない外国人の子については、当該契機となった基本の届書（婚姻準正の場合にあっては婚姻届、認知準正の場合にあっては認知届）の「その他」欄に準正嫡出子となる旨を記載する（例えば、認知届書の「その他」欄に、「被認知者ピーター，サムエルは、この届出により嫡出子の身分を取得する。」等）ことになります。

　　ア　取扱い

　準正が完成する基本の届書、すなわち、婚姻準正の場合にあっては婚姻届、認知準正の場合にあっては認知届のそれぞれの届書中の「その他」欄に準正嫡出子となる旨、準正嫡出子となる子の戸籍の表示及び準正の効果としての続柄の訂正事項を記載します（例えば、婚姻準正の場合は、「父母の婚姻により嫡出子の身分を取得する者の戸籍の表示は、「東京都千代田区平河町一丁目４番地乙野梅子」、嫡出子の身分を取得する者の住所は、

「東京都千代田区平河町一丁目10番地乙野一郎（令和4年5月6日生）」です。」と記載します。）。

　なお、その記載を遺漏した場合には、原則として不備な届出をした当該届出人が追完の届出をすべき者ですので、婚姻届の追完の届出については夫（父）又は妻（母）が、認知届の追完の届出については父が届出人となります。

　　イ　準正嫡出子の国籍

　子が日本国籍を取得するかどうかは、その子の出生当時の法律上の父又は母が日本人であるかどうかにかかっており、日本人父と外国人母との間の嫡出でない子について、準正によって嫡出子の身分を取得したことによって、当然に日本国籍を取得することはありません。ただし、準正嫡出子も含め、日本人父から認知された外国人母の子で20歳未満（平成30年法律第59号の施行日（令和4年4月1日）からは、18歳未満）のものは、一定の要件の下に法務大臣に届け出ることによって、日本の国籍を取得することができます（国籍法3条1項）。

　なお、外国人である父又は母の国籍を取得するかどうかについては、当該外国の国籍法によります。

　　ウ　戸籍の処理

　準正嫡出子が日本人を母とする場合、子はその出生当時は、嫡出でない子ですから、民法790条2項及び戸籍法18条2項後段の規定により、子の出生当時に取得する氏及び入籍すべき戸籍は、その当時の母のそれであり、母の戸籍に入籍しています。その後準正により嫡出子の身分を取得した場合は、準正が完成する基本の届書、すなわち、婚姻準正の場合にあっては婚姻届、認知準正の場合にあっては認知届のそれぞれの届書中の「その他」欄の記載によって父母との続柄の戸籍の訂正をすることになります。

　戸籍記載例は、

　〔認知準正による場合……子の身分事項欄〕（法定記載例番号16及び参考

記載例番号30参照）

認　　知	【認知日】令和１８年３月５日
	【認知者氏名】リントホルスト，クラウスフリードリッヒ
	【認知者の国籍】ドイツ連邦共和国
	【認知者の生年月日】西暦１９９９年２月１日
	【送付を受けた日】令和１８年３月７日
	【受理者】東京都千代田区長
	【関連訂正事項】父母との続柄
	【従前の記録】
	【父母との続柄】長男（長女）

〔婚姻準正による場合……子の身分事項欄〕（法定記載例番号78参照）

・子が母と同一の戸籍にあるとき

訂　　正	【訂正日】令和１８年１月１０日
	【訂正事項】父母との続柄
	【訂正事由】令和１８年１月１０日父母婚姻届出
	【従前の記録】
	【父母との続柄】長男（長女）

〔婚姻準正による場合……子の身分事項欄〕（法定記載例番号79参照）

・子が母と戸籍を異にするとき

訂　　正	【訂正日】令和１８年１月１３日
	【訂正事項】父母との続柄
	【訂正事由】令和１８年１月１０日父母婚姻届出
	【送付を受けた日】令和１８年１月１３日
	【受理者】東京都千代田区長
	【従前の記録】
	【父母との続柄】長男（長女）

(2)　外国人父の本国法が事実主義を採用している場合において、子が
　　父母の婚姻により嫡出子の身分を取得する場合

　通達は、外国人父の本国法が事実主義を採用している場合において、子が準正したときの戸籍上の取扱いを特に定めています。これは、事実主義の場合、既に出生という事実により法律上の父子関係が成立していることから、父母の婚姻によって子が嫡出子の身分を取得するという婚姻準正のみが問題になること、及び外国人父の本国法が事実主義を採用している場合の出生届の取扱いの特則を通達で定めたことから、標記の場合の戸籍事務上の取扱いを明示する必要があるからです。

　そして、事実主義を採用する外国人を父とする日本人母の嫡出でない子の取扱いを、次のそれぞれの場合に分けて通達では示しています。

　次に、父母双方が外国人の場合の取扱いはどうかということを考えてみましょう。父母双方が外国人の場合には、父若しくは母又は子の本国法により準正が完成するかどうかは、それぞれの本国法によってどのように取り扱うかに任されているところです。したがって、父母の婚姻又は認知の届書に嫡出でない子が準正嫡出子となった旨を記載して届出があった場合、当該届出によって父若しくは母又は子の本国法により準正が完成することを証明する書面を添付させた上で、その処理をすることが原則となりますが、戸籍の記載をするための審査は不要であり、しかも、その効果は、最終的には、外国人である当事者それぞれの本国法によって、判断されることですから、格別の証明書まで要求する必要性はないものとして処理して差し支えありません。

　なお、嫡出でない子については、父の本国法が事実主義を採用している場合であっても、子の本国法に基づく認知の届出を受理しますが（通達第4の1(1)）、外国人父の本国法が事実主義を採用している場合において、父母が婚姻したことによって、婚姻準正が完成したことが戸籍面上明らかになった後は、我が国の認知の要件である「嫡出でない子」を欠くことに

なりますので、認知の届出をすることは認められませんから、留意する必要があります。

　　　ア　婚姻届出前に出生届がされ、この出生届に基づき、子の戸籍に
　　　　父の氏名が記載されている場合

　嫡出でない子の出生届書の「その他」欄に父の本国法が事実主義を採用している旨の記載があり、これを証する書面等の添付がある場合には、子の戸籍に父の氏名を記載する取扱いとなっています（通達第3の2(2)ア参照）。そして、この場合の嫡出でない子は、父母の婚姻により直ちに嫡出子の身分（「婚姻準正」）を取得します。通達文(1)は、この場合における取扱いを示したものです。なお、この場合における準正の準拠法は、父の本国法ですが、事実主義を採用する法制の場合、婚姻準正を認めるが通例ですので、これに関する証明書の添付を求めることまでの必要はないものと考えます。

　　　(ア)　取扱い

　準正が完成する基本の届書、すなわち婚姻届書の「その他」欄に準正嫡出子となる旨、準正嫡出子となる子の戸籍の表示及び準正の効果としての続柄の訂正事項を記載します。なお、その記載を遺漏した場合には、原則として不備な届出をした当該届出人が追完の届出をすべき者ですので、婚姻届の追完の届出については夫婦（父母）が届出人となります。この場合、成年に達した子についての追完の届出であっても、民法782条に規定する子の承諾は不要です。

　　　(イ)　戸籍の処理

　準正嫡出子が日本人を母とする場合、子はその出生当時は、嫡出でない子ですから、民法790条2項及び戸籍法18条2項後段の規定により、子の出生当時に取得する氏及び入籍すべき戸籍は、その当時の母のそれであり、母の戸籍に入籍しています。その後準正により嫡出子の身分を取得した場合は、準正が完成する基本の届書、すなわち、婚姻準正の場合にあっては

婚姻届、認知準正の場合にあっては認知届のそれぞれの届書中の「その
他」欄の記載によって父母との続柄の戸籍の訂正をすることになります。
　戸籍記載例は、
〔認知準正による場合……子の身分事項欄〕（法定記載例番号16及び参考
記載例番号30参照）

認　　知	【認知日】令和１８年３月５日
	【認知者氏名】リントホルスト，クラウスフリード
	リッヒ
	【認知者の国籍】ドイツ連邦共和国
	【認知者の生年月日】西暦１９９９年２月１日
	【送付を受けた日】令和１８年３月７日
	【受理者】東京都千代田区長
	【関連訂正事項】父母との続柄
	【従前の記録】
	【父母との続柄】長男（長女）

〔婚姻準正による場合……子の身分事項欄〕（法定記載例番号78参照）
　・子が母と同一の戸籍にあるとき

訂　　正	【訂正日】令和１８年１月１０日
	【訂正事項】父母との続柄
	【訂正事由】令和１８年１月１０日父母婚姻届出
	【従前の記録】
	【父母との続柄】長男（長女）

〔婚姻準正による場合……子の身分事項欄〕（法定記載例番号79参照）
　・子が母と戸籍を異にするとき

訂　　正	【訂正日】令和１８年１月１３日
	【訂正事項】父母との続柄
	【訂正事由】令和１８年１月１０日父母婚姻届出

【送付を受けた日】令和１８年１月１３日

【受理者】東京都千代田区長

【従前の記録】

【父母との続柄】長男（長女）

イ　婚姻届出後に、出生届に父の氏名を記載する旨の追完届及び婚姻届に嫡出子の身分を取得する旨の追完届があった場合

　母からの出生の届出に基づき母の戸籍に入籍している嫡出でない子について、本国法が事実主義を採用している外国人父の氏名を戸籍に記載する旨の出生届の追完の届出が母からあったときは、これによって、父の氏名を戸籍に記載する取扱い（通達第３の２(2)イ参考）となっています。

　父母婚姻後に、この出生届の追完の届出があった場合、子はその追完の届出によって、父子関係が戸籍に記載されることになりますが、子が準正によって嫡出子の身分を取得するのは、父母の婚姻の時であって、出生の時ではありませんので、準正によって、嫡出子の身分を取得する旨の追完の届出は、その基本の届となる父母の婚姻届にすることになります。通達文(2)は、その取扱いを示したものです。

　　(ア)　取扱い

　この通達による取扱いをするためには、まず、当該出生子について、外国人父の本国法が事実主義を採用していることによる出生届の追完の届出がされ、父子関係が存することが明らかにされる必要があります（通達第３の２(2)イによる処理）。したがって、父の国籍証明書、父の本国法上事実主義が採用されている旨の証明書及びその者が事件本人の父であることを認めている証明書（通達第３の２(2)ア）を添付して、出生届の追完の届出がされ、かつ、準正となる基本の届出である婚姻届書の「その他」欄に準正嫡出子となる旨の追完の届出が必要となり、これらの追完の届出によって、子の父母との続柄を訂正することになります。

　なお、追完の届出をすべき者は、原則として不備な届出をした当該届出

―116―

人ですから、出生届の追完の届出については母が、婚姻届の追完の届出については夫婦（父母）が届出人となります。

　　　(イ)　戸籍の処理

　準正嫡出子の戸籍の取扱い及びその戸籍記載例については、前記(1)のウ及び(2)のア(イ)を参照してください。

　　　ウ　婚姻届出後に、婚姻前に出生した子について、外国人父の本国法が事実主義を採用している旨の証明書を添付した出生届があった場合

　父母の婚姻前に出生した子（嫡出でない子）であっても、その外国人父の本国法が事実主義を採用している場合には、出生の時から法律上の父子関係が成立していることになります。これは、子の出生の届出の有無に関係するものではありません。そして、父母の婚姻が成立することによって子が嫡出子の身分関係を取得する場合は、当該出生子については、父母の婚姻届出後にする出生の届出の時点では嫡出子となっていることから、嫡出子出生の届出をすることができることになります。通達文(3)は、この場合における嫡出子出生届について、その取扱いを示したものです。この場合における準正に関する法律の証明は、前記のとおり要求するまでもありません。

　なお、この場合の嫡出子出生届は、この届出自体に認知の効力を認めるものではありませんので、戸籍法62条に規定する嫡出子出生の届出とは性質を異にするものです。もっとも、認知も可能であって、戸籍法62条に規定する嫡出子出生の届出によることも可能です。ただし、ここで示している出生届によるか、戸籍法62条に規定する嫡出子出生届によるかは、選択できるということであって、ここで示した出生届出後、更に戸籍法62条に規定する嫡出子出生の届出をするなど、そのいずれの届出も重ねてできるということまでを意味するものではありません。

(ｱ)　取扱い

　出生届書の「その他」欄に父母婚姻の旨を記載し、かつ、父の国籍証明書、父の本国法が事実主義を採用している旨の証明書及びその者が事件本人の父であることを認めている証明書（通達第3の2(2)ア）を添付して嫡出子出生の届出があった場合には、直ちに戸籍に嫡出子として記載する取扱いとなります。

　なお、当該子は出生の時点では嫡出でない子であって、母が届出義務者であって、父は届出義務者ではなく、本来的には、その届出は母から嫡出でない子の出生届として届け出られるものですが、父母の婚姻によって、出生届の時点で子が嫡出子の身分を取得し、かつ、嫡出子出生の届出であることから、戸籍法52条1項に基づき父も届出が可能です。ただし、父からの届出には、外国人父の本国法が事実主義を採用している場合の嫡出でない子の出生の届出の隠れた要件である母からの届出、すなわち、当該届出に関する母の意思を確認するため、母の申述書を添付する必要があります。

　　　(ｲ)　戸籍の処理

　準正嫡出子の戸籍の取扱い及びその戸籍記載例については、前記(1)のウ及び(2)のア(ｲ)を参照してください。

（別　紙）

〈父母の一方が日本人の場合における子の出生届の取扱い区分〉

（1）　通常の場合（(2)以外の場合）

日本人母又は父の本国法上の取扱い ＼ 外国人父又は母の本国法上の取扱い		推定を受けない嫡出子	推定を受ける嫡出子	嫡出でない子（嫡・非嫡の区別のない場合を含む）
父母婚姻後200日以内の出生子の場合	推定を受けない嫡出子	嫡出子出生届、嫡出でない子の出生届のいずれも可	嫡出子出生届のみ	嫡出子出生届、嫡出でない子の出生届のいずれも可
父母婚姻後200日後、あるいは離婚後300日以内の出生子の場合	推定を受ける嫡出子	嫡出子出生届のみ	嫡出子出生届のみ	嫡出子出生届のみ
父母離婚後301日以後の出生子の場合	嫡出でない子	嫡出子出生届、嫡出でない子の出生届のいずれも可	嫡出子出生届のみ	嫡出でない子の出生届のみ

〈日本人母の再婚後における出生子の出生届の取扱い区分・日本民法を中心として〉

(2) 母の離婚の日から300日以内であって、母の再婚後に出生した子の場合

母の本国法（日本法）の取扱い			区　　分	取　扱　い
母の離婚の日から300日以内であって、母の再婚後に出生した子の場合（母が日本人の場合）	母の再婚の日から200日以内に出生した場合	前夫の子として推定	前夫が日本人の場合	1　後夫（外国人）の本国法により後夫の子として推定される場合は、「父未定の子」としての出生届 2　後夫（外国人）の本国法により後夫の子として推定されない場合は、前夫の子としての嫡出子出生届
			後夫が日本人の場合	前夫（外国人）の本国法により前夫の子として推定されるか否かにかかわらず、前夫の子としての嫡出子出生届
			前夫及び後夫のいずれも外国人の場合	1　前夫（外国人）の本国法により前夫の子として推定されるか否かにかかわらず、後夫（外国人）の本国法により後夫の子として推定される場合は、「父未定の子」としての出生届 2　前夫（外国人）の本国法により前夫の子として推定されるか否かにかかわらず、後夫（外国人）の本国法により後夫の子として推定されない場合は、前夫の子としての嫡出子出生届
			前夫が日本人の場合	後夫（外国人）の本国法により後夫の子として推定されるか否かにかかわらず、「父未定の子」としての

			出生届	
	母の再婚の日から201日以後に出生した場合	前夫及び後夫の子として推定	後夫が日本人の場合	前夫（外国人）の本国法により前夫の子として推定されるか否かにかかわらず、「父未定の子」としての出生届
			前夫及び後夫のいずれも外国人の場合	前夫（外国人）の本国法により前夫の子として推定されるか否か、また、後夫（外国人）の本国法により前夫の子として推定されるか否かにかかわらず、「父未定の子」としての出生届
母の離婚の日から301日以後であって、母の再婚後に出生した子の場合（母が日本人の場合）	母の再婚の日から200日以内に出生した場合	前夫及び後夫のいずれの子としても推定されない。ただし、後夫の推定されない嫡出子の場合はある。	前夫が日本人の場合	1　後夫（外国人）の本国法により後夫の子として推定される場合は、後夫の子としての嫡出子出生届 2　後夫（外国人）の本国法により後夫の子として推定されない場合は、後夫の子としての嫡出子出生届、嫡出でない子としての嫡出でない子の出生届のいずれも可
			後夫が日本人の場合	1　前夫（外国人）の本国法により前夫の子として推定される場合は、前夫の嫡出子としての出生届 2　前夫（外国人）の本国法により前夫の子として推定されない場合は、後夫の子としての嫡出子出生届、嫡出でない子としての嫡出でない子の出生届のいずれも可

		前夫及び後夫のいずれも外国人の場合	1　前夫（外国人）の本国法により前夫の子として推定され、後夫（外国人）の本国法により後夫の子として推定される場合は、「父未定の子」としての出生届 2　前夫（外国人）の本国法により前夫の子として推定され、後夫（外国人）の本国法により後夫の子として推定されない場合は、前夫の子として嫡出子出生届 3　前夫（外国人）の本国法により前夫の子として推定されず、後夫（外国人）の本国法により後夫の子として推定される場合は、後夫の子として嫡出子出生届 4　前夫（外国人）及び後夫（外国人）のいずれの本国法によっても、推定されない場合は、後夫の子としての嫡出子出生届、嫡出でない子としての嫡出でない子の出生届のいずれも可
母の再婚の日から201日以後に出生した場合	後夫の子として推定	前夫が日本人の場合	後夫（外国人）の本国法により後夫の子として推定されるか否かにかかわらず、後父の子としての嫡出子出生届
		後夫が日本人の場合	1　前夫（外国人）の本国法により前夫の子として推定されるときは、「父未定の子」としての出生届 2　前夫（外国人）の本国法により前夫の子として推

				定されない場合は、後父の子としての嫡出子出生届
			前夫及び後夫のいずれも外国人の場合	1　後夫（外国人）の本国法により後夫の子として推定されるか否かにかかわら、前夫（外国人）の本国法により前夫の子として推定される場合は、「父未定の子」としての出生届 2　後夫（外国人）の本国法により後夫の子として推定されるか否かにかかわらず、前夫（外国人）の本国法により前夫の子として推定されない場合は、後夫の子としての嫡出子出生届 3　前夫（外国人）及び後夫（外国人）いずれの本国法によっても、推定されない場合は、後夫の子としての嫡出子出生届

第4 認知に関する取扱い

Ⅰ 渉外的認知に関する準拠法

（通達文）

第4 認　知

　認知は、子の出生の当時若しくは認知の当時の認知する者の本国法又は認知の当時の子の本国法のいずれの法律によってもすることができ、認知する者の本国法による場合において、認知の当時の子の本国法がその子又は第三者の承諾又は同意のあることを認知の要件とするときは、その要件をも備えなければならないこととされた（改正法例第18条第1項、第2項：通則法第29条第1項、第2項）

　この改正に伴い、認知の届出については、次の取扱いとする。なお、関係者の本国法の決定は、第1の1(1)イの例による。

1　概　要

　渉外的認知の実質的成立要件に関する準拠法の指定について、改正前の法例は、認知者については認知の当時のその者の本国法、被認知者については認知の当時その者の本国法によることとする配分的適用主義を採用していました。法例の改正により、この配分的適用を廃止し、認知に関する準拠法については、子の出生の当時若しくは認知の当時の認知する者の本国法又は認知の当時の子の本国法によるとする選択的連結を導入しました（通則法29条1項前段、2項前段）。なお、認知する者の本国法による場合において、認知の当時の子の本国法がその子又は第三者の承諾又は同意を認知の要件とするときは、その要件をも備えなければならないこととされました（通則法29条1項後段、2項後段）。通達文は、認知の準拠法について改正内容を明らかにしたものです。

2　渉外的認知の準拠法

　法例改正は、法適用の平易化・身分関係成立の容易化を図る必要性が高いことから行われたものであり、立法に当たっては、子の保護という政策目的の他に、身分関係の安定性と法律関係の簡明さも重要な政策であることを考慮すべきとされたものです。

　(1)　嫡出でない子の親子関係の成立

　通則法29条1項前段は、「嫡出でない子の親子関係の成立は、父との間の親子関係については子の出生の当時における父の本国法により、母との間の親子関係についてはその当時における母の本国法による。」と規定しています。これは、嫡出でない子の親子関係の成立についての一般的規定であり、認知のみならず、事実主義の場合の嫡出でない子の親子関係もその適用範囲にすることとしています。すなわち、この規定は、事実主義・認知主義の双方に適用される準拠法です。そのため、その基準時も出生の時と定められています。

　(2)　認知の準拠法に選択的連結を導入した理由

　認知の準拠法には、子の出生の当時の認知する者の本国法又は認知の当時の認知する者若しくは子の本国法の三つの法律のいずれによっても認知することができるものとしていますが、各法律を採用した理由は、次のとおりです。

　　ア　子の出生の当時の認知する者の本国法

　出生による親子関係の成立の準拠法と平仄を合わせたものです。これが、原則的な準拠法として導入されたものです。

　　イ　認知の当時の認知する者の本国法

　改正前の法例が配分的適用をしている法律の一つを採用したものです。

　　ウ　子の本国法

　イと同様です。

　(3)　認知する者の本国法によって認知する場合において、子等の同意

要件を子の本国法を重複して適用する理由

　通則法29条１項後段において、「認知による親子関係の成立については、認知の当時における子の本国法によればその子又は第三者の承諾又は同意があることが認知の要件であるときは、その要件をも備えなければならない。」と規定しています。そして、同条２項後段で「認知する者の本国法によるとき」にこの規定を準用しています。子の出生当時又は認知の当時の認知する者の本国法によって認知する場合において、子等の同意要件を子の本国法を重複して適用することとしています。このような規定を置いたのは、要するに、子の本国法による場合は、子又は第三者の同意要件については、実質的要件ですから当然に子の利益の保護も考慮されますが、認知する者の本国法による場合は、子の利益の保護の観点から、子の本国法上の子又は第三者の同意要件を満たしていることを要するとされたものです。

　なお、我が国の民法上の子又は第三者の同意等の要件は、①成年認知の場合の成年者の承諾（民法782条）、②胎児認知の場合の母の承諾（民法783条１項）、③死亡した子の認知の場合、死亡した子の直系卑属が成年者であるときはその者の承諾（民法783条２項）です。

　⑷　認知の実質的成立要件の準拠法の適用される範囲

　認知の実質的要件としては、次のような点が認知の準拠法により規律されることになりますが、法例改正前と変わるところはありません。しかし、配分的適用の場合は、当事者双方の本国法に認知の規定がなければ認知が成立することはなかった要件も、一方の準拠法によってこの要件を審査すればよいことになります。ただし、認知する者の本国法による場合は、子の本国法に定める子の保護要件も必要となりますので、この要件については、認知する者及び子の本国法を重複して適用することになります。

　①　認知（任意認知、強制認知）が許されるかどうか。

　②　姦通子、乱倫子（僧籍にある者が生ませた子のような不道徳とされ

る子）を認知することができるかどうか。

③　認知をするには一定の者の承諾が必要かどうか。なお、この点は、
　　子の本国法との重複的適用となります。

④　遺言により認知することができるかどうか。

⑤　死亡した子又は胎児を認知することができるかどうか。

⑥　親の死後に認知することができるかどうか、及びその出訴期間

⑦　認知能力

⑧　認知を取り消すことができるかどうか。

⑨　形式的に成立している認知の効力を否認するため裁判を要するかど
　　うか。取消権者は誰か。

　なお、死亡した子の認知、死後認知については、認知する者又は子が死
亡したときは、その者の本国法は、死亡当時の本国法に代置しています
（通則法29条3項）。

　(5)　実質的要件の審査

　認知の準拠法について選択的連結が採用されたことにより、いずれかの
準拠法（認知者又は子の本国法）においてその要件を満たせば認知が成立
するため、日本法の適用の可能性が増加し、市区町村長における要件の審
査が容易になりました。特に、日本法は、要件が比較的緩やかであるため、
その適用で足りることが多いと思われます。なお、子の本国法上の子の同
意等の要件が必要な場合は、これを証明する書面を要しますが、配分的適
用における要件具備証明書等を要求することに比べて、要件が明確ですか
ら、審査もそれほど難しくないと思います。

　審査に当たり、準拠法を選択する基準としては、審査の容易な準拠法あ
るいは認知の成立し易い法によればよいことになります。その順位として
は、第1に日本法、第2に子の本国法、第3に認知の当時の父の本国法、
第4にその他の判明した国の法となります。

　なお、認知については、反致のされることがあり得るので注意を要しま

す。もっとも、保護要件としての子の本国法の適用に当たっては、反致は
されません。

　(6)　認知の形式的要件（方式）

　認知の方式については、通則法34条に「親族関係についての法律行為の
方式」が設けられています。同条１項は、原則として認知の成立について
の準拠法によるとし、同２項は、行為地法に適合する方式も有効としてい
ます。これにより、認知の方式は、子の出生の当時若しくは認知の当時の
認知する者の本国法又は認知の当時の子の本国法による場合と行為地法に
よる場合があり、そのいずれの方式も有効となります。

　ところで、外国人から日本人に対する認知の届出が外国から郵送により
直接本籍地にあった場合は、どのようになるかです。届書の到着した日本
は行為地とはなりませんので、この場合、行為地法による方式ではなくな
ります。しかし、認知の方式は、認知の準拠法によることもでき、かつ、
戸籍法は郵送による届出を認めておりますので（戸籍法47条）、届出事件
本人である日本人子の本籍地の市区町村に郵送による届出ができることか
ら（戸籍法25条１項）、準拠法が日本法の場合は、日本法の方式により外
国から郵送により認知の届出をすることができるということになります。

　(7)　本国法の決定

　通達文は、認知の当事者の本国法の決定については、通達第１の１(1)イ
の例によることを明らかにしていますので、それらの本国法の解説につい
ては、「第１婚姻のⅠの１(2)」を参照してください。

Ⅱ　創設的届出
1　子が日本人である場合

　（通達文）
　1　創設的届出

(1)　子が日本人である場合

　　日本民法上の認知の要件が当事者双方に備わっている場合は、認知の届出を受理する。認知する者の本国法が事実主義を採用している場合であっても、認知の届出を受理する。第3の2(2)により父の氏名が戸籍に記載されている場合も、同様とする。ただし、後記2(2)により戸籍法第63条の類推適用による届出があり、かつ、父の氏名が戸籍に記載されている場合は、認知の届出を受理することができない。

　　日本民法上の認知の要件が当事者双方に備わっていない場合において、認知する者の本国法により認知することができる旨の証明書を添付して認知の届出があったときは、改正法例第33条（通則法第42条。公序）の規定の適用が問題となるので、管轄局の長の指示を求めるものとする。

(1)　通達の趣旨

　日本人を認知する創設的届出があった場合の戸籍事務の取扱いを示したものです。

ア　通達文は、通達第4の2(2)により子又は父からの戸籍法63条の類推適用による届出があり、父の氏名が戸籍に記載されている場合を除いて、当事者双方が日本民法上の認知の実質的要件を備えている場合に認知の届出を受理することができることを明らかにしています。

イ　通達文は、日本民法上の認知の要件が当事者双方に備わっていない場合、例えば、日本人子が嫡出子又は特別養子である場合において、認知する者の本国法により認知することができる旨の証明書を添付した認知の届出があったときは、通則法42条の規定する外国法の適用の結果が公序に反するかどうかが問題となりますので、管轄局の長の指示を求めなければならないことを明らかにしています。

⑵　子の本国法による場合

　　ア　実質的要件の審査

　認知の準拠法については、認知の当事者（認知者及び子）の本国法のいずれかにおいて、認知の実質的成立要件を備えていればよいことになります。市区町村長が、渉外的認知届を審査する場合、審査の容易な最もよく承知している法によればよいことになります。最もよく承知している法とは、日本の法律ということになります。

　したがって、認知される子が日本人である場合は、認知の当時の子の本国法である日本民法によることができ、認知者、被認知者の双方について日本民法の認知の実質的要件を審査することが市区町村長には最も容易であることになります。このことから、日本人が認知される場合には、まず第1に日本民法により当事者双方について認知の実質的要件を審査し、それにより認知の実質的要件が備わっていればその届書を受理できることになります。この場合、子の本国法が日本法ですから、子又は第三者の同意等の要件は、当然含まれていることから、このための特別の審査も必要がないことになります。このため、通達は、子が日本人である場合は、まず第1に日本の民法により要件の審査をし、受否を決定すれば足りるという取扱いを示しています。我が国の民法は、認知の要件が比較的緩やかであるため、その適用で足りることが多いことも、まず、日本民法による審査をすべきことを定めた実質的な理由です。なお、認知する者の本国法に認知の制度がない場合であっても、当事者双方に日本民法上の認知の実質的要件が備わっている場合は、認知の届出を受理することができることはいうまでもありません。

　　イ　認知する者の本国法が事実主義の法制である場合

　　　㋐　認知する者の本国法が事実主義を採用している場合でも、認知できる理由

　通則法29条1項前段の規定は、「嫡出でない子の親子関係の成立は、父

との間の親子関係については子の出生の当時における父の本国法による」としていますから、出生の事実により法律上の父子関係が成立しているということができますが、一般的に、事実主義の法制は、出生の事実によって法律上当然に婚外親子関係が成立するための前提として認知を要しないとしているに過ぎないものであり、認知を積極的に排斥しているものではありません。それどころか、このような国では、親子関係の確定のためには証拠が必要となりますが、父親であることの表明は、その有力なものであることが一般的に認められています。逆に、認知主義を採用する国にとっては、国内法上は、認知がなければ法律上の父子関係は成立しないため、認知するための要件上、事実主義による父子関係の確定が認知の妨げにならないということができます。

　また、我が国の民法779条には、「嫡出でない子は、その父又は母がこれを認知することができる。」と規定されています。我が国の民法が、認知主義を採用していることから、事実主義により父子関係が成立していることを前提として考慮していないものと考えられます。

　通則法29条2項は、「子の認知は、前項前段の規定により適用すべき法によるほか」と規定していることから、1項前段で出生の事実により嫡出でない子の親子関係が成立していても、2項により認知することができるということができます。

　事実主義による嫡出でない子の親子関係は、父の本国法によることとなりますが（通則法29条1項前段）、この場合の認知による嫡出でない子の親子関係は、子の本国法により成立したものであり、それぞれの国の法制度が異なっています。子の本国法である我が国の民法によれば、法律上の父子関係が認められるには、認知されていることが必要ですから、認知するメリットがあります。認知をするメリットがある以上、これを戸籍に記載することを拒む理由は法律上何らないものと考えられます。

　また、実際問題としても、具体的な父子関係が外国で問題となった場合、

認知のあることが前提となることもあり（例えば、我が国の改正前の法例と同一の規定を有する国で父子関係が問題となった場合）、認知が可能であれば、認知をしておくのが有利なこともあります。このようなことから、認知をすることができるものというべきであるといえます。逆に、認知をすることができないものとすれば、子の本国法に基づく認知の届出があった場合も、常に、子の出生の当時における父の本国法が婚外親子関係に関し事実主義を採っているかどうか審査した後でなければ、これを受理することができず、実務上機能しない上、できる限り、父子関係を容易に認めようとする立法趣旨にも反することになります。それ故に、このような場合についても、認知をすることができるものというべきであるといえます。

　　(イ)　戸籍法63条の類推適用による届出により父の氏名が戸籍に記載されている場合

　通達文では、例外的取扱いとして、通達2(2)により戸籍法63条の類推適用による届出（後記Ⅲの2）があり、かつ、その届出に基づき父の氏名が戸籍に記載されている場合は、認知の届出を受理することはできないことを明らかにしています。

　子の出生の当時における父の本国法が事実主義を採用している場合において、我が国の裁判所又は外国の裁判所で父子関係存在確認の裁判が確定したときは、通則法29条1項前段の規定により、出生時から法律上の父子関係が生じることになります。この場合は、裁判によって確定された父子関係であることから、当事者及び第三者に対してもその効力は及ぶこと、その真実性も担保されていること、また、裁判の手続によらなければ、父子関係が否定されないこと等から、これがあれば我が国のみならず、外国においても父子関係の存在に疑義が生じず、もはや認知は不要と考えられますので、認知の届出を受理することはできないとしたものです。

　なお、子の出生の当時における父の本国法が事実主義を採用している場合において、外国において父子関係存在確認の裁判が確定し、子又は父か

ら戸籍法63条の類推適用による届出があっても、その届書が子の本籍地に送付されていない間であれば、父の氏名が戸籍に記載されていませんので、子の本籍地において、認知の届出をすることが可能です。そのため、通達文は、「戸籍法第63条の類推適用による届出があり、かつ、父の氏名が戸籍に記載されている場合は」と表現したものです。

　　　㈡　婚姻準正により嫡出子の身分を取得した後における認知の可否

　子の出生の当時及び認知の当時の認知する者の本国法が事実主義を採用している場合、通達第3の3の婚姻準正により嫡出子の身分を取得した後においても、認知することができるかについては、認知の当時の子の本国法である日本民法により認知することができるかということになります。我が国の民法では、嫡出でない子でなければ認知することができないとされていますので、父母の婚姻により嫡出子の身分を取得した後は、認知届があっても受理することはできないと解すべきです。

　なお、子の出生の当時の認知する者の本国法と認知の当時の認知する者の本国法が相違しており、認知の当時の認知する者の本国法によれば、嫡出子でも認知することができる場合は、通則法42条（公序）の規定の適用が問題となりますので、通達第4の1(1)後段のとおり管轄局の長の指示を求めることになります。

　　　㈢　添付書類

　通達第3の2(2)に基づき父の氏名が戸籍に記載されている嫡出でない子について、認知の届出があった場合は、既に出生の届出の際に、又は追完の届出の際に子の出生の当時における父の国籍が子の戸籍に記載されていることから、認知届書の記載に疑義がない限り改めて認知の届出に当たりその書面を提出する必要はありません。ただし、父の本国法により当事者間に法律上の父子関係が生じていますが、認知される子が成年に達している場合等、認知をするためには、子の本国法である日本民法上、子の承諾

等が必要であり、その承諾書の添付を要することになります。

　認知のときには、既に戸籍に記載されている外国人父の国籍に変更のある場合は、認知届出前に認知する者の国籍の変更を証する書面を添付して、父の国籍の記載を変更する旨の申出をしてもらうことになります。また、戸籍に記載されている父の氏名が、認知時には既に変更されているときも、父欄の氏名を認知の届出をする前に変更証明書を添付して、父欄の氏名を更正する必要があります。

　　　㈠　戸籍の記載（記録）

　外国人から認知の届出があった場合は、戸籍の身分事項欄に参考記載例番号30の例による記録をすることになります。また、通達第3の2⑵に基づき父の氏名が戸籍に記載されている嫡出でない子について、認知の届出があった場合の認知事項の記録も、同様となります（注解コンピュータ記載例対照戸籍記載例改訂第2版、日本加除出版、52ページ事例【21】参照）。

認　　知	【認知日】令和10年5月6日
	【認知者氏名】アーティアート，サムエル
	【認知者の国籍】フィリピン共和国
	【認知者の生年月日】西暦1991年2月1日

　　ウ　婚姻後200日以内の出生子に対する認知届

　日本人母の婚姻後200日以内に出生した子について、母の夫である外国人の本国法上、夫の子と推定されない場合に、日本人母の嫡出でない子としての出生届がされている場合、母の夫である外国人男から認知の届出があった場合、嫡出子とする追完届又は申出書として取り扱う（昭和34年8月28日民事甲1827号通達、同年10月19日民事甲2332号回答）ことになります。

　⑶　認知する者の本国法による場合

　　ア　要件の審査

　通則法29条1項及び2項の規定により、出生の当時又は認知の当時の認

知する者の本国法により認知することも可能です。しかし、日本民法上、子及び認知する者の双方について実質的要件を具備していれば認知が成立することになりますので、子の本国法である日本民法上認知が成立する場合は、認知する者の本国法によることはありません。したがって、日本民法上の認知の要件が当事者双方に備わっていない場合に、はじめて認知する者の本国法により審査すればよいことになります。この場合は、認知する者の本国法により認知することができること、及び子の本国法である日本民法上の子の保護要件を具備していなければならないことになります。子の保護要件については、当事者双方の本国法の重複的適用となります。

　　イ　日本民法により認知が成立しない場合

我が国の民法により認知が成立しない場合としては、

① 　成年認知の場合における成年者の承諾が得られない場合（民法782条）

② 　胎児認知の場合における母の承諾が得られない場合（民法783条1項）

③ 　直系卑属がない死亡した子を認知する場合（民法783条2項）

④ 　死亡した子を認知する場合において、成年者である直系卑属の承諾が得られない場合（民法783条2項）

⑤ 　嫡出子又は特別養子に対して認知する場合

等が考えられます。

　上記の場合において、認知する者の本国法により認知することができる場合は、子の本国法である日本民法上の子の保護要件を具備していれば受理できることになります。

　i 　上記①、④の場合は、認知される子が日本人であるため、子の本国法である日本民法上の子の保護要件であり、それを欠くことになるので、受理することはできません。

　ii 　②については、子の本国法がありませんので、父の本国法により認

知することができる場合は、子の本国法上の子の保護要件はないことになりますが、通達第4の1(3)「胎児認知の場合」で示すように「子の本国法」を「母の本国法」と読み替えて適用することにより母の本国法である日本民法上の第三者の承諾等の要件である母の承諾を欠くこととなり、認知は認められないことになります。

iii　③の直系卑属のない死亡した子を認知する場合は、日本民法上の子の保護要件はなく、外国法の適用の結果が公序良俗に反する場合にも該当しませんので、この場合は認知する者の本国法により認知することができることになります。

　　したがって、認知する者の本国法により死亡した子について直系卑属がない場合でも、認知することができる旨の証明書を添付して認知の届出があった場合、その認知届を受理することができることが理論上は考えられます。しかしながら、通達では、何ら触れられていません。おそらく、このような法制を採る国が見当たらないことからではないでしょうか。

iv　⑤については、我が国の民法779条によれば、認知することができるのは「嫡出でない子」であり、嫡出子を認知することができませんので、認知の要件を欠き、受理することができないものです。また、特別養子についても、その制度の趣旨からして認知することは認められないものです。しかし、認知する者の本国法によれば、認知することができる場合が考えられます。通達文は、この場合に、認知する者の本国法により認知することができる旨の証明書を添付した認知の届出があったときは、通則法42条（公序）の規定の適用が問題となりますので、管轄局の長の指示を求めなければならないことを明らかにしたものです。

　　通則法28条の規定により母の本国法である日本民法上は嫡出子と認められる場合でも、認知する者の本国法によれば、嫡出でない子、嫡

出子の区別がなく、日本では嫡出子であるとされる場合でも認知できることが考えられます。この場合、我が国では、嫡出子を認知することになりますので、その外国法の適用の結果が、日本の公序に反するか否かが問題となりますが、その判断を書類審査による市区町村長に委ね、責任を負わせることは適当ではありませんので、管轄局の長に指示を求めることとしたのです。

(4) 届書の審査

認知される子が日本人である場合、市区町村長が法律の適用をして審査するのは、その子及び第三者の同意要件等が必要かどうかだけです。そして、この場合は、まず子の本国法である日本民法によって認知することができるかを審査をすることになります。

子の本国法である日本民法によって認知することができない場合に、認知する父の本国法により認知できるか否かを考えればよいことになります。しかし、我が国の民法は、比較的緩やかな要件ですから、日本民法によって認知することができない場合で認知する者の本国法によってのみ認知が認められる場合を、まず考える必要はないものと考えます。

なお、嫡出子又は特別養子に対する認知が認知する者の本国法によれば認知することができる場合は、上記のように、通則法42条（公序）の問題がありますので、管轄局の長の指示を求めることになります。

(5) 添付書類

外国人が日本人を認知する場合の添付書類は、認知する外国人については国籍証明書（旅券を含む。）、認知される日本人については戸籍証明書（本籍地に届け出る場合は不要）になります。

日本民法上の成年者を認知する場合のその者の承諾、胎児認知の場合の母の承諾等については、届書にそれを証する書面を添付しなければなりません（戸籍法38条1項本文）が、届書に承諾する者等をしてその旨を付記してもらい署名押印(注)してもらうことも認められています（同条1項た

だし書）。

　なお、認知する者の本国法のみにより認知することができる場合は、その法律によりそのような認知をすることができる旨の証明書の提出を求めることになります。

(注) 押印については、デジタル社会の形成を図るための関係法律の整備に関する法律案（整備法案第7条に戸籍法の一部改正が規定されています。）が成立し、同法が施行（令和3年9月1日予定）された場合は、その義務はなくなりますので、審査は要しません。

2　子が外国人である場合

（通達文）

(2)　子が外国人である場合

　子の本国法により認知することができる旨の証明書の提出があった場合は、認知の届出を受理することができる。認知する者の本国法により認知することができる旨の証明書及び子の本国法上の保護要件を満たしている旨の証明書の提出があった場合も、同様とする。

---

　(1)　通達の趣旨

　通達文は、外国人を認知する創設的届出があった場合の戸籍事務の取扱いについて示したものです。

　通達文は、前段（ⅰ）で子の本国法による場合、後段（ⅱ）で認知する者の本国法による場合において、認知の届出を受理することができる場合を明らかにしています。

　ⅰ　子の本国法により認知することができる旨の証明書の提出があった場合

　ⅱ　認知する者の本国法により認知することができる旨の証明書及び子の本国法上の保護要件を満たしている旨の証明書の提出があった場合

(2)　子の本国法による場合

　　ア　要件の審査

　子の本国法による場合は、その国の法律に定める要件を具備していなければなりません。そこで、通達文は、子の本国法により認知することができる旨の証明書の添付又はその証明書の提示があった場合は、認知の届出を受理することができることを明らかにしています。

　　イ　認知することができる旨の証明書

　認知することができる旨の証明書は、認知の当事者が子の本国法上の要件を満たしていることを証明する書面であり、子又は第三者の同意等の要件も含まれているものです。本国官憲が発給した認知をすることができる旨の証明書（要件具備証明書も含まれます。）であることが望ましいところですが、必ずしもそれに限るものではありません。この証明書は、子の本国法上、認知する者が子を認知することができることを証明するものであれば、その国の法律中、認知の要件についての規定（法文の抜粋）と子の同意等のその法律に規定されている認知の要件を証する書面でも差し支えありません。法文の抜粋は、出典を明示したものであるか、又はその法規が現行法であることを当該外国官憲等が認証したものであることが必要です。

　なお、これらの証明書は、戸籍法27条の3を根拠とするものですが、法制が不明の場合等特別の事情がある場合は、認知者からその証明書が提出できない旨の申述書を提出してもらい、市区町村長において、当該国の法律が明らかでなく、認知の要件を審査できないときは、管轄局の長に受否の指示を求めることになります。管轄局の長においても、当該国の法律について不明であるときは法務省に指示を求めることになります。ここでいう申述書は、認知することができる旨の証明書を得られない特別の事由を申述するものであり、その証明書に代わるものではありません。認知の要件を満たしているかについては、基本的には直接証明するものでなければ

ならず、第三者の同意等を本人の申述書で代えることはできません。

　我が国において、外国の法令が明らかな場合（例えば、韓国等）は、法文の提出を省略しても差し支えありませんが、外国法上の認知の要件を満たしているかどうかについての証明書の提出が必要です。

　(3)　認知する者の本国法による場合

　　ア　要件の審査

　認知する者の本国法による場合は、その国の法律に定める要件を具備していなければなりません。さらに、認知の当時の子の本国法に定める子又は第三者の承諾又は同意等の子の保護要件についても備えていなければなりません。しかしながら、市区町村の窓口で外国人子及び認知する者の本国の法律を調査して、認知が認められるかどうかの判断をすることが困難であることから、通達文で「認知することができる旨の証明書」及び「子の本国法上の保護要件を満たしている旨の証明書」の添付又はそれらの証明書の提示があれば、認知の届出を受理できることとされました。この「認知することができる旨の証明書」については、上記(2)イと同様です。

　　イ　子の本国法上の保護要件を満たしている旨の証明書

　子の本国法上の保護要件を満たしている旨の証明書とは、通則法29条１項後段及び２項後段で規定する「子又は第三者の承諾又は同意」の要件を満たしている書面のことです。これは、具体的には、本国の法律中、認知における子の保護要件を規定した法文及びその法文に記載されている子の保護要件を備えている旨を証明する書面、例えば、裁判所等の許可書、母又は本人の承諾書、親族会の同意書、児童委員会の同意書等です。

　子の本国法が事実主義の法制であり、子の本国法上の保護要件がない場合であっても、前者の法律内容についての証明書の提出を要します。すなわち、子の本国法上の保護要件を満たしている旨の証明書は、保護要件が存在することを前提としているのではなく、保護要件のない場合も提出しなければなりません。子の本国法が事実主義の法制であるのであれば、そ

の場合の証明書は、事実主義であることを規定している本国の出典を明示した法文の抜粋等がそれに該当することになります。

　なお、子の本国法が事実主義を採用していることが明らかである場合は、事実主義国では認知の規定がないことから、認知の要件はあり得ませんので、子の保護要件もないことになります。したがって、審査する側で子の本国法が事実主義を採っていることが明らかである場合には、この証明書を省略しても差し支えないことになります。

　また、外国の法律が不明であり、要件の審査ができないときは、管轄局の長に受否の指示を求めることになります。

　この子の本国法上の保護要件を満たしている旨の証明書等を提出してもらう法的根拠は、戸籍法27条の2の規定です。

　　　ウ　子の本国法上の保護要件

　以下に、戸籍の取扱い先例として、戸籍誌に掲載された子の本国法上の保護要件とされたものを示します（保護要件については、別途、太字で示しました。）。なお、具体的な内容については、各先例の解説をお読みください。

　①　平成4年7月2日付け民二3779号回答は、「日本人がエチオピア人を認知するには、子の本国法上の保護要件として母の同意が必要である」としたものです（戸籍594号（平成4年8月号）73ページ）。

　　（エチオピアは母の同意が保護要件）

　②　平成8年5月17日付け民二955号回答は、「日本人男からされたインドネシア人女の婚姻前の子に対する認知届について、母から認知に関する同意書を提出させた上で、創設的認知届として受理するのが相当」としたものです（戸籍648号（平成8年7月号）73ページ）。

　　（インドネシアは母の同意が保護要件）

　③　平成10年3月12日付け民二496号回答は、「ラオス人妻の婚姻前の出生子について日本人夫がした認知届を受理して差し支えない」とした

ものです（戸籍674号（平成10年5月号）81ページ）。

（ラオスは認知制度がないため保護要件はない）

④　平成11年4月23日付け民二873号回答は、「日本人男とケニア人女との間の婚姻前の出生子について、日本人男がした認知届を受理して差し支えない」としたものです（戸籍689号（平成11年6月号）79ページ）。

（ケニアは認知制度がないため保護要件はない）

⑤　平成17年3月28日付け民一802号回答は、「日本人男がアメリカ人（バージニア州）女の子を認知する創設的認知届について、母の承諾を保護要件として受理して差し支えない」としたものです（戸籍774号（平成17年7月号）65ページ）。

（アメリカ（バージニア州）は母の承諾が保護要件）

⑥　平成18年1月27日付け民一200号回答は、「日本人父によるマレーシア人子の創設的認知届について、子の本国法上の保護要件として母の同意を求めた上で、受理して差し支えない」としたものです（戸籍787号（平成18年6月号）73ページ）。

（マレーシアは母の同意が保護要件）

⑦　平成20年1月17日付け民一157号回答は、「日本人男がタイ人女の嫡出でない子を認知する創設的認知届について、子の本国法であるタイ法上の保護要件として母及び子の同意が必要とされるところ、子の同意に代わる裁判所の判決書が添付されていない届出は、受理できない」としたものです（戸籍811号（平成20年2月号）66ページ）。

（タイは母及び子の同意（子の同意に代わる裁判所の判決書）が保護要件）

⑧　平成21年10月30日付け民一2633号回答は、「日本人男によるカンボジア人女の嫡出でない子の創設的認知届について、受理して差し支えない」としたものです（戸籍842号（平成22年5月号）91ページ）。

（カンボジアは認知制度はあるが保護要件はない）

⑨　平成22年 9 月 9 日付け民一2248号回答は、「日本人男がカナダ人女
　の子を認知する届出について、認知される子の本国法であるカナダ国
　ブリティッシュコロンビア州法上の保護要件はないものとして判断し
　て差し支えない」としたものです（戸籍847号（平成22年10月号）90
　ページ）。

（カナダ国ブリティッシュコロンビア州は保護要件はない）

⑩　平成24年 8 月31日付け民一2209号回答は、「ソロモン諸島人女の子
　を認知する届出について、ソロモン諸島においては、認知制度がない
　ため、認知される子の保護要件については考慮する必要がないことか
　ら、受理して差し支えない」としたものです（戸籍883号（平成25年
　 4 月号）73ページ）。

（ソロモン諸島は認知制度がないため保護要件はない）

⑪　平成26年11月27日付け民一1350号回答は、「在ソロモン日本国大使
　館に提出された被認知者の母の独身証明書の添付のない認知届につい
　て、外務省から照会があり、届書に記載されたとおり処理して差し支
　えない」としたものです（戸籍912号（平成27年 5 月号）91ページ）。

（ソロモン諸島は認知制度がないため保護要件はない）

⑫　平成28年 1 月 8 日付け民一32号回答は、「日本人男がアメリカ（プ
　エルト・リコ）人女の嫡出でない子を認知する創設的届出について、
　受理することができない」としたものです（戸籍928号（平成28年 7
　月号）62ページ）。

（プエルト・リコは裁判所の承認が必要でこれが保護要件）

⑬　令和元年12月19日付け民一1001号回答は、「日本人男がモルドバ人
　女の子を認知する創設的認知届が認知者である日本人男から提出され
　たところ、子の保護要件を満たすために子の母の同意があることの証
　明を追完した上で、受理して差し支えない」としたものです（戸籍

981号（令和2年4月号）68ページ）。

（モルドバは母の同意が保護要件）

(4) 日本人が外国人を認知する場合

日本人が外国人を認知する届出がされた場合は、まず、法律の内容を一番よく知っている認知する者の本国法である日本民法により、実質的要件を審査します（認知される外国人が嫡出でない子であるか、他の者から既に認知されていないか等）。なお、子の本国法上、子又は第三者の同意等の要件が要求されるときは、これらを証明する書面の提出が必要となります。

子の本国法による認知も可能ですが、我が国の民法は、比較的緩やかな要件ですから、通常は、このような審査でほぼ足りることになります。

認知する者の本国法である日本民法によれば、認知できない場合でも、子の本国法によれば、日本民法よりも緩やかな要件であるため認知できる場合は、認知が成立することになります。この場合は、子の本国法により認知することができる旨の証明書の提出が必要となります。例えば、日本人が成年者である韓国人を認知する場合、認知する者の本国法である日本民法では、子の承諾が必要ですが、韓国民法によれば、子の承諾等は不要ですので、子の本国法により子の承諾がなくとも日本人が成年者である韓国人を認知することができることになります。

また、外国人である子が特別養子、嫡出子である場合も、子の本国法により認知することができる旨の証明書を添付した認知の届出があったときは、外国法の適用が通則法42条の公序に反するかどうかが問題となりますので、管轄局の長の指示を求めることになります。

(5) 添付書類

ア 日本人が外国人を認知する場合

日本人が外国人を認知する場合、認知する者については、戸籍証明書（認知者の本籍地に届け出ない場合）、認知される子については、出生証明

書及び国籍証明書を添付又は提示をしてもらわなければなりません。その
ほか、①子の本国法による場合は、子の本国法により認知することができ
る旨の証明書、②認知する者の本国法による場合は、子の本国法上の保護
要件を満たしている旨の証明書の添付を要することになります。

　　イ　外国人が外国人を認知する場合

　外国人が外国人を認知する場合、認知する者については、国籍証明書、
認知される子については、出生証明書及び国籍証明書を添付又は提示をし
てもらわなければなりません。そのほか、①子の本国法による場合は、子
の本国法により認知することができる旨の証明書、②認知する者の本国法
による場合は、認知する者の本国法により認知することができる旨の証明
書及び子の本国法上の保護要件を満たしている旨の証明書の添付を要する
ことになります。

　(6)　渉外の創設的認知の届出に関する留意点

　国籍法の一部を改正する法律（平成20年法律第88号。以下「改正法」と
いいます。）が平成21年１月１日から施行されることに伴い、国籍法施行
規則の一部を改正する省令（平成20年法務省令第73号）が平成20年12月18
日に公布され、改正法の施行の日から施行されることに伴い、同日付け民
一第3302号通達（国籍法及び国籍法施行規則の一部改正に伴う戸籍事務の
取扱いについて）が発出され、その第３に「渉外の創設的認知の届出に関
する留意点」があります。これによると、渉外の創設的認知の届出を受理
するに当たっては、以下の点に留意するものとするとして、次の２点が示
されています。

　①　父又は母が認知することができるのは嫡出でない子であるとされて
　　　いることから（民法第779条）、認知届を受理するに当たり、嫡出でな
　　　い子であることについては、原則として、母の本国官憲が発行した独
　　　身証明書をもって審査を行うものとする。

　　　ただし、独身証明書以外に母の本国官憲が発行した婚姻要件具備証

明書や家族関係証明書等によって当該子が嫡出でない子であることが
確認できる場合は、当該認知届を受理することができる。

② 独身証明書等の発行制度がない場合や独身証明書等を入手すること
ができないやむを得ない事情が存する場合等市区町村の窓口において、
届出の受否について疑義を生じた場合は、管轄法務局、地方法務局又
はその支局の長に指示を求めるものとする。

3 胎児認知の場合

（通達文）

(3) 胎児認知の場合

胎児認知の届出があったときは、改正法例第18条第1項後段及び
第2項（通則法第29条第1項後段及び第2項）の適用上、「子の本
国法」を「母の本国法」と読み替えて受否を決するものとする。

(1) 通達の趣旨

通達文は、渉外胎児認知の場合における胎児の本国法についての取扱い
を明らかにしたものです。

(2) 胎児の本国法

胎児認知の場合は、生まれてくる嫡出でない子に生来的に法律上の父を
与えることに意味がありますので、子の出生前に認知することが必要です。
胎児認知の実益は、外国人女の嫡出でない子について、日本人男が胎児認
知をすると、その子は生来的に日本国籍を取得するところにあります（国
籍法2条1号）。

通則法29条1項、2項の規定により、認知する者の本国法又は子の本国
法のいずれの法律によっても認知することができます。しかし、胎児につ
いては、まだ生まれていないことから、国籍はなく子の本国法は存在しま

せんが、従来から、通説及び戸籍実務は、胎児は出生により母の国籍を取得することが通常であること等を理由に、母の本国法をもって子の本国法とみなしていました。このことを明確にするため、通達文で明示したものです。

　したがって、胎児認知は、認知の当時の父の本国法又は認知の当時の母の本国法のいずれの法律によってもすることができます。父の本国法による場合において、認知の当時の母の本国法上の第三者の承諾又は同意のあることを要件とするときは、それをも備えなければならないことになります。

　⑶　日本人母の胎児が認知される場合

　日本人母の胎児が認知される場合は、母の本国法である日本民法上の要件が備わっているときは受理できることとなります。

　母の承諾は、日本民法上の胎児認知の要件ですが、父の本国法によれば母の承諾は胎児認知の要件とはならない場合があります（例えば、韓国人男が、日本人母の胎児を認知する場合）。このような場合においても、日本民法上の母の承諾は、母の本国法上の第三者の承諾又は同意に該当し、この要件を備えなければ届出を受理することはできません。

　⑷　外国人母の胎児が認知される場合

　父の本国法による場合は、認知の当時の認知する者の本国法により胎児認知をすることができる旨の証明書（具体的には、法文等とその訳文）及び外国人母の本国法上の第三者の承諾又は同意等の要件を満たしている旨の証明書を提出した場合は、その胎児認知届を受理することができることになります。

　認知される母の本国法により胎児認知をすることができる旨の証明書（具体的には、法文等とその訳文）又はその証明書の提示があれば、その胎児認知届を受理することができることになります。

(5) 渉外的胎児認知届出の取扱い等について

　最高裁判所は、平成９年10月17日、外国人母の嫡出でない子が日本人父から胎児認知されていなくても、特段の事情のあるときは、国籍法２条１号により子が生来的に日本国籍を取得する場合があるとする判決（最高裁第二小法廷判決・民集51巻９号3925ページ参照）を言い渡しました。これを踏まえて、平成10年１月30日付け民五180号通達（以下「180号通達」といいます。）をもって、この種事案における国籍事務の取扱いの基準を示す民事局長通達が発出されました。

　この180号通達の適用範囲を過大に解釈したり、また、誤解し、その結果、訴訟に至った事案も見受けられたことから、渉外的胎児認知届の取扱い等について題する、平成11年11月11日付け民二・民五2420号通達が発出されました。この通達は、①180号通達の趣旨についてと、②渉外的胎児認知届の取扱い等についてを再確認するために発出されたものです。

　なお、渉外的胎児認知の取扱い等については、①相談があった場合の対応、②胎児認知届があった場合の手続として、(i)届書等の受付、(ii)届書等に不備がある場合、(iii)届出の受理処分及びその撤回、(iv)届出の不受理処分及びその撤回等についての内容になっています。詳しくは、巻末の資料（253ページ）を参照してください。

(6) 母の本国法上の保護要件

　以下に、戸籍の取扱い先例として、戸籍誌に掲載された胎児認知に関する本国法上の保護要件とされたものを示します（保護要件については、別途、太字で示しました。）。なお、具体的な内容については、各先例の解説をお読みください。

①　平成16年７月29日付け民一2139号回答は、「日本人男がアメリカ合衆国カリフォルニア州に属する母の胎児を認知する創設的認知届について、母の同意を保護要件として受理して差し支えない」としたものです（戸籍769号（平成17年２月号）112ページ）。

（カリフォルニア州は母の同意が保護要件）

②　平成23年5月30日付け民一1306号回答は、「日本人男がトルコ人女
の胎児を認知する届出について、実質的成立要件の準拠法である日本
法の要件及び認知される者の保護要件であるトルコ法上の「保護者又
は遺族の同意」の要件を満たしているため、受理して差し支えない」
としたものです（戸籍859号（平成23年8月号）82ページ）。

（トルコ法上は保護者又は遺族の同意が保護要件）

③　平成23年9月15日付け民一2181号回答は、「本人男がアメリカ合衆
国ワシントン州に属する女の胎児を認知する届出について、子の本国
法であるアメリカ合衆国ワシントン州の認知に関する法制に保護要件
に関する規定が存在しないため、受理して差し支えない」としたもの
です（戸籍863号（平成23年12月号）68ページ）。

（ワシントン州には認知の規定がないので保護要件はない）

④　平成24年6月14日付け民一1489号回答は、「日本人男がホンジュラ
ス人女の胎児を認知する創設的届出について、ホンジュラス法制上、
認知の制度は存在するものの認知される子の保護要件は存在しないた
め、成立要件が満たされた届出として受理して差し支えない」とした
ものです（戸籍879号（平成25年1月号）87ページ）。

（ホンジュラス法に認知の制度はあるが保護要件はない）

⑤　平成25年1月7日付け民一10号回答は、「日本人男がアメリカ合衆
国アイダホ州を本国法とする女の胎児を認知する届出について、子
（母）の本国法であるアメリカ合衆国アイダホ州の認知に関する法制
に保護要件に関する規定が存在しないため受理して差し支えない」と
したものです（戸籍889号（平成25年10月号）41ページ）。

（アイダホ州には認知の法制に保護要件の規定が存在しない）

⑥　平成28年7月22日付け民一760号回答は、「日本人男がアメリカ合衆
国テキサス州に属する女の胎児を認知する届出について、受理して差

し支えない」としたものです（戸籍933号（平成28年12月号）46ページ）。

（テキサス州には認知の法制に保護要件の規定が存在しない）

⑦　平成29年7月5日付け民一846号回答は、「日本人男がメキシコ人女の胎児を認知する届については、母の同意が母の本国法上の保護要件である」としたものです（戸籍945号（平成29年10月号）93ページ）。

（メキシコは母の同意が保護要件）

⑧　令和2年3月2日付け民一334号回答は、「日本人男がイスラエル人女の胎児を認知する胎児認知届について、母の本国法であるイスラエル法における子の保護要件は母の同意である」としたものです（戸籍981号（令和2年4月号）79ページ）。

（イスラエルは母の同意が保護要件）

Ⅲ　報告的届出

1　報告的認知届出の取扱い

（通達文）

2　報告的届出

(1)　認知の裁判（外国における裁判を含む。）が確定した場合における報告的届出の取扱いは、従前のとおりであり、外国において任意認知した旨の証書の提出があった場合の取扱いは、認知の準拠法が改正された点を除き、従前のとおりである。

---

(1)　通達の趣旨

通達文は、法例改正の前後においても、報告的な認知の届出の取扱いについての変更はないことを明らかにしたものです。

(2)　戸籍法63条の規定による報告的届出

　我が国の裁判所において認知の裁判が確定し、その判決書等の謄本を添付して届出があったとき、そのまま受理して差し支えありません。

　また、外国の裁判所で認知の裁判が確定した場合は、外国裁判所の判決の承認の問題であり、民事訴訟法118条の要件で判断し、受否を決することになります。

　なお、父の本国法が事実主義を採用している場合において、父の本国の裁判所で日本人母の嫡出でない子と父子関係存在確認の裁判があったときは、戸籍法63条の類推適用による届出として取り扱うことになります。

(3)　戸籍法41条による証書の謄本の提出

　渉外的認知の方式に関する準拠法については、認知の成立の準拠法又は行為地法であることから、関係者が外国人又は行為地が外国である場合は、当該外国の方式により認知が成立することがあります。

　外国の方式によって認知が成立した旨の証書の謄本が提出された場合は、その証書の謄本が、当該国の権限ある者によって作成されたもの、例えば、裁判所、公証人、身分登録機関等の公の機関によって作成されたものかどうかを審査する必要があり、権限ある者が作成したものであるときは、証書の謄本を受理します。

　なお、日本人男がタイ人女の嫡出でない子をタイ国の方式によって認知した場合の認知を証する書面については、父欄に日本人男の記載のある出生証明書を認知を証する書面として取り扱うことはできず、「父からの申請に基づく登録」をしたことの証明書をもって認知を証する書面として取り扱うこととしますという、法務省民事局民事第一課長通知（平成22年6月15日民一1470号通知）が発出されています（戸籍841号（平成22年4月号）69ページ以下参照）。

　戸籍法41条の認知証書と認められた先例は、次のとおりです。

ア　出生証明書

　外国の登録機関の発行する出生証明書又は出生登録証明書が、戸籍法41
条の認知証書の謄本として認められた事案は、認知する者の本国法又は行
為地法による認知に関する法律が、この出生登録の届出の際に認知するこ
とができることとされている法制国の場合です。この場合、父が届出人と
なり、出生証明書に父の氏名が記載されている場合が多いといえます。

①　日本人男がベトナム人女の子を認知する旨の記載をし、署名してい
　　るベトナム官憲発給の出生証明書（昭和51年5月7日民二2846号回
　　答）

②　日本人女がパラグアイ共和国で出生した嫡出でない子について、日
　　本人父が届出人となり、父の氏名が記載されているパラグアイ共和国
　　戸籍役所発行の出生証明書（昭和55年8月22日民二5216号回答）

③　日本人男とコロンビア人女間の嫡出でない子について、コロンビア
　　国公証人発給の出生登録証明書（昭和56年5月22日民二3249号回答）

④　日本人男からイタリア人女の子を認知した旨の記載のある同国市役
　　所発行の出生証明書（昭和58年3月8日民二1824号回答）

⑤　ニカラグア人女の出生子について、日本人父の表示がされているニ
　　カラグア国市役所発行の出生証明書（昭和59年5月2日民二2388号回
　　答）

⑥　日本人父の氏名等が記載されているパナマ共和国選挙裁判所市民登
　　録総務局発行の出生証明書（昭和60年6月28日民二3675号回答）

⑦　日本人男がボリビア共和国で出生したブラジル人女の嫡出でない子
　　について、ボリビア共和国の出生登録機関である市戸籍総務局発行の
　　父の表示のある出生証明書（平成3年7月4日民二3729号回答。戸籍
　　580号（平成3年8月号）77ページ）

⑧　日本人男からエルサルバドル人女の子を認知した旨の記載のある同
　　国市役所発行の出生証明書（平成11年3月3日民二419号回答。戸籍

687号（平成11年４月号）68ページ）

⑨　ベトナム国ホーチミン市人民委員会の代表者主席が発行した日本人
　父及びベトナム人母の氏名が記載されている出生証明書（平成21年７
　月３日民一1615号回答。戸籍840号（平成22年３月号）92ページ）

⑩　イスラエル人男がカナダ国アルバータ州で出生した日本人女の嫡出
　でない子について、同州の戸籍登録局が発行した出生証明書（平成25
　年８月29日民一734号回答。戸籍891号（平成25年12月号）82ページ）

⑪　日本人男から中央アフリカ人女の子を認知したとする同国市役所発
　行の出生証明書等（平成27年７月６日民一828号回答。戸籍926号（平
　成28年５月号）58ページ）

⑫　オーストラリア人男が日本人女の嫡出でない子を認知したとする、
　同国クイーンズランド州登記所保管の出生登録申請書の写し（平成27
　年８月24日民一1010号回答。戸籍925号（平成28年４月号）72ページ）

⑬　⑫と同趣旨（平成28年10月31日民一996号回答。戸籍939号（平成29
　年４月号）54ページ）

⑭　日本人男とセネガル人女との間の嫡出でない子について、父の表示
　がされている出生証明書（平成29年１月16日民一108号回答。戸籍939
　号（平成29年４月号）55ページ）

⑮　日本人男がパラグアイ人女の子を認知したとするパラグアイ国戸籍
　役所発行の出生証明書（平成30年４月26日民一452号回答。戸籍959号
　（平成30年10月号）78ページ）

⑯　日本人男がコスタリカ共和国で出生したアメリカ人女の嫡出でない
　子について、コスタリカ共和国発行の出生登録証明書（平成30年11月
　５日民一1541号回答。戸籍968号（令和元年５月号）97ページ）

⑰　日本人男がアメリカ合衆国ユタ州で出生したネパール人女の嫡出で
　ない子について、アメリカ合衆国ユタ州発行の父の記載のある出生証
　明書（令和元年８月７日民一482号回答。戸籍973号（令和元年10月

号）64ページ）

⑱　日本人がモンゴル人女の嫡出でない子について、モンゴルの登録機
　関が発行した出生証明書の確認書備考欄に認知の成立日が記載された
　証明書（令和 2 年 7 月10日民一997号回答。戸籍誌989号（令和 2 年12
　月号）83ページ）

　　イ　出生報告書

・日本人女の婚姻前に出生した子について、アメリカ人男から婚姻後駐日
　アメリカ領事館に対してした出生報告書の謄本（昭和32年11月 7 日民事
　甲2097号回答）

　　ウ　宣誓書

①　駐日アメリカ軍人が日本人女の子を日本駐在のアメリカ国副領事の
　面前で認知する旨の宣誓をした宣誓書（昭和31年 9 月18日民事甲479
　号回答）

②　オーストラリア人男がオーストラリア国ニューサウスウェールズ州
　治安判事の面前でした宣誓書（昭和34年 1 月29日民事甲124号回答）

③　日本人男がアメリカ人女の嫡出でない子について、アメリカ合衆国
　メリーランド州健康・精神衛生局人口動態記録課へ提出した日本人男
　の父性宣誓供述書（令和元年 5 月27日民一154号回答。戸籍誌989号
　（令和 2 年12月号）64ページ）

　　エ　公証人等作成の証明書

①　日本人女とギリシャ人男との婚姻前の出生子について、ギリシャ人
　男が駐日ギリシャ国総領事に対してした認知届の同領事館発給の受理
　証明書（昭和53年 9 月13日民二4863号回答）

②　スペイン人男が日本人女の嫡出でない子を認知した旨の記載のある
　スペイン国公証人が作成した公正証書（昭和62年 5 月13日民二2475号
　回答）

　オ　裁判所が発給した認知証書

①　日本人男とフィンランド人女間の婚姻前の出生子について、フィンランド国の裁判所が発給した認知証書（昭和57年 5 月20日民二3592号回答）

②　アメリカ人母が代理出産した子について、認知者（日本人男）が被認知者の生物学上の父親であるとの、アメリカ合衆国カンザス州セジュウイック郡地方裁判所の判決書（令和 2 年 7 月10日民一997号回答。戸籍誌989号（令和 2 年12月号）71ページ）

　カ　行政機関の発給した証明書

①　日本人女の嫡出でない子をスイス人男が認知した旨のスイス国チューリッヒ市市民課民事官作成の認知報告書（昭和54年 5 月11日民二2864号回答）

②　日本人男がオーストリア人女の嫡出でない子を認知した旨のオーストリア青少年局長発給の認知証書謄本（昭和54年10月 5 日民二4948号回答）

③　ノルウェー人男が日本人女の子を認知し、県知事が認知を認定した認知認定書（平成 3 年 4 月18日民二2594号回答。戸籍578号（平成 3 年 6 月号）75ページ）

④　ロシア人女が他男と婚姻中に出生した子を、日本人男が認知する創設的認知届がされたが、添付されたロシアの戸籍登録機関が発行した父子関係証明書を戸籍法41条証書と認定（平成23年 4 月22日民一1043号回答。戸籍858号（平成23年 7 月号）74ページ）

2 　戸籍法第63条の類推適用による届出

　（通達文）

(2)　子の出生の当時における父の本国法が事実主義を採用している場

> 合において、父子関係存在確認の裁判が確定したときの報告的届出
> は、子又は父からの戸籍法第63条の類推適用による届出として受理
> する。

(1)　通達の趣旨

　父の本国法が事実主義を採用している場合に、我が国の裁判所等におい
て父子関係存在確認の裁判が確定したときは、通則法29条1項前段の規定
により父子関係が発生しますので、その場合の子又は父からの届出につい
ては、戸籍法63条の類推適用による届出として取り扱うことを明らかにし
たものです。

　この届出は、法律上の父の氏名を日本人子の戸籍に記載することに意義
があります。

(2)　戸籍法63条の類推適用による届出とする理由

　法例改正によって、事実主義を採る外国法による父子関係の成立をも認
めるに至りましたが、我が国の民法は、父子関係の成立については認知し
か認めておらず、戸籍法もそのための手続しか予定していません。した
がって、事実主義法制における父子関係の成立をさせる裁判として父子関
係存在確認の裁判があった場合は、強制認知の裁判である戸籍法63条の規
定を類推適用して、この手続によることにしたものです。これは、前記の
とおり、事実主義国の裁判所における父子関係存在確認の裁判と日本の裁
判所がする裁判認知とは、いずれも人事訴訟法等の厳格な裁判手続によっ
て判断されるものである上、父子間の自然的血縁関係の存在を確認し、か
つ、法律上の父子関係の成立を認めるものであって、全く同様の機能を果
たすものであるからです。このように、両者の法的性格は異なる面はある
ものの、制度趣旨・効力・手続関係等を総合すると、類推適用しても差し
支えないものと考えられますので、これによるものとしたものです。

　通達文は、父子関係存在確認の訴えの当事者は、子又は父であることが

通常ですから、戸籍法63条の類推適用による届出については、子又は父から届け出る場合に限っているのです。

　この届出は、外国で父子関係存在確認の裁判があった場合にメリットがあり、あるいは、父が死亡した後に子が法律上の父子関係を確定させる場合について実益があります。

　届出期間の定めの適用はありますが、届出を懈怠したり、徒過しても戸籍法137条に規定する過料の制裁の適用はありませんので、失期通知も不要となります。これは、類推適用による届出であり、明文の規定がないため、届出人に不利益を課すこととなり、特に罰則規定を適用することは、問題があるからです。

　⑶　戸籍の処理

　　ア　届出事件の種類等

戸籍法63条の類推適用による届出については、その性格からみて「認知」として処理することになります。

　届書の様式は、特に定められていませんので、昭和59年11月１日付け法務省民二5502号通達で示されている認知届の様式を、次のように不要部分等を削除及び訂正の上、使用します。

　届書名の「認知届」→「戸籍法63条の類推適用による届」と訂正

　氏名欄の「認知される子」→「子」とし「認知される」の不要部分を削除

　　　　　　「認知する父」→「父」とし「認知する」の不要部分を削除

「認知の種別」欄→「裁判確定の年月日」欄と訂正の上、□任意認知等

　　　　　　の記載を削除

　　イ　戸籍の記録

親子関係存在確認の裁判の謄本及び確定証明書を添付して届出があったときは、母の戸籍中子の身分事項欄に次のように記録し、父欄に父の氏名を記録します。

認　　知	【親子関係存在確認の裁判確定日】令和１０年５月６日
	【認知者氏名】アーティアート，サムエル
	【認知者の国籍】フィリピン共和国
	【認知者の生年月日】西暦２００１年１０月１日
	【裁判所】フィリピン共和国マニラ中央裁判所
	【届出日】令和１０年５月１６日
	【届出人】親権者母

　なお、在外公館に届出があった場合は、【送付を受けた日】と【受理者】のインデックスを記録します。

　＊参考（紙戸籍の記載例：母の戸籍中子の身分事項欄）

　「令和拾年五月六日国籍フィリピン共和国アーティアート、サムエル（西暦弐千壱年拾月壱日生）とのフィリピン共和国マニラ中央裁判所の親子関係存在確認の裁判確定同月拾六日親権者母届出㊞」

第5　養子縁組に関する取扱い

Ⅰ　創設的届出

1　概　要

（通達文）

第5　養子縁組

1　創設的届出

養子縁組については、縁組の当時の養親の本国法によることと
され、養子の本国法が養子縁組の成立につき養子若しくは第三者
の承諾若しくは同意又は公の機関の許可その他の処分のあること
を要件とするときは、その要件をも備えなければならないことと
された（改正法例第20条：通則法第31条）。

この改正に伴い、養子縁組の届出については、次の取扱いとす
る。なお、当事者の本国法の決定は、第1の1(1)イの例による。

---

(1)　通達の趣旨

養子縁組の実質的成立要件の準拠法は、養親の本国法に一本化されまし
たが、養子の本国法上の養子の保護要件（養子の同意・第三者の承諾・公
の機関の許可等々……以下、「保護要件」といいます。）があるときは、こ
れをも備える必要があることを明文化したものです。

(2)　要件の審査

実質的成立要件の準拠法は、養親の本国法ですから、まずは養親の本国
法により、養親及び養子の全ての要件を判断し、当事者がこの法律の要件
を満たしているかどうかを審査します。例えば、日本人が養親であれば、
日本民法792条以下の条文により審査することになります。また、外国人
が養親であれば、その本国法の要件が備わっているかを審査しますが、こ

の場合、養親の本国官憲から要件具備証明書が発行されれば、養親についての要件が備わっていると判断できます。要件具備証明書のない場合は、原則に戻り、本国法の内容を証明する書類（出典を明示した法文の抜粋等）及び身分関係事実を証明する書類の提出を求めることになります（戸籍法27条の３）。

　次に、養子の本国法上の養子の保護要件のみを取り出し、これを満たしているかを審査することになります。養子の保護要件は、養子の本国法上の各要件のうち、養子の保護要件のみについて必要とされます。もし、要件具備証明書があれば、全部の要件が備わっているということがいえますので、そのうちの保護要件も備わっているということを認定することができることになります。

　　　ア　未成年者の場合の保護要件

　通則法30条１項は、「養子若しくは第三者の承諾若しくは同意又は公的機関の許可その他の処分があることが養子縁組の成立の要件であるときは、その要件をも備えなければならない」としています。この規定が、講学上、保護要件といわれています。このうちの「公的機関」とは、国の機関又は国が養子縁組の許可という公権力の行使を委ねた機関を指します。具体的には、裁判所等です。

　我が国の民法では、養子となる本人の承諾、養子となる者が15歳未満の場合に法定代理人が本人に代わってする承諾、法定代理人のほかに監護者がいる場合のその同意（民法797条）、未成年養子の場合の家庭裁判所の許可（民法798条）等が該当します。未成年養子の場合の夫婦共同縁組は、保護要件ではありません。諸外国の法制に見られるものとしては、親族会の同意、配偶者（婚姻擬制のない場合）の同意、戸主の同意、実父母の同意、児童を保護する機関の長の同意等が該当するでしょう。

　なお、養子の本国法上、養子縁組については、裁判所の決定を必要とする場合は、養子の保護要件ということになりますが、我が国の家庭裁判所

の審判をもって養子の本国官憲の許可に代えることも可能であると考えます。

　　イ　成年者の場合の保護要件

　「養子若しくは第三者の承諾若しくは同意又は公的機関の許可その他の処分があることが養子縁組の成立の要件であるときは、その要件をも備えなければならない」との要件は、通常社会経験や判断能力に乏しい未成年者の保護と福祉を図ることを第一義とする趣旨ですから、成年者の場合は、この意味での未成年者と同様の保護はもはや必要はないといえますが、成年者であっても、能力上の問題がある者、すなわち、成年被後見人等の制限能力者については、養子となる場合に後見人・保佐人等の同意を必要とする法制の場合に、これが保護要件として必要であるということは、異論がないと思います。しかしながら、法文には、「養子となるべき者の本国法によればその者若しくは第三者の承諾若しくは同意又は公的機関の許可その他の処分があることが養子縁組の成立の要件であるときは、その要件をも備えなければならない」とあり、本人・第三者等限定された主体による同意・承諾等の行為と示すだけで、その目的（例えば、保護のため）を明文では規定していませんし、未成年者の場合に限るとの限定はありません。成年者についても、適用することを排除していません。その意味で、成年養子の場合は、保護のための要件というより、関係者の利害調整機能が主たる目的となるものと考えます。

　したがって、成年養子の場合も、保護要件の適用があり、具体的には、本人、法定代理人（後見人等）、保佐人、配偶者等の同意などが該当するでしょう。我が国の民法では、配偶者の同意（民法796条）がこれに該当します。

　　ウ　保護要件の審査

　保護要件の審査については、養子の本国法の法規の抜粋とこれに該当する個別の同意書・決定書・承諾書等によることになります。もっとも、養

子の本国官憲から「保護要件具備証明書」と称する書面が発行されれば最も望ましいところですが、このような証明書はおそらく発行されないと思いますし、法例改正後において、戸籍先例として示されたものはありません。

ところで、家庭裁判所の許可決定書があり、その理由中に養子の本国法上の保護要件を審査して許可したことが判明する審判書謄本があれば、養子の保護要件が備わっていると判断して差し支えないと思います。

2 具体的な取扱い

（通達文）

(1) 養親が日本人である場合

　日本民法上の養子縁組の要件が当事者双方に備わっているかどうかを審査し、これが備わっている場合は、養子の本国法上の保護要件を審査する。この場合において、養子の本国の官憲の発行した要件具備証明書の提出があるときは、養子の本国法上の保護要件が備わっているものとして取り扱って差し支えない。

(2) 養親が外国人である場合

　養親の本国法上の養子縁組の要件が当事者双方に備わっているかどうかを審査し、これが備わっている場合は、養子の本国法上の保護要件を審査する。この場合において、養子の本国の官憲の発行した要件具備証明書の提出があるときは、(1)後段と同様である。

通達文は、実際の審査をする場合を念頭に置いて、養親が日本人か外国人かで分けたものです。なお、日本人とは、日本国籍を有する者であり、重国籍者を含みます。

(1)　養親が日本人である場合

　養親が日本人である場合の実質的成立要件の準拠法は、養親の本国法である日本法ですから（通則法30条１項）、我が国の民法の規定により、養親の年齢（「成年に達した者」であること。注：令和４年４月１日施行予定の改正民法では、「20歳に達した者」に改められます。）、養子の年齢（養子は養親の尊属又は年長者でないことであり、普通養子の場合は、年齢の制限はありません。）、配偶者のある者の縁組の場合は配偶者の同意を得ること、後見人が被後見人を養子とする場合に家庭裁判所の許可があること、未成年者を養子とする場合に家庭裁判所の許可があること、養子が15歳未満の場合にその法定代理人の代諾があること等を審査することになります。養親については、日本人ですから、その審査資料は戸籍証明書によってすることができます。養子の年齢等については、その出生証明書、身分証明書等により審査します。

　以上の各要件を審査し、これらが備わっている場合は、次に養子の本国法上の保護要件の有無を調査し、この要件があれば、これも備わっているかどうかを審査します。例えば、養子の同意・第三者の承諾・公的機関の許可等を証明する書面の提出を求めることになります（戸籍法27条の３）。おおむね、準拠法である養親の本国法である日本法の要件審査で既にまかなわれているはずであり、日本法にないもの（親族会の同意、成年養子の場合の父母の同意等）のみ、別に必要とされることになります。この場合において、養子の本国の官憲の発行した要件具備証明書の添付があれば、養子の本国法上の保護要件が備わっているものとして取り扱って差し支えないとしています（通達第5の１(1)参照）。

　また、日本人夫婦は、日本民法の定めるところに従い、養子制度のない国（イスラム教国等）の子を養子とすることができます。ただし、これは、日本において有効に養子縁組ができることを定めたのみであり、養子の本国において、養子が養子として認められるかどうかは、当該国に委ねられ

ています。なお、この場合には、養子の本国法上、養子のための規定があ
りませんので、保護要件を要するとの規定は実質的には働きませんから、
保護要件を証明する資料を必要としません。

　　　ア　日本人夫婦が外国人の子を特別養子とする縁組
　特別養子縁組に関しては、通則法30条2項で「養子とその実方の血族と
の親族関係の終了及び離縁は、前項前段の規定により適用すべき法によ
る。」と定めていますが、特別養子縁組成立のための特別の準拠法を設け
てはいません。したがって、特別養子も養子縁組の一類型であるとして同
条1項の準拠法によることになります。そこで、養親が日本人夫婦である
場合は、日本民法が準拠法となり、養子の本国法上特別養子制度がなくて
も、特別養子とすることができます。この場合、日本民法の特別養子に関
する要件を満たす必要があることはもちろん、特別養子も養子の一類型で
すから、養子の本国法上の養子縁組のため必要とされる同意・許可等の養
子の保護要件を満たす必要があることになります。特別養子縁組の成立は、
家庭裁判所の審判によることになりますので、戸籍実務としては、家庭裁
判所の審判書の謄本を添付して特別養子縁組届がされた場合は、特段の疑
義がない限り受理して差し支えありません。

　　　イ　日本人が外国人を養子とする場合の取扱い（先例等）
　次に、日本人が外国人を養子とする場合の取扱いについての先例等につ
いて、国別に分けて説明等します。

　　　　㋐　中国人を養子とする場合
①　日本人が中国人を養子とする場合の取扱いについては、平成22年6
　月23日付け民一1541号民事局民事第一課長通知が発出されています
　（戸籍846号（平成22年9月号）87ページ）。この通知により、平成6
　年3月31日付け民二2439号通知は、廃止されました。
　上記通知の内容は、次のとおりです。

1　養子が10歳未満である場合

　養子縁組には、法の適用に関する通則法（平成18年法律第78号）第31条第1項後段の要件（以下「養子の保護要件」という。）として、中国人実父母の同意が必要である（中国養子法第10条参照）が、同意の方式については、定めがない。

　したがって、中国人実父母が縁組代諾者として届出人となり、養子縁組届書に署名・押印している場合には、中国人実父母の同意書が添付されていなくても、それらの同意があるものと取り扱って差し支えない。

　なお、養子本人の同意は、不要である（同法第11条参照）。

2　養子が10歳以上で15歳未満である場合

　養子縁組には、養子の保護要件として、中国人実父母の同意及び養子本人の同意が必要であるが、同意の方式については、定めがない。

　したがって、中国人実父母が縁組代諾者として届出人となり、養子縁組届書に署名・押印している場合には、中国人実父母の同意書が添付されていなくても、それらの同意があるものと取り扱って差し支えない。

3　養子が15歳以上である場合

　養子縁組には、養子の保護要件として、中国人実父母の同意及び養子本人の同意が必要であるが、同意の方式については、定めがない。

　したがって、養子本人が養子縁組届書に署名・押印している場合には、養子本人の同意書が添付されていなくても、その同意があるものと取り扱って差し支えない。

＊中華人民共和国民法典（以下、「民法典」といいます。）が、2021年1月1日から施行されました。この民法典施行と同時に、従来の中華人民共和国養子法は、廃止されました。養子縁組に関する規定は、民法典第5編婚姻家庭の第5章に規定されています。したがって、上記通知は、その内容に変更が生じました。以下、私見ですが、次のように変更点（下線引き部分）を示します（変更点は、養子になる者の年齢部分であり、その他の内容には影響はないものと思います。）。

1　養子が<u>10歳未満</u>　→　<u>8歳未満</u>

　　（中国養子法第10条参照）　→　（民法典第1097条参照）

　　（同法第11条参照）　→　（民法典第1104条参照）

2　養子が<u>10歳以上</u>で15歳未満　→　養子が<u>8歳以上</u>で15歳未満

② 　①の通知発出後に戸籍誌に掲載された中国人との養子縁組に関する講座等

　a　中国人夫（大陸系）が日本人妻の連れ子を養子とする縁組における実父母の同意について……戸籍861号「落葉」（平成23年10月号）45ページ

　b　日本人が中国人を養子とする場合の取扱いについて……戸籍863号「こせき相談室」（平成23年12月号）29ページ

　c　中華人民共和国渉外民事関係法律適用法第28条の適用について……戸籍882号「戸籍小箱」（平成25年3月号）81ページ

　d　日本人と未成年者である中国人との養子縁組について……戸籍957号「戸籍小箱」（平成30年8月号）48ページ

　　㈠　フィリピン人を養子とする場合

① 　戸籍先例

　・平成7年7月7日付け民二3292号回答は、「日本人男が配偶者であるフィリピン人女とともに同女の未成年の嫡出でない子を養子とする場合において、養子の本国法であるフィリピン家族法188条3号

の定める養親の10歳以上の嫡出子の書面による同意を必要とすると
の要件は、法例20条 1 項（通則法31条 1 項）後段所定の要件（いわ
ゆる「保護要件」）であるから、養親となる日本人男の10歳以上の
嫡出子の同意書の添付がない縁組届は受理することができない」と
したものです（戸籍637号（平成 7 年10月号）72ページ）。

② 　講座等

　a 　日本人夫がフィリピン人妻の成年に達した子と日本において届出
する創設的養子縁組届出について……戸籍958号「落葉」（平成30年
9 月号）81ページ

　b 　日本人夫とフィリピン人妻の孫（日本人・未成年）との養子縁組
における家庭裁判所の許可の要否について……戸籍961号「こせき
相談室」（平成30年12月号）76ページ

　　(ウ) 　その他の国の外国人を養子とする創設的養子縁組届の場合

① 　戸籍先例

　a 　平成 2 年 9 月29日付け民二4364号回答は、「日本人夫婦が成年者
であるネパール人を養子とする場合には、ネパール政府の許可が必
要であるので、これの添付のない養子縁組届は、受理しないのが相
当」としたものです（戸籍572号（平成 3 年 1 月号）77ページ）。

　b 　平成16年 9 月10日付け民一2503号回答は、「日本人が成年者であ
るネパール人を養子とする場合は、ネパール人養子の本国法上の保
護要件としてネパール国政府の許可が必要であり、この許可がある
ことを証明する書面等の添付のない養子縁組届は、受理することが
できない」としたものです（戸籍764号（平成16年11月号）91ペー
ジ）。

　c 　平成 2 年12月26日付け民二5688号回答は、「日本人男がタイ人
（未成年者）を養子とする縁組届は、タイ国未成年者養子縁組委員
会の許可を得なければならないので、その許可を証する書面の添付

がない限り受理しないのが相当」としたものです（戸籍576号（平成3年4月号）59ページ）。

d　平成3年2月18日付け民二1244号回答は、「カメルーン民法によれば、自己の子を養子とすることはできないとされているので、カメルーン共和国人女が日本人夫とともに自己の嫡出でない子を養子とする縁組届は、日本人のみとの単独縁組と訂正させた上受理して差し支えない」としたものです（戸籍577号（平成3年5月号）72ページ）。

e　平成15年8月21日付け民一2337号回答は、「日本人女とトルコ共和国人男の創設的養子縁組届について、養子の保護要件として日本の家庭裁判所の許可を要すると解され、当該許可書が添付されていない届出は受理できない」としたものです（戸籍749号（平成15年10月号）85ページ）。

f　平成21年7月2日付け民一1596号回答は、「日本人男がインドネシア人（未成年）との養子縁組届の受否について、受理して差し支えない」としたものです（戸籍843号（平成22年6月号）111ページ）。

g　平成21年7月2日付け民一1598号回答は、「日本人夫婦がインドネシア人（成年）を養子とする創設的養子縁組届の受否について、受理して差し支えない」としたものです（戸籍843号（平成22年6月号）121ページ）。

h　平成22年3月18日付け民一677号回答は、「日本人男がモロッコ人を養子とする創設的養子縁組届について、受理して差し支えない」としたものです（戸籍845号（平成22年8月号）61ページ）。

i　平成22年12月13日付け民一3139号回答は、「日本人男とペルー人女夫婦を養親、ペルー人女の嫡出でない子（日本国籍）を養子とする養子縁組届について、ペルー人女について日本法を適用した上で受否の判断をして差し支えない」としたものです（戸籍851号（平

成23年1月号）86ページ）。

j　平成23年8月8日付け民一1879号回答は、「日本人妻がアフガニスタン・イスラム共和国（以下「アフガニスタン国」という。）人夫の成年のアフガニスタン国籍の子を養子とする創設的養子縁組届について、アフガニスタン国における養子縁組に関する法令に、養子の保護要件に関する規定が存在しないため、受理して差し支えない」としたものです（戸籍861号（平成23年10月号）79ページ）。

k　平成23年11月1日付け民一2593号回答は、「日本人がカンボジア人を養子とする養子縁組について、カンボジア国際養子縁組法による保護要件として裁判所の許可又は承認が必要と解されるところ、当該養子縁組の届出に際して、それらを得ていなかったため受理しないのが相当」としたものです（戸籍865号（平成24年1月号）93ページ）。

l　平成24年2月3日付け民一313号回答は、「日本人がタンザニア人妻の未成年の嫡出でない子（タンザニア国籍）を養子とする養子縁組届がされたところ、タンザニアにおける養子縁組法制による保護要件として、社会福祉長官の承認、裁判所の許可及び養子となる者の父母の承諾が必要となるが、養子縁組届の添付書面からは、それらの要件を満たしていることを確認することができず、受理することは相当でない」としたものです（戸籍872号（平成24年7月号）77ページ）。

m　平成25年1月7日付け民一29号回答は、「日本人男がウクライナ人妻の15歳未満の嫡出子（ウクライナ国籍）を養子とする養子縁組について、ウクライナにおける養子縁組法制による保護要件として、ウクライナの政府機関の許可が必要とされるところ、当該養子縁組の届書の添付書面からは、当該許可を得ているとは認められず、受理することは相当でない」としたものです（戸籍889号（平成25年

10月号）65ページ）。

n　平成25年12月6日付け民一967号回答は、「日本人夫及びパプア
ニューギニア人妻とパプアニューギニア人妻の嫡出でない子との創
設的養子縁組届について、パプアニューギニアが養子縁組について
裁判所の命令によって成立させる法制を採用しているため、パプア
ニューギニアの裁判所の命令又は日本の家庭裁判所の許可の審判を
要する」としたものです（戸籍893号（平成26年1月号）77ページ）。

o　平成26年2月13日付け民一127号回答は、「日本人男がウズベキス
タン人を養子とする養子縁組届について、ウズベキスタン共和国家
族法上の実質的成立要件であるウズベキスタン人の本件養子縁組に
係る同意書が提出された場合は、受理して差し支えない」としたも
のです（戸籍916号（平成27年9月号）83ページ）。

②　講座等

a　渉外的養子縁組届の処理について（日本人の養子となった15歳未
満の韓国人養子が、15歳に達した後にする追認的追完届をすること
ができるか）……戸籍875号「落葉」（平成24年10月号）83ページ

b　韓国民法の改正に伴う養子縁組の取扱いについて……戸籍890号
「戸籍小箱」（平成25年11月号）60ページ

c　渉外養子縁組について（日本人とペルー人との養子縁組関係）
……戸籍923号「落葉」（平成28年2月号）25ページ

ウ　外国に在る日本人同士の届出の方式について

　外国に在る日本人同士が養子縁組をする場合、民法801条、戸籍法40条
によりその国に駐在する日本の大使、公使又は領事に創設的届出をするこ
とができます。この場合も、渉外的要素があるため、通則法の適用があり
ますが、その結果、成立の準拠法が養親の本国法である日本法であるため、
方式も成立の準拠法と同様に日本法によることとなり、通則法34条1項の
規定により有効となります。

(2)　養親が外国人である場合

　養親の本国法の内容（養子縁組の要件）及びこの要件が養親・養子について備わっているかどうかを審査します。これが備わっている場合は、養子の本国法の定める保護要件を審査します。

　養親の要件の審査方法は、本人の本国法上の要件審査ですから、本人の要件具備証明書を必要とします。

　他方、養親の本国法上の双方要件及び養子の要件については、養子の身分証明書、出生証明書等により、年齢、養親との年齢差などを個別に審査する必要があります。

　また、養子の本国法上の保護要件を審査しなければなりません。なお、養子の本国官憲の発行した養子についての一般的な要件具備証明書の提出があると、その保護要件は充足しているとすることはできます。

　なお、外国人養親の本国の国際私法によれば、縁組の行為地や養親の住所地の法律によるべきこととされている場合もあります。この場合には、通則法41条の反致の規定により、日本の民法が準拠法となることもあります。

①　戸籍先例

　a　平成2年12月26日付け民二5675号回答は、「トリニダード・トバゴ人男が、配偶者である日本人女の嫡出子を養子とする養子縁組の場合の実質的成立要件は、養子となる者の本国法が準拠法とされる」としたものです（戸籍573号（平成3年2月号）59ページ）。

　b　平成7年3月30日付け民二2639号回答は、「パキスタン人男とその配偶者である日本人女の嫡出子及び嫡出でない子との養子縁組届は受理すべきでない」としたものです（戸籍637号（平成7年10月号）63ページ）。

　c　平成8年8月16日付け民二1450号回答は、「アメリカ人夫（コネチカット州）が日本人妻の子（日本人先夫との間の嫡出子）を養子

とする養子縁組について、法例32条（通則法41条、反致）の規定を
適用して日本法を準拠法として受理して差し支えない」としたもの
です（戸籍651号（平成8年10月号）81ページ）。

d　平成25年3月7日付け民一219号回答は、「英国及びニュージーラ
ンド国籍を有する者が日本人配偶者の嫡出子を養子とする縁組届出
が提出されたが、養親となる者の本国法の認定に疑義があり、また、
ニュージーランドにおける養子縁組関係法令等が不明であるため、
受否を決しかねるとして照会のあった事案について、養親となる者
の本国法はニュージーランド法とするのが相当であるが、ニュー
ジーランド法においては、養子縁組に際し、裁判所の決定が必要で
あることから、受理しないのが相当」としたものです（戸籍891号
（平成25年12月号）34ページ）。

e　平成25年12月20日付け民一997号回答は、「アルゼンチン人が日本
人を養子とする創設的養子縁組届について、アルゼンチン法上にお
いて反致が成立し、日本民法上における養子縁組の実質的成立要件
及び子の保護要件を満たしていることが認められるため、受理して
差し支えない」としたものです（戸籍896号（平成26年3月号）54
ページ）。

f　平成25年3月4日付け民一191号回答は、「セルビア人が日本人を
養子とする創設的養子縁組届について、セルビア法上の実質的成立
要件である後見人機関の養子縁組の決定を証する書面の添付がない
ため、受理することができない」としたものです（戸籍910号（平
成27年3月号）59ページ）。

g　平成28年7月14日付け民一732号回答は、「中国人（香港）女が成
年者である日本人男を養子とする創設的養子縁組届出があった場合
の当該届出の受否について、受理することはできない」としたもの
です（戸籍930号（平成28年9月号）83ページ）。

② 講座等

a 中国人を当事者とする成年同士の養子縁組の取扱いについて……戸籍863号「こせき相談室」（平成23年12月号）31ページ

b 中国人養親と日本人養子の養子縁組について……戸籍875号「戸籍小箱」（平成24年10月号）61ページ

c 中華人民共和国渉外民事関係法律適用法第28条の適用について……戸籍882号「戸籍小箱」（平成25年3月号）81ページ

3　養親に配偶者がある場合の取扱い（夫婦の本国法が異なる場合の夫婦共同縁組等について）

> （通達文）
> (3) 養親に配偶者がある場合
> 　夫婦共同縁組をする場合における養親の本国法は、それぞれの養親についてそれぞれの本国法であり、一方の本国法を適用するに当たり、他方の本国法を考慮する必要はない。
> 　配偶者のある者が単独縁組をすることができるかどうかは、当該者の本国法による。配偶者又は養子の本国法が夫婦共同縁組を強制していても、これを考慮する必要はない。

(1) 本国法を異にする夫婦の場合の共同縁組の考え方について

養親夫婦が日本人と外国人の場合を例にして説明します。

この場合の準拠法は、それぞれの養親についてそれぞれの本国法であり、一方の本国法を適用するに当たり、他方の本国法を考慮する必要はありません。すなわち、日本人養親と養子間については、日本人養親の本国法である日本法を、外国人養親と養子間については、外国人養親の本国法である外国法をそれぞれ適用します。したがって、各養親については、それぞ

れの本国法の要件を審査することになりますが、これについては、本国官
憲の発行する要件具備証明書の提出を求めることになります。養子につい
ては、一般的に要件具備証明書の提出を求めることができませんので、養
親両者の各本国法上の双方要件、養子についての各要件及び養子の本国法
上の保護要件について、養子の身分証明書、出生証明書等により個別に審
査することになります。なお、養子の本国の官憲の発行する要件具備証明
書の提出があれば、養子の本国法上の保護要件は備えているものとして取
り扱うことができます。

　次に、日本人と外国人の夫婦が、特別養子縁組ができるかどうかについ
て検討します。

　日本人と外国人の夫婦ですから、日本人配偶者については日本民法が準
拠法となり、その817条の2以下の規定が適用されることになります。こ
れによると、夫婦共同でなければ特別養子縁組をすることができないこと
になります（民法817条の3）。したがって、外国人配偶者の本国法上も特
別養子制度があり、その要件を満たすときは、夫婦共同で特別養子縁組を
することができますが、外国人配偶者の本国法には普通養子制度しかなく、
特別養子制度のない場合は、その夫婦は、特別養子縁組をすることができ
ないことになります。

　⑵　本国法を異にする夫婦の場合の共同縁組の要否について

　配偶者の一方（甲）の本国法によれば夫婦共同縁組が必要的であれば、
共同縁組を要することになりますが、他方（乙）の本国法によればその者
と養子縁組をすることができないときは（例えば、養子制度の欠缺、養子
となるべき者の年齢制限、養子となるべき者が自己の嫡出子であること
等）、共同縁組をすることができないことになります。甲の本国法上、共
同縁組を要するとするものの、他方ができない場合は単独でも縁組が可能
であるとするならば、甲のみが単独で養子縁組をすることができますが、
甲の本国法上夫婦共同縁組が不可欠で単独縁組なら許されないとする法制

であれば、結局甲は養子縁組ができないことになります。

　ところで、日本人と外国人夫婦の場合で、日本人が養子縁組をしようとするとき、日本民法は、共同縁組をどの程度まで要求しているかが問題となってきます。例えば、日本人親が外国人配偶者の未成年の嫡出でない子を養子にしようとするときは、日本民法上は必要的共同縁組です（民法795条本文）。ところが、外国人配偶者の本国法では、自己の嫡出でない子を養子とすることができない、あるいは、養子制度がない国の場合、日本人親は、共同縁組をすることができないことになります。そうすると、日本人親が単独でも縁組をすることができないかが問題となります。日本民法にこのような場合を想定した規定はありませんが、必要的共同縁組の規定である795条は、そのただし書で、「配偶者の嫡出である子を養子とする場合又は配偶者がその意思を表示することができない場合は、この限りでない。」として、配偶者が縁組ができない場合には共同縁組を強制しないこととしています。いわゆる不能事を法律上強制しないということです。この趣旨にかんがみると、この場合も縁組が制度的にできない場合ですから、共同縁組を強制することなく、単独縁組を認めてよいと考えられます（ただし、この場合は、民法796条の規定に基づき、外国人配偶者の同意を要します。）。そのことによって、実質上、養子の福祉にも問題は生じることはないでしょう。逆に、嫡出でない子の母（又は父）は、その嫡出でない子とともに夫（又は妻）である日本人と生活することになりますから、この場合において、夫（又は妻）と嫡出でない子との間に養子縁組を認めることの方が、家族の一体性・子の福祉と利益に資するといえます。

　なお、一方配偶者の本国法が必要的夫婦共同縁組としている場合は、他方の本国法上が任意的であっても、夫婦共同縁組が必要的とされることになります。

　次に、本国法を異にする夫婦が共同で縁組をするとき、養子縁組の形式的成立要件がどの法律によって規律されるのかという問題があります。養

子縁組の形式的成立要件は、通則法34条の規定により、行為の成立の準拠法である養親の本国法又は行為地法のいずれかによることとされています。このうち、前者の養親の本国法による場合を考えてみますと、本国法を異にする夫婦が共同で縁組をするときは、養親の本国法が養父・養母により異なっているため、双方が同時に養子となるべき者と養子縁組をするための方式を満たすのは、事実上不可能であり、この方法によることは事実上できないものと考えられます。もっとも、いずれかの本国法が単独で養子縁組をすることができるときは、まずその養親と縁組をし、その後、他方の養親側と縁組をすることが考えられます（ただし、後者の養親の本国法上そのような縁組をすることが認められる場合に限られます。）。次に、行為地法によるべき場合を考えてみますと、養親となるべき夫婦が同一の場所に所在するときは、養子縁組をする場所における縁組の形式的成立要件を満たすことにより、縁組を成立させる方法を採ることができます。この場合は、同時にその形式的成立要件を満たすことが可能であると考えられますので、養父の本国法、養母の本国法ともに夫婦共同縁組が義務付けられていたとしても、その要件を満たすことが可能となります。

　(3)　本国法を異にする夫婦の一方が単独で養親となる場合

　本国法を異にする夫婦の一方が単独で養親となる場合は、養親になろうとする者の本国法で判断することになります。したがって、養親になろうとする者の本国法上夫婦共同縁組が必要的であれば、前記(2)のとおりで、原則として夫婦共同縁組を要することになりますが、例外的に単独でできる場合に該当すると、単独で縁組ができるということになります。

　しかし、夫婦共同縁組が任意的であれば（例えば、日本法上の成年養子の場合）、単独で縁組することができます。この場合、養親とならない他方配偶者の本国法又は養子となるべき者の本国法が養親について必要的夫婦共同縁組の法制を採っていても、他方配偶者の本国法及び養子の本国法はいずれも適用の余地はありませんので、単独で養子縁組をすることがで

きます。夫婦共同縁組については、養子の保護要件ではないと解されるため、養子の本国法にこの規定があっても、適用されません。

　例えば、日本人と外国人との夫婦において、日本人のみが養親となる場合、養親となる日本人の本国法である日本民法のみが準拠法となります。したがって、単独縁組が可能か否か（言い換えれば、夫婦共同縁組を要しないか否か）については、民法の定めるところによります。すなわち、成年者を養子とする場合等夫婦共同縁組を要しない場合は、たとえ外国人配偶者の本国法が必要的夫婦共同縁組としていても単独縁組が可能ということになります。

4　戸籍の処理

　養子縁組の当事者が日本人の場合、養子縁組の届出の受理によって、養子縁組が成立しますので、その旨を日本人である当事者の戸籍に記録することになります。

Ⅱ　報告的届出

　（通達文）

2　報告的届出

　(1)　我が国における養子縁組の成立

　　ア　養親の本国法が普通養子縁組について裁判所の決定等により
　　　縁組を成立させる法制を採用している場合において、家庭裁判
　　　所の養子縁組を成立させる旨の審判書謄本を添付して養子縁組
　　　の届出があったときは、その届出は、戸籍法第68条の2により
　　　受理する。ただし、この場合においては、同法第20条の3の規
　　　定を適用しない。

　　　　この場合の戸籍の記載は、参考記載例61の例による。

イ　家庭裁判所が渉外的な特別養子縁組を成立させる審判を行った場合において、戸籍法第68条の2による届出があったときは、同法第20条の3の規定を適用する。
(2)　外国における養子縁組の成立
　　外国において養子縁組をした旨の報告的届出があった場合は、養子縁組の準拠法上その養子縁組が無効でない限り、これを受理する。外国において日本人を特別養子とする縁組が成立した旨の報告的届出があったときは、その養子について新戸籍を編製する。

1　通達文の趣旨

　渉外的養子縁組についての報告的届出は、我が国の家庭裁判所が養子決定をした場合についてするものと、外国の裁判所等の決定により、又は登録官庁への届出により成立した場合についてするものの2種類に大別することができます。

　このうち、我が国において成立したものは、普通養子縁組の場合と特別養子縁組の場合に分けられるところ、前者の我が国における普通養子縁組の報告的届出については、我が国の家庭裁判所が外国法に基づき普通養子縁組について成立させる審判がすることができるというのが、東京戸籍事務連絡協議会（最高裁判所家庭局・法務省民事局・東京家庭裁判所・東京法務局で構成）の見解であり、戸籍実務の取扱いです。したがって、我が国の家庭裁判所が外国法の決定を代行して普通養子縁組を成立させる審判をした場合に報告的届出を受理することができると明示したのが、通達文の趣旨です。

　後者の特別養子縁組を成立させる審判があった場合は、戸籍法68条の2による届出として受理すること及び同法20条の3（特別養子縁組による新戸籍の編製）による所要の手続を取ることを明らかにしたものです。

　次に、外国において成立したものについては、普通養子・特別養子のい

ずれについても、報告的届出です。このうち、日本人が特別養子となった
場合には、所要の手続を取ることを明らかにしたものです。

2　我が国の家庭裁判所における養子縁組の成立があった場合の取扱い

　我が国において養子縁組を成立させる審判があった場合の報告的届出は、
戸籍法68条の２により受理することになります。この場合の養子縁組は、
普通養子の場合ですから、戸籍法20条の３の規定は適用されないことにな
ります。

　なお、家庭裁判所が関与した養子縁組が、縁組を成立させるものか、許
可をしたに過ぎないかにより扱いは異なりますが、家庭裁判所の審判官は、
審判書の主文において、その旨を明示しますので、それにより取り扱うこ
とになります。

3　渉外的な養子縁組（断絶型養子縁組）届出があった場合の取扱い

　平成６年４月28日付け民二2996号民事局長通達は、外国法を準拠法とす
る養子縁組であって、養子とその実方の血族との親族関係が終了するもの
の届出についての取扱いを示しています。以下、その取扱い等について示
すこととします。

　(1)　届書の記載

　届書の「入籍する戸籍または新しい本籍」欄に新戸籍を編製する旨の記
載及び「その他」欄に養子とその実方の血族との親族関係が終了する旨の
記載があり、かつ、当該縁組が断絶型養子縁組であることを明らかにする
書面の提出があるときは、その養子について新戸籍を編製することになり
ます。

　(2)　養子について新戸籍を編製していない場合

　養子について新戸籍を編製していない場合は、断絶型養子縁組であるこ
とを明らかにする書面を提出して、実方の血族との親族関係が終了する旨

の追完の届出があるときは、その養子について新戸籍を編製することになります。

　(3)　戸籍の記載

　　ア　日本の家庭裁判所の審判により成立した断絶型養子縁組の場合

○紙戸籍の場合

　　(ア)　養子の新戸籍

・戸籍事項欄（参考記載例番号65）

「令和拾年拾月八日編製㊞」

・身分事項欄（参考記載例番号66）

「令和拾年拾月壱日国籍アメリカ合衆国ラッシュマン、ウェイン（西暦千九百七拾八年六月参日生）同人妻ケイ（西暦千九百八拾年九月拾日生）の養子となる縁組の裁判確定（実方の血族との親族関係の終了）同月八日父母届出東京都千代田区永田町一丁目二番乙川孝助戸籍から入籍㊞」

　　(イ)　養子の縁組前の戸籍

・身分事項欄（参考記載例番号67）

「令和拾年拾月壱日養子となる縁組の裁判確定（実方の血族との親族関係の終了）同月八日養父母届出東京都千代田区永田町一丁目二番に新戸籍編製につき除籍㊞」

○コンピュータ戸籍の場合

　　(ア)　養子の新戸籍

・戸籍事項欄（参考記載例番号65）

　　戸籍編製　　｜【編製日】令和１０年１０月８日

・身分事項欄（参考記載例番号66）

　　養子縁組　　｜【縁組の裁判確定日】令和１０年１０月１日

　　　　　　　　｜【養父氏名】ラッシュマン，ウェイン

　　　　　　　　｜【養父の国籍】アメリカ合衆国

　　　　　　　　｜【養父の生年月日】西暦１９７８年６月３日

　　　　　　　【養母氏名】ラッシュマン，ケイ

　　　　　　　【養母の国籍】アメリカ合衆国

　　　　　　　【養母の生年月日】西暦１９８０年９月１０日

　　　　　　　【届出日】令和１０年１０月８日

　　　　　　　【届出人】父母

　　　　　　　【従前戸籍】東京都千代田区永田町一丁目２番　乙川
　　　　　　　　　孝助

　　　　　　　【特記事項】実方の血族との親族関係の終了

　　　(イ)　養子の縁組前の戸籍

・身分事項欄（参考記載例番号67）

　　　養子縁組　　【縁組の裁判確定日】令和１０年１０月１日

　　　　　　　　【届出日】令和１０年１０月８日

　　　　　　　　【届出人】養父母

　　　　　　　　【新本籍】東京都千代田区永田町一丁目２番

　　　　　　　　【特記事項】実方の血族との親族関係の終了

　　イ　外国の裁判所において断絶型養子縁組の裁判があった場合

　外国の裁判所において断絶型養子縁組の裁判があった場合は、次の「３
　外国における養子縁組の成立」の項で説明するとおり、養子縁組の準拠
法により審査するのではなく、民事訴訟法118条各号の要件を満たすかど
うかを審査することになります。したがって、戸籍の記載も「縁組の方
式」とするのではなく、「○○裁判所の縁組の裁判確定」とします。

○紙戸籍の場合

　　　(ア)　養子の新戸籍

・戸籍事項欄（参考記載例番号68）

　「令和拾年拾月八日編製㊞」

・身分事項欄（参考記載例番号69）

　「令和拾年拾月壱日国籍アメリカ合衆国ラッシュマン、ウェイン（西暦

千九百七拾八年六月参日生）同人妻ケイ（西暦千九百八拾年九月拾日生）
の養子となるアメリカ合衆国カリフォルニア州上級裁判所の縁組の裁判確
定（実方の血族との親族関係の終了）同月八日父母届出東京都千代田区永
田町一丁目二番乙川孝助戸籍から入籍㊞」

　　　　　(イ)　養子の縁組前の戸籍

・身分事項欄（参考記載例番号70）

　「令和拾年拾月壱日アメリカ合衆国カリフォルニア州上級裁判所の縁組
の裁判確定（実方の血族との親族関係の終了）同月八日養父母届出東京都
千代田区永田町一丁目二番に新戸籍編製につき除籍㊞」

○コンピュータ戸籍の場合

　　　　　(ア)　養子の新戸籍

・戸籍事項欄（参考記載例番号68）

　　　戸籍編製　　｜【編製日】令和１０年１０月８日

・身分事項欄（参考記載例番号69）

　　　養子縁組　　【縁組の裁判確定日】令和１０年１０月１日

　　　　　　　　　【養父氏名】ラッシュマン，ウェイン

　　　　　　　　　【養父の国籍】アメリカ合衆国

　　　　　　　　　【養父の生年月日】西暦１９７８年６月３日

　　　　　　　　　【養母氏名】ラッシュマン，ケイ

　　　　　　　　　【養母の国籍】アメリカ合衆国

　　　　　　　　　【養母の生年月日】西暦１９８０年９月１０日

　　　　　　　　　【裁判所】アメリカ合衆国カリフォルニア州上級裁判
　　　　　　　　　　　所

　　　　　　　　　【届出日】令和１０年１０月８日

　　　　　　　　　【届出人】父母

　　　　　　　　　【従前戸籍】東京都千代田区永田町一丁目２番　乙川
　　　　　　　　　　　孝助

｜【特記事項】実方の血族との親族関係の終了
　(イ)　養子の縁組前の戸籍
・身分事項欄（参考記載例番号70）

養子縁組	【縁組の裁判確定日】令和１０年１０月１日
	【裁判所】アメリカ合衆国カリフォルニア州上級裁判所
	【届出日】令和１０年１０月８日
	【届出人】養父母
	【新本籍】東京都千代田区永田町一丁目２番
	【特記事項】実方の血族との親族関係の終了

4　外国における養子縁組の成立

　外国において養子縁組をした旨の報告的届出があった場合は、養子縁組の準拠法上その養子縁組が無効でない限り、これを受理するというのが、戸籍実務の取扱いです。したがって、当該養子縁組が通則法により指定される準拠法上の要件を満たさないときは、当該養子縁組は、日本国内においては、有効なものとして取り扱われないことになります。また、法例改正当時、外国の裁判所による養子決定があった場合は、当該養子決定を外国裁判所における判決と同様に扱い、民事訴訟法118条の要件に該当するかの審査で足りるとする考え方もありましたが、戸籍実務は、民事訴訟法118条の規定を適用せず通則法により指定された準拠法による審査をすることとしました。その理由は、養子縁組については、各国の養子制度の法制が様々であり、その要件・効果等は法制により大きく異なっています。このような実情の下、例えば、外国で極めて緩やかに特別（完全）養子が認められている場合に通則法が定めるスクリーニングを経ることなくその結果を安易に受け入れるとすると、我が国の法秩序とのバランスを欠くことにもなります。よって、現段階（筆者注：法例改正時）においては、従

前どおり、通則法を全面的に適用するとする取扱いをするのが適当と考えられます。また、このような取扱いをすることにより、例えば、普通養子が成立したのか特別養子が成立したのかを確立することができます。さもなくば、法廷地法の国際私法に当たった上、決定にかかる養子縁組の性質を決定しなければならなくなるのであろうと説明されています（澤木敬郎・南敏文「新しい国際私法」日本加除出版、186ページ）。

　上記の取扱いは、人事訴訟法等の一部を改正する法律が、平成31年4月1日に施行され、同改正によって，外国裁判所の家事事件についての裁判について、原則として民事訴訟法118条の規定を準用する旨を定めた家事事件手続法79条の2が新設されたことにより、同日（平成31年4月1日）以後に確定した養子縁組の成立を内容とする外国裁判所の裁判も、原則として民事訴訟法118条各号の要件を満たせば、日本国内においても効力を有することになりましたので、審査は、次のような方法によることになります。

　民事訴訟法118条は、「外国裁判所の確定判決は、次に掲げる要件のすべてを具備する場合に限り、その効力を有する。」と規定しています。同条1号は、「法令又は条約により外国裁判所の裁判権が認められること。」、同条2号は、「敗訴の被告が訴訟の開始に必要な呼出し若しくは命令の送達（公示送達その他これに類する送達を除く。）を受けたこと又はこれを受けなかったが応訴したこと。」、同条3号は、「判決の内容及び訴訟手続が日本における公の秩序又は善良の風俗に反しないこと。」、そして同条4号は、「相互の保証があること。」と規定しています。このうち、4号の「相互の保証」の条件は、執行を伴う財産上の判決についてのみ適用されるものですから、身分上の判決については不要であるとしています（昭和51年1月14日民二280号通達第二）。したがって、養子縁組を成立させる旨の外国裁判所の確定裁判の謄本等を添付した養子縁組届が提出された場合は、民事訴訟法118条各号の要件を満たすかどうかを審査して受否の判断

をすることになります。

　人事訴訟法等の一部を改正する法律の概要の解説は、「もっとも、養子縁組の成立に関して外国の裁判所が何らかの処分をしている場合であっても、その処分が承認の対象となり得る裁判に該当するか否かは、当該裁判所の性質を踏まえて、個別に判断する必要がある。また、仮に養子縁組が外国裁判所の裁判により成立し、その承認の可否が問題となるとしても、そのためには、新家事事件手続法79条の2により、裁判の内容が我が国における公の秩序又は善良の風俗に反しないことが必要であり、外国裁判所が法の適用に関する通則法により指定される準拠法以外の法律を適用して養子縁組を成立させる結果として、その内容が我が国における公の秩序又は善良の風俗に反する場合には、当該裁判の効力は認められないことになる。この点においても、個別の事案に応じて判断されることになる。」(内野宗揮「人事訴訟法等の一部を改正する法律の概要」テイハン、戸籍971号20ページ) としています。また、家事事件手続法改正後、3900号通達第5の2(2)については、現段階においては変更等されていませんが、今後、個別事例により具体的な取扱いが示されるのではないかと思います。

　なお、人事訴訟法等の一部を改正する法律の概要は、戸籍971号(令和元年8月号) 1ページ以下にその解説が掲載されています。

【外国の方式で成立した旨の報告的養子縁組届の戸籍先例】

① 　平成3年7月10日付け民二3775号回答は、「日本人男が配偶者(コロンビア人)の嫡出でない子(12歳・ベネズエラ国籍)を完全養子とする縁組がベネズエラ国で成立した旨の証明書が提出された場合に、我が国における普通養子縁組に該当する縁組が成立したものと取り扱って差し支えない」としたものです (戸籍580号(平成3年8月号) 82ページ)。

② 　平成10年8月13日付け民二1516号回答は、「タイ国の法制度によれば、母が自己の嫡出でない子を養子とすることはできないとされているので、日本人男がタイ人妻の嫡出でない子を単独で養子とする養子縁組届につ

いて、タイ国バーンケーン区役所発行の養子縁組登録証を戸籍法41条に規定する証書の提出があったものとして、受理して差し支えない」としたものです（戸籍679号（平成10年10月号）77ページ）。

③　平成18年7月5日付け民一1516号回答は、「日本人男がモンゴル人妻の子（モンゴル人女）を養子とした旨の報告的養子縁組届について、モンゴル国において養子縁組の登録に際し発行される養育証明書を戸籍法41条に規定する証書として取り扱い、受理して差し支えない」としたものです（戸籍803号（平成19年8月号）70ページ）。

④　平成28年2月22日付け民一171号回答は、「オーストリア国の方式で成立したとして在オーストリア日本大使館で受理された特別養子縁組届（注：本届書には、オーストリアフュンフハウス区裁判所の養子許可書が添付されています。）について、同国の養子縁組法制は、養子と実親の親族関係が断絶するものとは認められないことから、特別養子縁組として取り扱うことはできない」としたものです（戸籍928号（平成28年7月号）90ページ）。

⑤　平成28年7月1日付け民一693号回答は、「コンゴ民主共和国の方式で成立した養子縁組について、特別養子縁組が成立したとして届出（注：本届出の添付書面は、先例に掲載されていません。）があった場合の当該届出の受否について、コンゴ民主共和国では断絶型の養子縁組制度を採用していないことから、断絶型の養子縁組として取り扱うことはできない」としたものです（戸籍935号（平成29年1月号）79ページ）。

【外国の裁判所で成立した旨の報告的養子縁組届の戸籍先例】

（本先例は、家事事件手続法改正前の事例です。）

①　平成4年3月26日付け民二1504号回答は、「アメリカ合衆国ワシントン州の上級裁判所において成立した米国人男日本人女夫婦が日本人を養子とする縁組の報告的届出について、我が国の特別養子縁組が成立したものとして処理するのが相当である」とし、併せてその戸籍記載例を示し

たものです（戸籍591号（平成4年5月号）61ページ）。

② 平成10年2月9日付け民二255号回答は、「アメリカ合衆国カリフォルニア州の上級裁判所において成立した米国人男日本人女夫婦が日本人を養子とする縁組の報告的届出について、日本民法上の特別養子縁組の成立要件である父母（実親）の同意がないので特別養子縁組が成立したものと認めることはできず、普通養子縁組が成立したものとして処理するのが相当である」としたものです（戸籍673号（平成10年4月号）80ページ）。

③ 平成10年3月24日付け民二573号回答は、「日本人女がケニア人男を養子とする報告的養子縁組届（注：本届書には、ケニア高等裁判所の養子縁組命令書が添付されています。）を受理して差し支えない」としたものです（戸籍676号（平成10年7月号）77ページ）。

④ 平成13年5月18日付け民一1326号回答は、「日本人男と、同男と婚姻したパラオ人女の嫡出でない子とのパラオ国の方式による報告的養子縁組届（注：本届書には、パラオ共和国最高裁判所判決書が添付されています。）は、夫婦共同で縁組すべきであるため、受理すべきでない」としたものです（戸籍721号（平成13年10月号）86ページ）。

⑤ 平成23年2月9日付け民一320号回答は、「フランス法に基づく断絶型養子縁組（注：本届書には、フランス国タラスコン大審裁判所の判決書が添付されています。）に関する戸籍の記載について、養子縁組後の子と父母との続柄を「長女」とし、養子縁組後の養子の身分事項欄に特記事項として、「実父方の血族との親族関係の終了」と記載するのが相当」としたものです（戸籍855号（平成23年4月号）62ページ）。

⑥ 平成26年2月21日付け民一152号回答は、「日本人男がインドネシア人を養子とする養子縁組届について、インドネシアの裁判所により養子縁組が真正に成立していることが認められ、当該判決書が戸籍法41条の証書となるので、本件養子縁組届（注：本届書には、インドネシア共和国

の地方裁判所の判決書が添付されています。）は、報告的養子縁組届と
して、受理して差し支えない」としたものです（戸籍899号（平成26年
6月号）95ページ）。

第6　養子離縁に関する取扱い

（通達文）

第6　離　縁

　1　創設的届出

　　離縁については、養子縁組の当時の養親の本国法によることとされた（改正法例第20条第2項：通則法第31条第2項）ので、渉外的な協議離縁の届出についての取扱いは、養親の本国法が縁組時と離縁時とで異なる場合を除き、従前のとおりである。

　　なお、縁組事項を記載した戸籍に養親の国籍として単一の国が記載されているときは、その国の法律を養親の縁組当時の本国法として取り扱って差し支えない。

　2　報告的届出

　　離縁の裁判（外国における裁判を含む。）が確定した場合における報告的届出の取扱いは、従前のとおりであり、外国において協議離縁をした旨の証書の提出があった場合の取扱いは、離縁の準拠法が改正された点を除き、従前のとおりである。

1　通達の趣旨

　離縁の実質的成立要件については、養子縁組当時の養親の本国法が適用されることになります。これは、その成立から終了まで同一の法律により一貫させることが適当であり、養子縁組の成立の要件と終了の要件とを整合させることが相当であることからです。この縁組当時の養親の本国法の意味は、養親の本国法が縁組成立後に改正されている場合、養親の本国法で縁組の当時に施行されていたものを意味するものではありません。すなわち、「縁組当時」の限定は、その当時における養親の国籍（連結点）を

示すにとどまり、その当時に施行されていた法律を適用するかどうかの点にまで及ぶわけではありません。縁組当時の養親の本国法が決定されれば、改正後の法律によるかどうかはその国の法律（経過規定等を含む時際法）により判断することになります。

　この縁組当時の養親の本国法については、縁組事項を記載した戸籍に養親の国籍として単一の国が記載されているときは、その国の法律を養親の縁組当時の本国法として取り扱って差し支えないことを明らかにしたものです。

2　創設的届出

　離縁における創設的届出とは、当事者が我が国の市区町村長に届出をし、市区町村長が受理することにより成立する協議離縁の場合です。これには、準拠法上、協議離縁ができること、すなわち、協議離縁制度があること、その要件を備えていること、及び方式として我が国の市区町村長が受理できること等が必要です。

　協議離縁制度があることの証明については、法制の問題ですから、本国官憲のその旨の証明書で差し支えないことは当然ですが、出典を明示した法文の写しで足ります。法文の証明権者には、原則として私人はなりえませんから、当事者の申述書ではまかなえないことになりますので、注意が必要です。具体的な取扱いは、次のとおりです。

ア　日本人養親と外国人養子

　日本民法811条以下の法律により審査することになります。

イ　日本人と外国人夫婦が養親で未成年者を養子とした共同縁組の離縁

　日本人と外国人夫婦が未成年を養子とした共同縁組において、夫婦の一方の日本人が協議離縁したいときに、外国人配偶者の本国法の法制が離縁を禁止している場合、日本人が単独で離縁することができるかどうかという問題があります。先例は、単独で可能としています（昭和26年6月21日

民事甲1290号回答）が、これには、批判があったことも事実です。しかし、昭和62年の民法改正により、共同離縁制度も改正されました。すなわち、811条の２が新設され、未成年者を夫婦が養子としている場合のみ、離縁も共同ですべきであるとしましたが、そのただし書において、「夫婦の一方がその意思を表示することができないときは、この限りでない。」として、例外規定を設けました。これは、必要的夫婦共同縁組の場合と同様、不能事を強制しないとの法思想に基づくものです。したがって、この趣旨にかんがみれば、離縁の法制がない場合には、必要的共同離縁をしようにも、一方が不可能ですので、これが強制されず、単独で離縁が可能であることになりますので、前記先例も当然維持されるものです。

3 報告的届出

報告的届出については、裁判離縁の場合（我が国におけるものと外国におけるものとがあります。）と外国における協議の二つに大別されます。

（1）裁判離縁

日本人が当事者である離縁の裁判（外国における裁判を含む。）が確定すると、戸籍法73条による届出が必要となります。外国裁判所における離縁の裁判については、民事訴訟法118条各号の要件（養子縁組の項参照）によって審査します。

なお、外国の裁判所における離縁の裁判については、戸籍先例としては見当たりません。

我が国の裁判所において離縁の裁判が確定したときは、裁判所書記官は、遅滞なく、事件本人の本籍地の戸籍事務管掌者に対し、戸籍通知をしなければならないとされています（人事訴訟規則17条・31条・35条）。

すなわち、戸籍の届出又は訂正を必要とする事項について人事訴訟の判決が確定した場合、離婚又は離縁の訴えに係る訴訟における和解（これにより離婚又は離縁がされるものに限ります。）又は請求の認諾が調書に記

載された場合には、戸籍通知がされますので、市区町村長は、戸籍の届出又は訂正申請を懈怠している届出義務者等に対して届出等の催告をし、催告をしても届出等がないときは、管轄局の長の許可を得た上で、職権で戸籍の記載をすることになります（戸籍法44条・24条2項・117条。平成16年4月1日民一769号通達参照）。

　(2)　外国の方式による協議離縁

　外国の方式による協議離縁の成立があると、協議離縁をした旨の証書の提出がされます（戸籍法41条）。これについての審査は、提出された証書等が真正に作成されたものであることを確認した上、その国の方式によって成立したものであるかどうかを審査します。また、実質的成立要件についても、準拠法に基づく要件を充足しているかどうかを審査します。そのためには、養子縁組当時の養親の本国法の内容等を調査する必要があります。それは、既に外国の方式で成立しているとしても、我が国の公簿である戸籍に記載するからには、その内容が国の公序に反するものであったり、無効であるものであったり、明らかな誤りであってはならないからです。実質的成立要件の欠缺・無効がある場合には、たとえ外国の方式に従って当該国では有効に成立したかに見えても、無効ですから、受理を拒まなければならないとしています（昭和5年9月29日民事890号回答）。ただし、報告的届出の審査の場合は、外国の方式によって離縁は成立していますので、その身分行為について取消し事由があったとしても、そのことを理由に報告的届出を受理しないことは許されないとされています（大正15年11月26日民事8355号回答、昭和26年7月28日民事甲1544号回答、昭和44年2月13日民事甲208号回答）ので、事実上市区町村長は、そのまま受理するのがほとんどではないでしょうか。

　なお、外国の方式による協議離縁に関する戸籍先例は、見当たりません。

第7　親権に関する取扱い

（通達文）

第7　親　権

　親権については、原則として、子の本国法によることとされ、例外として、子の本国法が父の本国法及び母の本国法のいずれとも異なる場合又は父母の一方が死亡し、若しくは知れない場合において他方の親の本国法と子の本国法とが異なるときは、子の常居所地法によることとされ（改正法例第21条：通則法第32条）。したがって、日本人である子の親権については、上記例外の場合を除き、子の本国法としての日本の法律を適用することとなる。上記例外の場合については、後記第8の1(1)により、子の常居所が日本にあるものと認定することができるときは、子の常居所地法としての日本の法律を適用することとなる。

　なお、関係者の本国法の決定については、第1の1(1)イの例による。

1　通達の趣旨

　通達文は、改正法例（通則法）は、親権の準拠法を、原則として子の本国法とし、例外として、子の本国法が父の本国法及び母の本国法のいずれとも異なる場合又は父母の一方が死亡し、若しくは知れない場合において他方の親の本国法と子の本国法とが異なるときは、子の常居所地法によることとされ（通則法32条）、原則的には、日本人である子の親権については、日本の法律を適用する旨明示したものです。

2　親権についての本国法の決定について

　親権に関し、子の本国法によるべきか、又は子の常居所地法によるべき

かを決定する場合や準拠法として子の本国法を適用すべき場合において、関係者が重国籍者であるときは、国籍国のうち常居所のある国を、それがないときは子に最も密接な関係がある国がその者の本国法となります。また、国籍が単一の場合は、その国籍国が本国法となることや重国籍者である日本人の本国法が日本法であることは、従前どおりの取扱いと同様です。例えば、当該者が日本の国籍と韓国籍の重国籍の場合は、その者の本国法は日本法ということになりますから、重国籍者であってもそれ以上の調査は不要となります。

(1) 本国法を適用する時期

親権は、継続する法律関係であることから、婚姻とか養子縁組等とは異なり、具体的な親権行使当時の関係者の本国法により準拠法を決定することになります。したがって、子の出生後父又は母が外国への帰化又は日本国籍の離脱等により従前の国籍を変更している場合は、変更後の国籍により父又は母の本国法を決定し、子の親権の準拠法を決定することになります。

(2) 本国法を適用する際の基準となる父又は母の意味

改正法例（通則法）で規定している父又は母の意味は、法律上の父（父の本国法が事実主義を採用している場合及び認知者も含みます。）又は母です。これらの父又は母の中には当然養父母も含まれます。したがって、父又は母が生存する限り、父又は母が婚姻したり、離婚したり、再婚したり、行方不明になったりした場合等であっても、そのことにより準拠法が変わるものではありません。

3 親権についての常居所の認定について

日本人子に関する親権について子の常居所地法を適用する場合は限られており、特に外国を常居所と認定して親権者を決定しなければならないような場合は非常に少ないと思われますが、常居所とは、人が常時居住する

場所で、単なる居所とは異なり、人が相当長期間にわたって居住する場所
です。その認定は、居住年数、居住目的、居住状況等諸要素を総合的に勘
案してされます。日本民法上の「住所」と国際私法における「常居所」と
は、ほぼ同一のものであるといって差し支えないものでしょう。日本人に
ついて日本に常居所があるかどうかの認定は、日本に住民登録がされてお
り住民票の添付があれば、在住期間を問わず日本に常居所があるものとし
て処理して差し支えないことになります。詳しくは、常居所の項を参照し
てください。

4 離婚の際の子の親権者・監護者の決定について

　父母の離婚の際の子に対する親権等の帰属に関しては、「離婚」に関す
る問題として処理すべきという考え方と、「親子間の法律関係」に関する
問題として処理すべきという考え方とがあります。前者は、子の親権の帰
属は現代離婚法の中心課題の一つであって、その問題を抜きにして、離婚
の効力の問題を考えることができないことを理由としています。最近では、
後者が有力な見解になってきていますが、その理由とするところは、子に
対する親権の帰属は、親権等の内容や行使方法と密接不可分であって、両
者を別個の準拠法によらしめるのは適当でないこと、離婚の準拠法は、夫
婦間の利害の観点から指定されており、それと異なる親子間の問題には適
しないこと等であるとしています。ところで、平成元年法律第27号によっ
て改正された法例は、離婚については、夫婦に着目して準拠法を定めてお
り、親子間の法律関係については、子の福祉の観点から子を中心に準拠法
を定めているため、後者の見解に立つのがより適当と考えられ、また、両
者の準拠法が異なる場合が増加したため、通達により、「離婚の際の子の
親権者の指定については、改正法例第21条（通則法第32条）による」と明
らかにしたものです。

　したがって、例えば、韓国に共通常居所がある韓国人と日本人が離婚す

る場合、離婚の準拠法は、共通常居所地法である韓国法であり、子の親権についての準拠法は、子の本国法である日本法となり、それぞれの準拠法が異なる結果となります。

5　子の親権について子の本国法による場合

　通達は、子の常居所地法による例外的な場合を除き子の本国法となるとしています。子の親権について、本国法が適用される場合とは、次のような場合です。

　(1)　子が日本人である場合

　　ア　子の本国法が父母双方の本国法と同一の場合（三者が同一の場合）

　子の本国法が日本法で、父母の本国法がいずれも日本法の場合、親権の準拠法は、子の本国法と父母の本国法が同一であることから、日本法となりますので、親権者については、日本民法により、父母婚姻中は、父母の共同親権（民法818条3項）となり、父母が協議上の離婚をするときは、その協議でその一方を親権者と定める（民法819条1項）ことになります。また、父母が婚姻していない場合は、原則として母が親権者となり、父母の協議で父を親権者と定めたときに限り、父が親権者（民法819条4項）となります。

　　イ　子の本国法が父又は母の本国法と同一の場合（二者が同一の場合）

　子の本国法が日本法で、父又は母の一方の本国法が日本法の場合、親権の準拠法は、子の本国法と父又は母の本国法が同一であることから、日本法となりますので、子の親権者については、日本民法により決定されます。例えば、日本人父（母）と外国人母（父）から生まれた日本人子の親権者は、日本民法によることになります。また、父母の一方の本国法が日本法である限り、他方が無国籍者である場合も、同様な取扱いとなります。

　　ウ　父又は母の一方が死亡し又は知れない場合において、その他方
　　　の本国法と子の本国法が同一の場合（二者が同一の場合）
　子の本国法が日本法で、父又は母の一方が死亡した場合において生存す
る他方の母又は父の本国法が日本法の場合、子の本国法と母又は父の本国
法が同一の日本法ですから、準拠法は、日本法となります。例えば、日本
人父と外国人母との間から生まれた日本人子について、外国人母が死亡し
た場合、残された父の本国法が子の本国法と同一であることから、日本人
子の親権者は、日本民法により、日本人父となります。また、子の本国法
が日本法で、子が認知されていない等のため法律上の父がなく、母の本国
法が日本法である場合、子の本国法と母の本国法が同一の日本法ですから、
準拠法は、日本法となります。したがって、日本人母から生まれた嫡出で
ない子で認知されていない日本人子の場合、日本民法により、日本人母が
親権者（民法819条4項）となります。
　　(2)　子が外国人である場合
　子が外国人である場合においても、前記(1)のア、イ、ウの区分の場合と
同様、父又は母の本国法と子の本国法が同一の場合は、親権の準拠法は子
の本国法になりますので、子の本国法により親権者を決定することになり
ます。

6　子の親権について子の常居所地法による場合
　　(1)　子が日本人である場合
　　　ア　子の本国法が父又は母の本国法のいずれとも異なる場合（三者
　　　　いずれも異なる場合）
　子、父及び母の本国法がそれぞれ異なる場合は、子がどこの国に常居所
を有しているかによって準拠法が決定されることになります。例えば、日
本人父と外国人母から生まれた日本人子について、その後、日本人父が母
と違う外国に帰化した場合、又は父が日本と外国との重国籍者である場合

において、日本国籍を離脱したときは、父の本国法も母の本国法も子の本国法と異なることになり、日本人子の親権者は子の常居所地法によって定まることになります。日本人子が日本に常居所を有する場合は、日本民法により外国人父母が親権者となります。子が日本に常居所を有していない場合は、常居所を有している国の法律により親権者を決定することになります。

　　　　イ　子の本国法が父母の本国法（父母共通）と異なる場合

　子の本国法が父母の本国法（父母共通）と異なる場合、子がどこの国に常居所を有しているかによって準拠法が決定されることになります。例えば、外国人父と日本人母から生まれた日本人子（日本に常居所地がある場合）について、その後、日本人母が、父と同じ国へ帰化した場合は、父母の本国法が外国で、子の本国法が日本法となり、子の本国法と父母の本国法とが異なることから、当該子についての親権の準拠法は、子の常居所地法である日本法となります。したがって、外国人父母が親権者となります。子が日本に常居所を有していない場合は、常居所を有している国の法律により親権者を決定することになります。

　ア及びイの事例は、結論からすると同じ結果となります。

　　　　ウ　父母の一方が死亡し、若しくは知れない場合において、他方の親の本国法と子の本国法が異なる場合

　　　　㈦　日本人と外国人が婚姻し、その間に子が出生した後、その婚姻中に日本人である親が死亡した場合

　日本人親が死亡するまでは、子の親権は、前記5⑴イと全く同様であり、子の本国法である日本民法によることになりますが、日本人親が死亡した場合は、通則法32条において規定する「その他の場合」に該当することになりますので、外国人親の本国法と子の本国法が同一でないことから、準拠法は、子の常居所地法によることになります。この場合、子が日本に常居所を有していれば、日本民法が適用され、結果として、日本人親死亡前

の場合と同様、日本民法が準拠法として適用されます。他方、子が外国に常居所を有していれば、準拠法は、子の常居所地法である外国法が適用されることになります。

　　　㈣　婚姻後外国人夫と日本人母との間に生まれた子について、離婚後に外国人父が親権者と定められた後、日本人である母が死亡した場合

　上記㈠の事例と違うのは、婚姻中に日本人母が死亡したか、離婚後に死亡したかの点ですが、準拠法を決定する上では、婚姻したとか、離婚したかは関係がなく、法律上の父又は母が生存しているかどうかにより決定されるものであり、準拠法は㈠の事例と全く同様になります。すなわち、日本人母が死亡した時点で通則法32条に規定する「その他の場合」に該当することになり、結局は、子の本国法と父の本国法が同一でないことから、準拠法は、子の常居所地がある国の法律となります。したがって、子が日本に常居所を有している場合は、日本人子の親権者は、子の常居所地法である日本民法により、外国人父となります。この場合において、離婚後の親権者を日本人母と定めていたときは、未成年者の後見が開始し、親権の問題ではなくなります。また、未成年者の後見開始後、子が外国に常居所を移したことにより準拠法が変更され外国人父の親権が回復したときは、未成年者の後見は当然終了し、未成年後見人は、未成年者の後見の終了届をすることになります。

　　　㈤　日本人女が嫡出でない子を出生した後、外国人男がその子を認知し、協議によって外国人男が親権者となった後、日本人女が死亡した場合

　前記㈣の事例と違うのは、父母が婚姻していたか、そうでないかの点ですが、準拠法を決定する上では、婚姻しているかどうかは関係なく、法律上の父母が生存しているかどうかにより判断することになります。すなわち、この場合、子の本国法が生存している父の本国法と異なることから、

準拠法は、子の常居所地法である国の法律により決定されることになります。したがって、子が日本に常居所を有している場合は、日本人子の親権者は、子の常居所地法である日本民法により、外国人父が親権者となります。また、子が外国に常居所を有している場合は、日本人子の親権者は、子の常居所地法である外国の法律により判断することになります。

　⑵　子が外国人である場合

　子が外国人である場合においても、前記⑴のア、イ、ウの区分の場合と同様、父又は母の本国法と子の本国法が同一でないときは、子の常居所がどこにあるかによって準拠法が決定されることになります。したがって、子が日本に常居所を有しているときは、日本民法により親権者を決定することになります。

7　その他

　⑴　父又は母が外国へ帰化した場合の親権

　　ア　父母双方が日本人である嫡出子について、父母の一方が外国へ
　　　　帰化した場合

　父又は母と子の本国法が同一であることから、準拠法は、子の本国法である日本法となり、子の親権者は、日本民法により父母が親権者となり、結果としては、父母の一方が外国へ帰化する前と同様となります（５の⑴アに該当していたところ、５の⑴イに該当することになりますが、準拠法は、子の本国法です。）。

　　イ　父又は母の一方が日本人である嫡出子について、日本人である
　　　　父又は母が外国へ帰化した場合

　父又は母の本国法と子の本国法が同一でなくなり、準拠法は子の常居所地法となります（５の⑴イ又は５の⑴ウに該当していたところ、６の⑴のいずれかに該当することになり、準拠法が子の本国法から子の常居所地法に変わります。）。

(2)　日本人父母から生まれた国籍不留保者の親権

　父母の本国法と子の本国法が異なることから、当該子についての親権の準拠法は、子の常居所がどこにあるかによって決定されることになります。したがって、子が日本に常居所を有している場合は、日本民法により親権者を決定することになります。

(3)　父母の一方又は双方が行方不明の場合の親権

　父母の一方又は双方が行方不明の場合は、通則法32条に規定する「父母の一方が死亡し、又は知れない場合」に該当しませんので、父母が行方不明になったことにより準拠法が変わるものではありません。

(4)　連結点の変動による準拠法の変動

　上記に説明しましたように、子の親権の準拠法は、父母の国籍の変動や死亡等により、子の本国法又は子の常居所地法と変動し、また、子の常居所地法が準拠法である場合において、子の常居所地法の変動によって、準拠法が変動することになります。そして、特に、後見の準拠法が、子の本国法（通則法35条１項）となっていますので、子の常居所地法が親権の準拠法となっている場合、その間に齟齬を来すことがありますが、この場合は、まず親子間の法律関係の準拠法によって親権者の有無を判断し、これがない場合は、後見が開始するものとして、後見の準拠法を適用せざるを得ないものと考えるとしています（澤木敬郎・南敏文「新しい国際私法」日本加除出版、198ページ）

8　親権の準拠法に関する戸籍先例

　親権の準拠法に関する戸籍先例は、外国人夫婦の間の子の親権者指定に関する事例がありますので、次に示します。解説については、掲載されている戸籍誌を確認してください。

①　平成21年８月17日付け民一1953号回答は、「未成年の子を有するパキスタン人夫とブラジル人妻の夫婦の協議離婚に関して、法の適用に

関する通則法上の最も密接な関係がある地又は国の法として、協議離婚の実質的要件について日本法が、協議による親権者指定についてパキスタン法がそれぞれ適用される」としたものです（戸籍843号（平成22年6月号）129ページ）。

② 平成25年3月18日付け民一266号回答は、「未成年の子を有するアメリカ人男と韓国人女の夫婦の協議離婚に関して、重国籍である未成年の子の親権の準拠法は、アメリカ合衆国ミズーリ州法と認められるところ、同州法上、離婚の際に父母の一方の親権とするためには、裁判によらなければならないとされていることから、親権者指定の記載のある離婚届については、親権指定の記載を消除させ、共同親権とした場合には、受理して差し支えない」としたものです（戸籍910号（平成27年3月号）85ページ）。

③ 平成29年7月24日付け民一900号回答は、「未成年の子（ニュージーランド及びベルギーの重国籍者）らを有するニュージーランド人男とベルギー人女の夫婦の協議離婚における協議による親権者指定について、未成年の子らの親権の準拠法をベルギー王国法と認め、受理して差し支えない」としたものです（戸籍947号（平成29年12月号）69ページ）。

④ 令和元年10月7日付け民一711号回答は、「ブラジル人夫とロシア人妻の日本法に基づく協議離婚届について、当該夫婦の未成年の子に係る親権の準拠法をロシア法とした場合は、共同親権として取り扱うこと」としたものです（戸籍981号（令和2年4月号）65ページ）。

第8　常居所の認定に関する取扱い

Ⅰ　常居所の認定について

（通達文）

第8　常居所の認定

　事件本人の常居所の認定については、次のとおり取り扱って差し支えない。次の基準によっていずれの国にも常居所があるものと認定することができない場合は、原則として居所地法による（改正法例第30条：通則法第39条）が、疑義がある場合は、管轄局の指示を求めるものとする。

1　通達の趣旨

　法例の改正により、その身分法部分に「常居所」が新たな連結点として採用されました（婚姻の効力・離婚・親子間の法律関係等）。「常居所」については、「遺言の方式の準拠法に関する法律（昭和39年法律第100号）」及び「扶養義務の準拠法に関する法律（昭和61年法律第84号）」において既に用いられていますが、これらに関する判例・先例はないようです。また、通達で常居所の認定を定めたのは、法例の改正により、当事者の本国法の適用が適当でない場合に、補充的に当事者の常居所地法によることにしたことに伴い、戸籍事務処理上も、事件本人等の常居所の認定をしなければならない場合があることになったことによるものです。

2　常居所概念の採用

　「常居所」とは、人が常時居住する場所で、単なる居所と異なり、相当長期間にわたって居住する場所であると一応定義することができます。1の通達の趣旨でも触れましたが、「遺言の方式の準拠法に関する法律2条

４号」及び「扶養義務の準拠法に関する法律２条１項」で採用されていましたので、我が国の国際私法である法例（法の適用に関する通則法）についても、準拠法の国際的統一を図ることを目的として「常居所」の概念が採用されました。この「常居所」を採用することにより、国際私法の統一を図ることができるだけでなく、裁判所も日本に常居所を有している者の事件については、日本の法律を適用することができるといった副次的効果が期待されるところがありました。

3　常居所を連結点とする戸籍事務に関するもの

　(1)　婚姻の効力

　通則法25条は、「婚姻の効力は、夫婦の本国法が同一であるときはその法により、その法がない場合において夫婦の常居所地法が同一であるときはその法により、そのいずれの法もないときは夫婦に最も密接な関係がある地の法による。」と定め、まず、夫と妻の本国法が同一のときは、その法律によることとされています。そして、本国法が同一でないときは、夫婦が同じ国に居住していればその法律によらしめることが適当ですから、第二段目として、共通常居所地法によることとし、その法律もないときは、夫婦にとって最も密接な関係がある地の法律を適用するというように、第１順位「共通本国法」、第２順位「共通常居所地法」、第３順位「密接関連法」という段階的連結による準拠法の定め方を採用しています。

　(2)　離　婚

　通則法27条は、離婚の準拠法について、婚姻の効力の準拠法を定めた25条の規定を準用し、まず、夫と妻の本国法が同一のときは、その法律によることとしています。そして、本国法が同一でないときは、共通常居所地法によることとし、その法律もないときは、夫婦にとって最も密接な関係がある地の法律を適用することとしています。さらに、当事者の一方が日本に常居所を有する日本人であるときは、日本の法律によることとしてい

ます。

(3)　親子間の法律関係

　通則法32条は、「親子間の法律関係は、子の本国法が父又は母の本国法（父母の一方が死亡し、又は知れない場合にあっては、他の一方の本国法）と同一である場合には子の本国法により、その他の場合には子の常居所地法による。」と規定し、親子間の法律関係については、原則として子の本国法によることとしていますが、子の本国法が父の本国法及び母の本国法のいずれとも異なる場合、又は父母の一方が死亡し、若しくは知れない場合において、他方の親の本国法と子の本国法とが異なるときは、子の常居所地法によることとしています。これも、多数当事者間の法律関係の効力を定める場合に法適用の面でも両性平等とするため、段階的連結の手法を取り入れ、原則として本国法、第二次的に常居所地法が採用された結果です。

(4)　重国籍者の本国法の決定

　通則法38条1項本文は、重国籍者の本国法の決定について、「当事者が二以上の国籍を有する場合には、その国籍を有する国のうちに当事者が常居所を有する国があるときはその国の法を、その国籍を有する国のうちに当事者が常居所を有する国がないときは当事者に最も密接な関係がある国の法を当事者の本国法とする。」と規定し、国籍国のうち、常居所を有する国、それがないときは当事者に最も密接な関係を有する国により、本国法を決定することとしています。

4　常居所地法の決定に関する規定

　通則法39条は、常居所地法を決定する規定です。この規定は、法例改正により新設されたものです。これは、通則法の規定に基づき、ある者の常居所地法が準拠法として指定されている場合において、その者の常居所が知れないときがあり得ますので、このような場合に備え、「当事者の常居

所地法によるべき場合において、その常居所が知れないときは、その居所地法による。」ことを定めています。

　なお、居所とは、人が多少の時間、継続して居住するものの、住所までには至らない、又は国際私法上の連結点としての常居所までには至らない場所をいうものですが、準拠法の指定に当たり、当事者間の共通の常居所を前提としている婚姻の効力や離婚等については、その当事者の一方の常居所地が知れない場合は、共通常居所地がないものとする方が適していますので、ただし書をもって同条が適用されないことが明記されています。

5　通達の基本的な考え方と常居所の認定方法

　通達は、日本人と外国人について、「我が国における常居所の認定」と「外国における常居所の認定」とに大きく場合分けをした上、それぞれ居住年数の要否・期間（例えば、通常の外国人が我が国において常居所を有するとするには、原則として5年以上の在留を要する等）あるいは、居住目的（永住目的の場合は、もっと少ない居住年数とし、短期滞在（観光目的の場合）は、原則として日本に常居所を有するものとしない等）等によって、常居所の具体的な認定基準及び認定方法を定めています。

　常居所が国際私法上、一定の身分関係の準拠法を定めるための連結点として用いられるものである限り、常居所があると認められるためには、単なる短期の滞在では不十分であり、相当期間滞在している事実、若しくは滞在するであろうと認めるに足る事実を必要とすべきことになります。具体的な認定に当たっては、居住年数、居住目的、居住状況等諸要素を総合的に勘案する必要があります。

　このうち、少なくとも国籍国における常居所の認定については、本国官憲から居住している旨の証明書の提出がされれば、そこに常居所があると認定します。これは、国籍国に住んでいることは、そこに永く住むであろう、生活の本拠としているであろうという推測が働くためです。しかも、

本人が所定の手続により国籍国の官憲等に住所の登録をすることは、本人の意思としても、その地に居住する意思を明確に表明していることと評価できます。さらに、本国官憲も当事者が居住している旨の証明書を発行することは、その居住事実を一定の要件の下に認定して対外的にこれを公証することにほかならないと考えられるからです。

　これに対し、国籍国以外の外国における常居所の認定に当たっては、当該国における居住目的により変わります。通常の居住目的の場合は 5 年間、永住目的で居住している場合は 1 年間の居住を要件としています。

　なお、国際私法上、常居所は、原則として 1 か所あるものとされていますので、この基準に外れる場合、すなわち、当該期間が経過するまでは、従前の地に常居所があると認定することとされています。

Ⅱ　我が国における常居所の認定

1　事件本人が日本人である場合

　(1)　住民票の写しがある場合

　（通達文）

1　我が国における常居所の認定

　(1)　事件本人が日本人である場合

　　　事件本人の住民票の写し（発行後 1 年内のものに限る。）の提出があれば、我が国に常居所があるものとして取り扱う。ただし、後記 2(1)の事情が判明した場合を除く。

　通達は、事件本人が日本人である場合は、住民票の提出があれば、我が国に常居所があるものと認定するものとしています。これは、国籍国である日本に住民登録することは、日本を住所とすることの本人の意思の表明である上、今後、相当期間滞在するであろうということが推定され、さら

に、我が国の住民登録機関もこれを把握して、住民である旨を公に認めているからです。

　ところで、住民票について、「発行後1年内のものに限る。」とされたのは、後述の通達文1(1)後段で、事件本人が国外に転出し、住民票が消除された場合でも、出国後1年内であれば我が国に常居所があるものとして取り扱うこととされたことから、付記されたものです。したがって、現実に我が国に居住し、住民登録をしている場合は、その住民票は、最近のもの（発行期日から3か月以内のもの）であることが望ましいことはいうまでもありません。

　また、通達には、「後記2(1)の事情が判明した場合を除く。」とのただし書が付記されています。これは、日本人が我が国に常居所があることの認定資料を住民票一つと定めたため、これが事実を反映していない場合には、常居所の認定自体もあやしくなるからです。しかしながら、我が国に住民登録がされていながら、外国に常居所を有していることが判明する場合とは、極めてまれであると考えられますので、戸籍窓口において、このようなまれな事例までも想定して積極的に審査する必要はなく、届書や添付書類、あるいは、戸籍証明書等から判断される範囲内で決定して差し支えありません。日本人について、住民票の添付があった場合に、常居所の認定のためとして、殊更旅券の写し（場合によっては申述書）や外国の官憲発行の居住証明書等の提出を求める必要はありません。この場合において、たとえ、事件本人が重国籍であることがたまたま判明した場合であっても、それのみをもっては外国に常居所があるとは想定する必要はなく、住民票の添付さえあれば、我が国に常居所があると認定して差し支えありません。結局、このような事情が判明する場合とは、これもまれな例ですが、たまたま届書や添付書類から、どうも実際は外国に常居所があるのではないかとの疑義が生じる場合くらいです。この疑義が生じる場合とは、例えば、住民票の添付はあるものの、届書、添付書類等の住所欄に外国の住所が記

載されている場合、事件本人が届出の受理を目的として便宜的なものだと
供述した場合、添付されている住民票が虚偽のものと判明した場合等です。

(2)　事件本人の住民票が消除されている場合

（通達文）

　事件本人が国外に転出し、住民票が消除された場合でも、出国後1
年内であれば、我が国に常居所があるものとして取り扱う。出国後1
年以上5年内であれば、事件本人が後記2(1)ただし書に記載した国に
滞在する場合を除き、同様とする。

　国際私法上の常居所は、原則として自然人一人について一つ有している
はずで、どこかには必ずあるものとされています。また、ある地に転居し
て居住し始め、そこに常居所があるとされるには、相当長期間にわたって
そこに居住することが客観的に明らかにならなければなりませんから、あ
る程度の居住期間が必要です。この期間について、国際私法上の定説はあ
りませんが、本通達では、明確な基準とするため、通常は5年（永住目的
等の特別な場合は1年）の居住年数を定めました。そうすると、日本人が
外国で居住し始めても、その居住目的が永住目的等特別の場合は少なくと
も1年が経過するまでは、通常の居住目的の場合は5年が経過するまでは、
転居先である外国に常居所があることにはなりません。また、転居地に常
居所があるとされるまでは、従前の地に常居所があるものとされています
ので、上記のそれぞれの期間が経過して外国に常居所があるとされるまで
は、我が国に常居所が残っていることになります。このため、事件本人が
国外に転出し、住民票が除票となっている場合でも、少なくとも1年が経
過するまでは、日本にまだ常居所があることになります。さらに、後記通
達2(1)ただし書に示す場合を除く通常の場合は、5年間は日本に常居所が
あることになります。通達は、この点を明らかにしたものです。

2 事件本人が外国人である場合

(1) 引き続き5年以上の在留

（通達文）

(2) 事件本人が外国人である場合

出入国管理及び難民認定法による在留資格（同法第2条の2並び
に別表第一及び別表第二）等及び在留期間により、次のとおり取り
扱う。在留資格及び在留期間の認定は、これらを記載した在留カー
ド、特別永住者証明書又は住民票の写し及び旅券（日本で出生した
者等で本国から旅券の発行を受けていないものについては、その旨
の申述書）による。

ア 引き続き5年以上在留している場合に、我が国に常居所がある
ものとして取り扱う者

別表第一の各表の在留資格をもって在留する者（別表第一の一
の表中の「外交」及び「公用」の在留資格をもって在留する者並
びに別表第一の三の表中の「短期滞在」の在留資格をもって在留
する者を除く。）

事件本人が外国人である場合は、出入国管理及び難民認定法による在留
資格（同法第2条の2並びに別表第一及び別表第二）等及び在留期間によ
り、取り扱うこととされ、引き続き5年以上在留しているか否かの判断は、
在留資格及び在留期間を記載した在留カード、特別永住者証明書又は住民
票の写し及び旅券（日本で出生した者等で本国から旅券の発行を受けてい
ないものについては、その旨の申述書）によることとしています。また、
引き続き一定期間在留していることが常居所の認定の要件とされている場
合における「引き続き」については、いったん出国した場合であっても、
再入国許可を得てその期間内に入国していれば問題はありません。在留資

格の更新がある限り、中断には当たらず、この期間は引き続いているとみて差し支えありません。

　再入国許可制度は、平成11年に出国から１年を３年に変更され、さらに、平成24年７月９日（平成21年法律79号による出入国管理及び難民認定法の一部を改正する法律の施行日）からは、３年から５年（特別永住者は６年）に変更されました。また、同時に、有効な旅券及び在留カード（特別永住者については特別永住者証明書）を所持する外国人で出国の日から１年（特別永住者は２年）以内に再入国する場合には、原則として再入国許可を受ける必要はない「みなし再入国許可制度」が導入されています。

　この再入国許可制度の取扱い変更に伴う「常居所の認定」方法については、変更通達等が発出されていませんので、取扱いの変更はないことになります。

　(2)　引き続き１年以上の在留

　（通達文）

イ　引き続き１年以上在留している場合に、我が国に常居所があるものとして取り扱う者

　　別表第二の「永住者」、「日本人の配偶者等」（日本人の配偶者に限る。）、「永住者の配偶者等」（永住者等の子として本邦で出生しその後引き続き本邦に在留している者を除く。）又は「定住者」の在留資格をもって在留する者

　これらの者が日本に常居所があると認定されるためには、届出の時点で日本での居住ないし滞在期間が引き続き１年以上必要とされます。

　本項該当者は、日本への永住資格を有している者、又は日本人の配偶者若しくは子であり、前記通達１(2)ア該当者とは異なり、日本への定着性は極めて高い者です。そこで、これらの者については、１年という居住要件

さえ必要としないとの考え方もありますが、期間の定めをはずすことは、常居所の認定に当たり、主観的な要素の重視に過ぎ、理論上好ましくないとして、結局、1年の居住要件が定められたということです。もっとも、現実には、かなりの長期間居住している場合が多く、居住要件の意味はほぼないと思われます。

　引き続き1年以上居住しているか否かの判断は、前記通達1⑵アと同様、在留カード等によることになります。

　⑶　在留期間に関係なく常居所が認定される者

　（通達文）
　ウ　我が国に常居所があるものとして取り扱う者
　　㋐　我が国で出生した外国人で出国していないもの（ア又はイに該当する者を含む。）
　　㋑　別表第二の「日本人の配偶者等」（日本人の配偶者を除く。）又は「永住者の配偶者等」（永住者等の子として本邦で出生子しその後引き続き本邦で在留している者に限る。）の在留資格をもって在留する者
　　㋒　日本国との平和条約に基づき日本の国籍を離脱した者等の出入国管理に関する特例法（平成3年法律第71号）に定める「特別永住者」の在留資格をもって在留する者

　通達文は、事件本人が外国人の場合であっても、在留期間に関係なく日本に常居所があると認定する場合の取扱いを明らかにしたものです。

　前記通達1⑵ア、イの資格で在留している外国人から日本で出生した者で、出国していない者及び特別永住者については、在留期間にかかわりなく、日本に常居所があると認定して差し支えないことを明らかにしたものです。これらの者については、在留カード又は特別永住者証明書等により

認定することになります。

　㋐の「出国していないもの」とは、生来、外国に行ったことがなく、引き続き日本に居住している者のことです。いったん出国した場合は、㋐は適用されなくなります。再入国許可を得ていたとしても同様で、この場合は、本人の本来の在留資格によることになります。

　⑷　我が国に常居所が認定されないもの

　（通達文）

　エ　我が国に常居所がないものとして取り扱う者

　　㋐　別表第一の一の表中の「外交」若しくは「公用」の在留資格をもって在留する者又は別表第一の三の表中の「短期滞在」の在留資格をもって在留する者

　　㋑　日本国とアメリカ合衆国との間の相互協力及び安全保障条約第6条に基づく施設及び区域並びに日本国における合衆国軍隊の地位に関する協定第9条第1項に該当する者

　　㋒　不法入国者及び不法残留者

　通達文は、事件本人が外国人の場合で、日本に常居所がないものとして取り扱う者を列挙したものです。

　㋐及び㋑の者について我が国に常居所がないとされたのは、これらの者については、在留している性格上、常居所は本国にあるとみるべきだからです。㋒の不法入国者及び不法残留者（以下、「不法入国者等」といいます。）については、通常、我が国に常居所があることを認定することができません。不当な目的であるときは、我が国に定着して居住しているとは、言い難い上、戸籍窓口では、我が国に滞在している事実についての認定の資料すら確認することができません。不法入国者等の子の場合、すなわち、日本で出生し、以来現在まで日本に在留している者の場合は、これらの事

実が明らかになれば、通達前記ウ(ア)の我が国で出生した外国人で出国していない者に該当しますので、居住年数の要件は不要とし、日本に常居所があると認定しても差し支えないと思われます。

　不法入国者等が、後日、適法な在留資格を得た場合は、その時点から通達1(2)に定める期間在留していることが認められれば、日本に常居所があると認定することができます。この場合、不法入国・不法滞在期間を通算することができるか否かについては、通常は、居住事実を証する書面の入手ができないため認定はできません。しかし、例外的に不法入国の罪で刑事裁判となり、いつからいつまでの間日本に住んでいたということが判明する場合もあり得ます。このように、その滞在期間を認定できる資料（判決謄本等）があれば算入できる場合もあるでしょう。また、適法な在留資格で入国した後、不法残留となり、あとから特別在留資格となった場合については、特別在留資格を得た時点で不法残留は治癒されたとみて、全期間を通算して差し支えないと思われますが、届出の受理に当たって疑義があると思ったときは、管轄局の長に受理照会をすることが望ましいと思います。

Ⅲ　外国における常居所の認定
1　事件本人が日本人である場合

（通達文）

2　外国における常居所の認定

　(1)　事件本人が日本人である場合

　　　旅券その他の資料で当該国に引き続き5年以上滞在していることが判明した場合は、当該国に常居所があるものとして取り扱う。ただし、重国籍の場合の日本以外の国籍国、永住資格を有する国又は配偶者若しくは未成年養子としての資格で滞在する場合にお

ける外国人配偶者若しくは養親の国籍国においては、1 年以上の
滞在で足りる。

　外国における日本人についての常居所の認定基準は、日本における外国
人についての常居所の認定基準とパラレルに扱われています。ただし書中、
「重国籍の場合の日本以外の国籍国」について 1 年の要件を課したのは、
日本における常居所を優先させるためです。なお、外国での出生者は、通
達 1 (2)ウ(ア)と同様の趣旨により、滞在が現に引き続いていれば、滞在期間
を問わず当該国に常居所があると認定することになります。
　外国における常居所の認定は、旅券、永住許可書、居住証明書等で行う
ことになります。通達文ただし書該当者で、旅券から永住資格を得ている
ことが判明すれば、別途、永住許可書を求める必要はありません。

2　事件本人が外国人である場合

(2)　事件本人が外国人である場合
　　外国人の国籍国における常居所の認定については、1 (1)に準じて
　取り扱い、国籍国以外の国における常居所の認定については、1 (2)
　に準じて取り扱う。

　外国人の国籍国における常居所の認定方法については、通達文 1 (1)に準
じて取り扱うとありますが、これは国籍国発行の居住証明書が提出されて
いれば、その国に常居所があると認定するという趣旨です。また、国籍国
以外の外国における常居所の認定は、「1 (2)に準じて取り扱う」とありま
すが、これはその国発行の証明書類等をもって、我が国における常居所の
認定基準に準じて認定する趣旨です。これらの基準を適用すべき場合は、
ほとんどないものと思われます。

第9　経過規定

（通達文）

第9　経過規定

　改正法の施行前に生じた事項については、なお従前の例によるが、改正法の施行の際現に継続する法律関係については、改正法の施行後の法律関係に限り、改正法例の規定を適用することとされた（改正法附則第2項）。したがって、婚姻、離婚、嫡出親子関係、非嫡出親子関係、養子縁組又は離縁の成立については、それぞれの成立の時における法例の規定による準拠法を適用するが、親権については、継続的関係であるので、改正法の施行とともに準拠法が変更することとなる。

　その結果、創設的届出の場合は、届出の時における法例の規定により、報告的届出の場合は、成立の時における法例の規定によることとなる。

　第9の経過規定については、法例改正の施行（平成2年1月1日）から30年以上を経過し、また、法例を全面改正した法の適用に関する通則法施行（平成19年1月1日）から10年以上を経過していることから、本稿では説明を省略しました。

【資料１】　平成２年以降の渉外戸籍届出事件別先例要旨一覧表（戸籍誌に掲載された先例一覧表）

（重複して掲載しているものもあります。戸籍誌令和２年12月号までの登載分）

（注：通達・回答欄のうち、通は通達を、回は回答を、知は通知をそれぞれ表します。）

【出生届】

通達・回答	先　　例　　要　　旨	戸籍誌
平成３年４月18日 民二2594回	ノルウェー人男と日本人女の婚姻中にノルウェーで出生した子について、子の母及び母の夫の承諾を得て、婚姻外の男性が認知し、県知事がその認知を認定した場合には、父子関係が成立するとの法制度がノルウェーにあるから、日本人母からの嫡出でない子の出生届及び報告的認知届を受理して差し支えないとされた事例	578号 75頁
平成３年７月４日 民二3728回	日本人男とボリビア人女間の婚姻前の出生子（ボリビア共和国で出生）について、父母婚姻後に日本人男から届出された嫡出子出生届を認知届と取り扱って差し支えないとされた事例	580号 71頁
平成12年３月29日 民二765回	日本人男と離婚した外国人女の胎児を他の日本人男が認知し、その子がアメリカ合衆国で出生し、その出生の日から３か月を経過した後に、外国人女から、その子と前夫との親子関係不存在確認審判の審判書の謄本等を添付してされた出生届及び国籍留保届を受理して差し支えないとされた事例	702号 64頁
平成15年８月22日 民一2347回	ブラジル人女の嫡出でない子の出生届にブラジル人父の氏名を記載する旨の出生届の追完届について、ブラジル国は、父子関係の成立について事実主義ではなく認知主義を採用しているとして、受理すべきではないとされた事例	750号 80頁
平成17年11月14日 民一2643回	シンガポール政府から発行される「出生抜粋証明書」を添付して出生届出がされた場合は、受理して差し支えないとされた事例	779号 85頁
平成20年３月27日 民一1091回	日本で出生したパレスチナ人父母間の嫡出子出生届について、事件本人の父母の国籍について「パレスチナ」と表記した上で、外国人夫婦間の嫡出子出	815号 161頁

	生届として受理して差し支えないとされた事例	
平成24年11月 6 日 民一2902回	日本人女とナイジェリア人男の離婚の日から300日以内であって、かつ、日本人女と他の外国人であるタンザニア人男との再婚の日から200日以内に出生した子の出生届について、後夫の本国法において、当該子は嫡出子として取り扱われることから、**父未定の子**として取り扱うとされた事例	884号 70頁
平成25年12月26日 民一1041回	日本人男とマレーシア人女との間でマレーシア国の方式で婚姻が成立したとして提出された報告的婚姻届及び同女との子の嫡出子出生届について、日本人男は、既に他のマレーシア人女と婚姻しており、重婚となっているが、後婚は無効とはいえないとして、受理して差し支えないとされた事例	900号 75頁
平成27年 1 月13日 民一43回	離婚後300日以内にフィリピン人女が出生した子の出生届について、平成19年 5 月 7 日付け民一第1007号通達（婚姻の解消又は取消し後300日以内に生まれた子の出生の届出の取扱いについて）を適用することは相当ではないとされた事例	914号 59頁
平成27年 2 月 9 日 民一106回	日本人女とベリーズ人男の報告的婚姻届及び同人らの子の出生届について、受理して差し支えないとされた事例	914号 81頁
平成27年 8 月12日 民一962回	妊娠24週での出生であったため、中国の制度では生産児として認定されない子の出生届及び死亡届を受理して差し支えないとされた事例	925号 52頁
平成29年 1 月17日 民一120回	日本人母の離婚後300日以内に出生した子について、母の前夫（カナダ人X）の嫡出推定を受ける一方で、事実主義国の他男（カナダ人Y）との間に父子関係が成立している場合において、**父未定の子**として出生届がされたときは受理して差し支えないとされた事例	939号 74頁
令和元年 8 月26日 民一543回	日本人女とナイジェリア人前夫の離婚の日から300日以内であって、かつ、同女とナイジェリア人後夫の再婚の日から200日以内に出生した子の出生届について、後夫の本国法において、当該子は嫡出子として取り扱われることから、**父未定の子**とし取	974号 97頁

| | り扱うとされた事例 | |

【国籍留保の届出・戸籍法104条3項関係】

通達・回答	先　例　要　旨	戸籍誌
平成4年6月12日 民二3314回	国籍留保の届出とともにされた出生届について、遅延事由が「共和国（ザイール共和国（現コンゴ民主共和国））内の暴動によるもの」とされたものは、戸籍法104条3項に規定する届出人の責めに帰することができない事由に当たるとされた事例	593号 63頁
平成5年6月3日 民二4318回	日本人である母が、アメリカ合衆国内の刑務所に服役中に出生した子の日本国籍を留保する旨記載された出生届が届出期間経過後に提出され、その遅延理由（極めて過酷な状況下に置かれていた等）が戸籍法104条3項に規定する届出人の責めに帰することができない事由に当たるとされた事例	607号 80頁
平成5年6月3日 民二4319回	配偶者の祖母及び事件本人の病気を理由として、届出期間経過後に提出された日本国籍を留保する旨記載された出生届について、その遅延理由が戸籍法104条3項に規定する届出人の責めに帰することができない事由に該当しないとされた事例	607号 82頁
平成9年3月11日 民二445回	フランス共和国で出生した子について、国籍留保期間経過後にされた出生届の遅延理由（偶発的な郵送中の事故により、届書が紛失したものと認められた等）が戸籍法104条3項に規定する届出人の責めに帰することができない事由に当たるとされた事例	660号 75頁
平成9年3月11日 民二446回	オーストラリアで出生した子について、国籍留保期間経過後にされた出生届の遅延理由（産後の肥立ちが悪かった等）が戸籍法104条3項に規定する届出人の責めに帰することができない事由に該当しないとされた事例	660号 81頁
平成12年3月29日 民二765回	日本人男と離婚した外国人女の胎児を他の日本人男が認知し、その子がアメリカ合衆国で出生し、その出生の日から3か月を経過した後に、外国人女から、その子と前夫との親子関係不存在確認審判の審判書の謄本等を添付してされた出生届及び国籍留保	702号 64頁

通達・回答	先　例　要　旨	戸籍誌
	届を受理して差し支えないとされた事例	
平成14年4月16日 民一1023回	戸籍法104条1項に規定する法定届出期間（3箇月）を経過した国籍留保の記載のある出生届に添付された遅延理由書に記載されている事実関係が同条3項に規定する届出人の責めに帰することができない事由に該当するものと認められた事例	731号 72頁
平成15年11月18日 民一3426回	SARSによる混乱を理由として、届出期間経過後に提出された日本国籍を留保する旨記載された出生届について、その遅延理由が戸籍法104条3項の届出人の責めに帰することができない事由に該当するとされた事例	756号 66頁
平成23年7月11日 民一1631回	スリナム共和国において、オランダ人父と日本人母との間に出生した子について、国籍留保期間経過後にされた出生届の遅延理由（スリナム共和国の郵便事情が悪いこと等）が戸籍法104条3項に規定する届出人の責めに帰することができない事由に該当するとされた事例	860号 77頁
平成29年2月15日 民一253回	子の名に用いることができない漢字を用いた出生届の不受理処分について、家庭裁判所に不服申立てを行っていたことが、戸籍法104条3項の責めに帰することができない事由に該当するとされた事例	942号 86頁

【創設的認知届】

通達・回答	先　例　要　旨	戸籍誌
平成3年7月4日 民二3728回	日本人男とボリビア人女間の婚姻前の出生子（ボリビア共和国で出生）について、父母婚姻後に日本人男から届出された嫡出子出生届を認知届と取り扱って差し支えないとされた事例	580号 71頁
平成4年7月2日 民二3779回	日本人がエチオピア人を認知するには、子の本国法上の**保護要件として母の同意**が必要であるとされた事例	594号 73頁
平成6年5月10日 民二3025回	日本人父からされた日本在住のタイ人子（未成年者）の認知届出を受理して差し支えないとされた事例	621号 91頁
平成8年5月17日	日本人男からされたインドネシア人女の婚姻前の	648号

民二.955回	子に対する認知届について、母から認知に関する同意書を提出させた上で、創設的認知届として受理するのが相当とされた事例	73頁
平成10年 1 月30日 民五180通	外国人母の夫の嫡出推定を受ける子について、日本人男から認知の届出があった場合の日本国籍の有無について（平成15年 7 月18日付け民一2030号通達により本通達記 2 に 1 項目追加された。748号76頁）	672号 80頁
平成10年 3 月12日 民二496回	ラオス人妻の婚姻前の出生子について日本人夫がした認知届を受理して差し支えないとされた事例（ラオスは、認知制度がないので、子の**保護要件はない**）	674号 81頁
平成11年 2 月 9 日 民二250回	日本人男と婚姻中のフィリピン人母から出生し、母の夫の嫡出推定を受ける子について、夫以外の日本人男からされた認知届等を受理して差し支えないとされた事例及びこの場合の戸籍の処理について	687号 61頁
平成11年 4 月23日 民二873回	日本人男とケニア人女との間の婚姻前の出生子について、日本人男がした認知届等を受理して差し支えないとされた事例	689号 79頁
平成15年 8 月22日 民一2347回	ブラジル人女の嫡出でない子の出生届にブラジル人父の氏名を記載する旨の出生届の追完届について、ブラジル国は、父子関係の成立について事実主義ではなく認知主義を採用しているとして、受理すべきではないとされた事例	750号 80頁
平成17年 3 月28日 民一802回	日本人男がアメリカ人女（バージニア州）の子を認知する創設的認知届について、**母の承諾を保護要件**として受理して差し支えないとされた事例	774号 65頁
平成18年 1 月27日 民一200回	日本人父によるマレーシア人子の創設的認知届について、子の本国法上の**保護要件として母の同意**を求めた上で、受理して差し支えないとされた事例	787号 73頁
平成20年 1 月17日 民一157回	日本人男がタイ人女の嫡出でない子を認知する創設的認知届について、子の本国法であるタイ法上の**保護要件として母及び子の同意**が必要とされるところ、**子の同意に代わる裁判所の判決書**が添付されていない届出は、受理できないとされた事例	811号 66頁
平成21年10月30日	日本人男によるカンボジア人女の嫡出でない子の	842号

民一2633回	創設的認知届について、受理して差し支えないとされた事例	91頁
平成22年9月9日 民一2248回	日本人男がカナダ人女の子を認知する届出について、認知される子の本国法であるカナダ国ブリティッシュコロンビア州法上の**保護要件はないもの**として判断して差し支えないとされた事例	847号 90頁
平成22年9月16日 民一2325回	アメリカ合衆国フロリダ州に属する男が日本で出生したフィリピン人女の子を認知したとする創設的認知届について、受理して差し支えないとした事例	848号 81頁
平成23年7月27日 民一1780回	日本人男とミャンマー人女との子の創設的認知届については、ビルマ市民権法に基づき、日本人男とミャンマー人女の間に生まれた子は出生によってミャンマー国籍を有しないことから、事件本人を認知するための要件が事件本人の常居所地法であるタイ国の認知に関する法制に基づく保護要件を満たす必要があるため、同国の保護要件を満たさない限り、当該認知届を受理することはできないとした事例	861号 50頁
平成24年7月23日 民一1875回	日本人男がタイ人女の婚姻前の子（前夫の嫡出推定が及ぶ子）を認知することについて、日本人男から相談があった件につき、提示された書面は判決書ではないため、別途、判決書と当該判決が確定したことを証する本国官憲が作成した書面を添付させる必要があるところ、本件については、提示された書面（控訴説明書）から判決内容を確認することができることから、判決が確定したことを証する書面を添付すれば、創設的認知届を受理することが可能であると回答して差し支えないとされた事例	879号 117頁
平成24年8月31日 民一2209回	ソロモン諸島人女の子を認知する届出について、ソロモン諸島においては、**認知制度がない**ため、認知される子の保護要件については考慮する必要がないことから、受理して差し支えないとされた事例	883号 73頁
平成24年12月8日 民一3541回	独身証明書の添付のないケニア人女の出生子について、日本人男がした創設的認知届を受理して差し支えないとされた事例	888号 72頁
平成26年3月31日	カンボジア王国発行の出生証明書を添付してされ	898号

民一375回	た報告的認知届の受否について、報告的認知届としては受理できないが、母の独身証明書等の提出がある場合、創設的認知届として受理できるので、直ちに不受理とせず、補正の機会を与えるべきとした事例	80頁
平成26年11月25日 民一1335回	トルコ人男がフィリピン人女の嫡出でない子を認知する創設的認知届について、受理して差し支えないとされた事例	912号 58頁
平成26年11月27日 民一1350回	在ソロモン日本国大使館に提出された被認知者の母の独身証明書の添付のない認知届について、外務省から照会があり、届書に記載されたとおり処理して差し支えないとされた事例	912号 91頁
平成28年1月8日 民一32回	日本人男がアメリカ（プエルト・リコ）人女の嫡出でない子を認知する創設的届出について、受理することができないとされた事例（子の**保護要件**として、**居住地を管轄する裁判所判事の承認**を要する）	928号 62頁
平成29年5月8日 民一640回	アメリカ合衆国マサチューセッツ州で出生した子らを日本人男が認知する届出について、添付された書類をもって被認知者の母の夫の嫡出推定は排除されいると考えられることから、受理して差し支えないとされた事例（平成11年11月11日民二・五2420号通知の取扱いをすることになる。）	943号 80頁
令和元年12月19日 民一1001回	日本人男がモルドバ人女の子を認知する創設的認知届が認知者である日本人男から提出されたところ、子の**保護要件**を満たすために子の**母の同意**があることの証明を追完した上で、受理して差し支えないとされた事例	981号 68頁

【報告的認知届】

通達・回答	先　　例　　要　　旨	戸籍誌
平成3年4月18日 民二2594回	ノルウェー人男と日本人女の婚姻中にノルウェーで出生した子について、子の母及び母の夫の承諾を得て、婚姻外の男性が認知し、県知事がその認知を認定した場合には、父子関係が成立するとの法制度がノルウェーにあるから、日本人母からの嫡出でな	578号 75頁

	い子の出生届及び報告的認知届を受理して差し支えないとされた事例	
平成 3 年 7 月 4 日 民二3729回	ボリビア共和国で生まれたブラジル人女の嫡出でない子について、同女と婚姻した日本人男からボリビア共和国の出生登録機関である市戸籍総務局発行の父の表示のある出生証明書を添付して認知届があった場合は、出生登録の日に認知が成立したものと取り扱って差し支えないとされた事例	580号 77頁
平成 9 年 7 月10日 民二1223回	ペルー人女の嫡出でない子について、ペルー共和国官憲が発行した出生登録証明書に日本人男が父と記載されていたとしても、その出生登録が裁判（出生登録命令）によってされたものであるときは、同（出生登録）証明書を認知証書として取り扱うことはできないとされた事例	663号 68頁
平成11年 3 月 3 日 民二419回	エルサルバドル国官憲発行の同国人女の出生証明書を、日本人父が同国の方式により同女を認知したことを証する戸籍法41条の証書の謄本として取り扱って差し支えないとされた事例	687号 68頁
平成14年 1 月30日 民一274回	1936年改正前のペルー民法施行当時に行われた洗礼の証明書が認知を証する書面として認められなかった事例	730号 74頁
平成15年12月24日 民一3794回	ペルー人女の嫡出でない子について1936年改正前のペルー民法施行当時に行われた洗礼証明書に基づく認知事項の職権記載が認容された事例	756号 72頁
平成16年 3 月 9 日 民一662回	日本人男（認知者）がフィリピン人女（被認知者）を同国の方式により認知したとする報告的認知届は、受理することができないとされた事例	758号 70頁
平成16年 3 月29日 民一887回	アメリカ合衆国ハワイ州衛生局が発行した父の記載のある出生証明書を戸籍法41条に規定する認知証書として取り扱って差し支えないとされた事例	759号 80頁
平成18年12月 4 日 民一2717回	ブラジル国における裁判上の別居を命じた判決確定後301日以上経過しているものの離婚転換の前に出生した子について同国で母（ブラジル人）の夫（日本人）から認知が成立したとする報告的認知届について父の本国法である日本民法によって嫡出推	798号 83頁

	定が及ぶことから受理できないとされた事例	
平成21年7月3日 民一1615回	日本人男とベトナム人女の婚姻成立前に出生したベトナム人子を被認知者とする報告的認知届について、認知認定決定書ではなく、出生証明書をもって、戸籍法41条に規定する認知証書と認め、受理して差し支えないとされた事例	840号 92頁
平成22年3月23日 民一719知	日本人男がタイ人女の嫡出でない子をタイ国の方式によって認知した場合の認知を証する書面について	841号 69頁
平成23年4月22日 民一1043回	日本人男が、ロシア人女が他男と婚姻中に出生した子を認知する創設的認知届がされたが、添付された父子関係証明書が法律上の親子関係を証する書面であることが判明したことから、報告的認知届として受理して差し支えないとされた事例	858号 74頁
平成24年1月31日 民一284回	日本人男がフィリピン人女の嫡出でない子をフィリピンの方式により認知したことを証する書面を添付した報告的認知届について、フィリピン人女に届出人たる資格を認めず、当該認知届を職権記載を促す申出書として取り扱った上で、認知者に対して戸籍法44条に基づく催告を行い、認知者から届出がされない場合には、当該届書を資料として職権記載をするのが相当であるとされた事例	872号 68頁
平成24年12月20日 民一3561回	旧国籍法施行時において、日本人男とボリビア人女との間で婚姻前に出生した子らの認知事項記載申出について、添付された婚姻登録証に被認知者が婚外子の認知欄に記載されていることをもって、ボリビア多民族国の法制上、婚姻登録証を認知の成立を証する書面として取り扱うことはできないとして、処理することはできないとされた事例	887号 82頁
平成25年8月29日 民一734回	カナダ国アルバータ州の方式による報告的認知届について、同州の法制上、出生証明書の父欄に子が記載されていることをもって認知の成立が認められることから、受理できるとされた事例	891号 82頁
平成26年1月15日 民一48回	ペルー共和国において成立したとする報告的認知届等の処理について、日本人男とペルー人女の婚姻	897号 54頁

	が有効に成立しており、被認知者は嫡出子となることから、認知をすることはできず、認知事項を職権により記載することはできないとされた事例	
平成27年7月6日 民一828回	日本人男が中央アフリカ人女の嫡出でない子に対してする報告的認知届の受否について、受理して差し支えないとされた事例	926号 58頁
平成27年8月24日 民一1010回	オーストラリア人男が日本人女の嫡出でない子を認知したとする報告的認知届について、受理して差し支えないとされた事例	925号 72頁
平成28年10月31日 民一996回	オーストラリア人男が日本人女の嫡出でない子を認知したとする報告的認知届について、添付された父の名のある出生証明書をもって、出生登録日にオーストラリア国クイーンズランド州の方式により認知がされていると認められることから、受理して差し支えないとされた事例	939号 54頁
平成29年1月16日 民一108回	日本人男とセネガル人女との間の嫡出でない子について、父の表示がされている出生証明書のリテラルコピーを添付して報告的認知届があった場合、戸籍法41条の認知証明書の提出があったものとして取り扱って差し支えないとされた事例	939号 55頁
平成30年4月26日 民一452回	日本人男がパラグアイ人女の子を認知したとする報告的認知届について、裏面又は摘要欄に認知事項に関する記載がなく、認知に関する証明書の添付がない出生証明書について、認容して差し支えない、また、出生の登記日を認知成立日として差し支えないとされた事例	959号 78頁
平成30年9月4日 民一1208回	日本人男がインドネシア人女の子を認知したとする報告的認知届について、受理しないのが相当とされた事例	967号 86頁
平成30年11月5日 民一1541回	コスタリカ共和国発行の出生申告登録証明書が添付された日本人男とアメリカ人女との間の嫡出でない子の報告的認知届について、受理して差し支えないとされた事例	968号 97頁
令和元年8月7日 民一482回	アメリカ合衆国ユタ州衛生局が発行した父の記載のある出生証明書を戸籍法41条に規定する認知証書	973号 64頁

通達・回答	先　　例　　要　　旨	戸籍誌
	と取り扱って差し支えないとされた事例	
令和元年５月27日 民一154回	日本人がアメリカ人女の嫡出でない子に対してする報告的認知届の受否等について、アメリカ合衆国メリーランド州健康・精神衛生局人口動態記録課への登録日（事件本人父の父性宣誓供述書の提出日）をもって同州の方式による認知が成立したものと認められることから、受理して差し支えないとされた事例	989号 64頁
令和２年７月10日 民一997回	日本人男からアメリカ人母が代理出産した子を認知する創設的認知届が提出されたところ、当該届書に添付されている判決書によりアメリカ合衆国カンザス州上有効に認知が成立しているため、報告的認知届に補正させ、さらに、判決書に係る確定証明書等の提出を受けた上で、受理して差し支えないとされた事例	989号 71頁
令和２年８月６日 民一1079回	日本人がモンゴル人女の嫡出でない子に対してする報告的認知届について、出生届に添付された、モンゴルの登録機関が発行した出生証明書の確認書備考欄に記載された日付を認知日として取り扱って差し支えないとされた事例	989号 83頁

【胎児認知届】

通達・回答	先　　例　　要　　旨	戸籍誌
平成９年２月４日 民二197回	日本人男からされた中国人男と婚姻中の同国人女の胎児を認知する届出について、中国法における事実上の嫡出推定（婚生推定）が及ぶので受理すべきでないとされた事例	658号 69頁
平成11年11月11日 民二・五2420知	渉外的胎児認知届の取扱い等について （平成29年５月８日付け民一640号回答（戸籍943号80頁）は、本通知と同様の取扱いをしたもの。）	694号 83頁
平成12年３月29日 民二765回	日本人男と離婚した外国人女の胎児を他の日本人男が認知し、その子がアメリカ合衆国で出生し、その出生の日から３か月を経過した後に、外国人女から、その子と前夫との親子関係不存在確認審判の審判書の謄本等を添付してされた出生届及び国籍留保	702号 64頁

	届を受理して差し支えないとされた事例	
平成13年2月20日 民一490回	日本人男がスロバキア人女の胎児を同国の方式により認知した旨の胎児認知届書に添付された証明書を胎児認知の成立を証明する書面として取り扱った事例	717号 70頁
平成15年7月18日 民一2030通	外国人母の嫡出でない子が出生後に日本人男から胎児認知された場合の日本国籍の取扱いについて（平成10年1月30日民五180号通達に1項目追加した通達）	748号 76頁
平成16年7月29日 民一2139回	日本人男がアメリカ合衆国カリフォルニア州に属する母の胎児を認知する創設的認知届について、**母の同意を保護要件**として受理して差し支えないとされた事例	769号 112頁
平成23年5月30日 民一1306回	日本人男がトルコ人女の胎児を認知する届出について、実質的成立要件の準拠法である日本法の要件及び認知される者の**保護要件**である**トルコ法上の「保護者又は遺族の同意」**の要件を満たしているため、受理して差し支えないとされた事例	859号 82頁
平成23年9月15日 民一2181回	日本人男がアメリカ合衆国ワシントン州に属する女の胎児を認知する届出について、子の本国法であるアメリカ合衆国ワシントン州の認知に関する法制に**保護要件**に関する**規定が存在しない**ため、受理して差し支えないとした事例	863号 68頁
平成24年6月14日 民一1489回	日本人男がホンジュラス人女の胎児を認知する創設的届出について、ホンジュラス法制上、認知の制度は存在するものの認知される子の**保護要件は存在しない**ため、成立要件が満たされた届出として受理して差し支えないとされた事例	879号 87頁
平成24年11月8日 民一3037回	前夫と婚姻中の外国人女の胎児を認知した日本人男からの報告的認知届について、前夫及び胎児の母（ともにドイツ国籍）の本国法において、本件認知がドイツ法上有効に成立しており、かつ、日本法上において公序に反するものではないことから受理して差し支えないとされた事例	886号 74頁
平成25年1月7日	日本人男がアメリカ合衆国アイダホ州を本国法と	889号

民一10回	する女の胎児を認知する届出について、子（母）の本国法であるアメリカ合衆国アイダホ州の認知に関する法制に**保護要件**に関する**規定が存在しない**ため受理して差し支えないとされた事例	41頁
平成28年７月22日 民一760回	日本人男がアメリカ合衆国テキサス州に属する女の胎児を認知する届出について、受理して差し支えないとされた事例	933号 46頁
平成29年５月８日 民一640回	アメリカ合衆国マサチューセッツ州で出生した子らを日本人男が認知する届出について、添付された書類をもって被認知者の母の夫の嫡出推定は排除されいると考えられることから、受理して差し支えないとされた事例（平成11年11月11日付け民二・五2420号通知の取扱いをするもの。）	943号 80頁
平成29年７月５日 民一846回	日本人男がメキシコ人女の胎児を認知するについては、**母の同意**が母の本国法上の**保護要件**であり、また、メキシコ法上の子の嫡出性については出生した国の法律が適用されるとされた事例	945号 93頁
令和２年３月２日 民一334回	日本人男がイスラエル人女の胎児を認知する胎児認知届について、母の本国法であるイスラエル法における**保護要件は母の同意**であるとされた事例	981号 79頁
令和２年３月５日 民一335回	日本人男がスウェーデン人女の胎児を同国の方式により認知した場合、認知の成立日は子の出生後となるが、報告的胎児認知届をすることが可能であるとされた事例	982号 65頁

【創設的養子縁組届】

通達・回答	先　　例　　要　　旨	戸籍誌
平成２年９月29日 民二4364回	日本人夫婦が成年者であるネパール人を養子とする場合には、**保護要件としてネパール政府の許可が**必要であるので、これの添付のない養子縁組届は、受理しないのが相当とされた事例	572号 77頁
平成２年12月26日 民二5675回	トリニダード・トバゴ人男が、配偶者である日本人女の嫡出子を養子とする養子縁組の場合の実質的成立要件は、養子となる者の本国法が準拠法となるとされた事例	573号 59頁

平成 2 年12月26日 民二5688回	日本人男がタイ人（未成年者）を養子とする縁組届は、**タイ国未成年者養子縁組委員会の許可**を得なければならないので、その許可を証する書面の添付がない限り受理しないのが相当とされた事例	576号 59頁
平成 3 年 2 月18日 民二1244回	カメルーン民法によれば、自己の子を養子とすることはできないとされているので、カメルーン共和国人女が日本人夫とともに自己の嫡出でない子を養子とする縁組届は、<u>日本人のみとの単独縁組</u>と訂正させた上受理して差し支えないとされた事例	577号 72頁
平成 7 年 3 月30日 民二2639回	パキスタン人男とその配偶者である日本人女の嫡出子及び嫡出でない子との養子縁組届が<u>受理すべきでない</u>とされた事例	637号 63頁
平成 7 年 7 月 7 日 民二3292回	日本人男が配偶者であるフィリピン人女とともに同女の未成年の嫡出でない子を養子とする場合において、養子の本国法であるフィリピン家族法188条３号の定める養親の**10歳以上の嫡出子の書面による同意を必要とする**との要件は、法例20条１項（通則法31条１項）後段所定の要件（いわゆる「**保護要件**」）であるから、養親となる日本人男の10歳以上の嫡出子の同意書の添付がない縁組届は<u>受理することができない</u>とされた事例	637号 72頁
平成 8 年 8 月16日 民二1450回	アメリカ人夫（コネチカット州）が日本人妻の子（日本人先夫との間の嫡出子）を養子とする養子縁組について、法例32条（通則法41条、反致）の規定を適用して日本法を準拠法として受理して差し支えないとされた事例	651号 81頁
平成15年 8 月21日 民一2337回	日本人女とトルコ共和国人男の創設的養子縁組届について、養子の**保護要件**として**日本の家庭裁判所の許可**を要すると解され、当該許可書が添付されていない届出は<u>受理することができない</u>とされた事例	749号 85頁
平成16年 9 月10日 民一2503回	日本人が成年者であるネパール人を養子とする場合は、ネパール人養子の本国法上の**保護要件**として**ネパール国政府の許可**が必要であり、この許可があることを証明する書面等の添付のない養子縁組届は、<u>受理することができない</u>とされた事例	764号 91頁

平成21年7月2日 民一1596回	日本人男がインドネシア人（未成年）との養子縁組届の受否について、受理して差し支えないとされた事例	843号 111頁
平成21年7月2日 民一1598回	日本人夫婦がインドネシア人（成年）を養子とする創設的養子縁組届の受否について、受理して差し支えないとされた事例	843号 121頁
平成22年3月18日 民一677回	日本人男がモロッコ人を養子とする創設的養子縁組届について、受理して差し支えないとされた事例	845号 61頁
平成22年6月23日 民一1540回	永住者の資格で日本に居住する中国人夫婦が妻の兄夫婦の嫡出子を養子とする創設的縁組届出について、養親となる夫婦は中華人民共和国養子縁組法7条2項における華僑であると認められるが、妻の兄の子は姻族であることから、同法7条1項及び2項の「3代以内の同輩の傍系血族の子を養子とするとき」に該当しないため、養子縁組をすることはできないとされた事例（注：現行民法典1099条）	846号 81頁
平成22年6月23日 民一1541知	日本人が中国人を養子とする場合の取扱いについて（解説：849号1頁）	846号 87頁
平成22年12月13日 民一3139回	日本人男とペルー人女夫婦を養親、ペルー人女の嫡出でない子（日本国籍）を養子とする養子縁組届について、ペルー人女について日本法を適用した上で受否の判断をして差し支えないとされた事例	851号 86頁
平成23年8月8日 民一1879回	日本人妻がアフガニスタン・イスラム共和国（以下「アフガニスタン国」という。）人夫の成年のアフガニスタン国籍の子を養子とする創設的養子縁組届について、アフガニスタン国における養子縁組に関する法令に、養子の保護要件に関する規定が存在しないため、受理して差し支えないとした事例	861号 79頁
平成23年11月1日 民一2593回	日本人がカンボジア人を養子とする養子縁組について、カンボジア国際養子縁組法による保護要件として裁判所の許可又は承認が必要と解されるところ、当該養子縁組の届出に際して、それらを得ていなかったため受理しないのが相当とされた事例	865号 93頁
平成24年2月3日 民一313回	日本人がタンザニア人妻の未成年の嫡出でない子（タンザニア国籍）を養子とする養子縁組届がされ	872号 77頁

	たところ、タンザニアにおける養子縁組法制による**保護要件**として、**社会福祉長官の承認、裁判所の許可及び養子となる者の父母の承諾**が必要となるが、養子縁組届の添付書面からは、それらの要件を満たしていることを確認することができず、受理することは相当でないとされた事例	
平成25年1月17日 民一29回	日本人男がウクライナ人妻の15歳未満の嫡出子（ウクライナ国籍）を養子とする養子縁組について、ウクライナにおける養子縁組法制による**保護要件**として、**ウクライナの政府機関の許可**が必要とされるところ、当該養子縁組の届書の添付書面からは、当該許可を得ているとは認められず、受理することは相当でないとされた事例	889号 65頁
平成25年3月7日 民一219回	英国及びニュージーランドの国籍を有する者が日本人配偶者の嫡出子を養子とする縁組届出が提出されたが、養親となる者の本国法の認定に疑義があり、また、ニュージーランドにおける養子縁組関係法令等が不明であるため、受否を決しかねるとして照会のあった事案について、養親となる者の本国法はニュージーランド法とするのが相当であるが、ニュージーランド法においては、養子縁組に際し、裁判所の決定が必要であることから、受理しないのが相当とされた事例	891号 34頁
平成25年12月6日 民一967回	日本人夫及びパプアニューギニア人妻とパプアニューギニア人妻の嫡出でない子との創設的養子縁組届について、パプアニューギニアが養子縁組について裁判所の命令によって成立させる法制を採用しているため、パプアニューギニアの裁判所の命令又は日本の家庭裁判所の許可の審判を要するとされた事例	893号 77頁
平成25年12月20日 民一997回	アルゼンチン人が日本人を養子とする創設的養子縁組届について、アルゼンチン法上において反致が成立し、日本民法上における養子縁組の実質的成立要件及び子の保護要件を満たしていることが認められるため、受理して差し支えないとされた事例	896号 54頁
平成25年3月4日	セルビア人が日本人を養子とする創設的養子縁組	910号

民一191回	届について、セルビア法上の実質的成立要件である後見人機関の養子縁組の決定を証する書面の添付がないため、受理することができないとされた事例	59頁
平成26年 2 月13日 民一127回	日本人男がウズベキスタン人を養子とする養子縁組届について、ウズベキスタン共和国家族法上の実質的成立要件であるウズベキスタン人の本件養子縁組に係る同意書が提出された場合は、受理して差し支えないとされた事例	916号 83頁
平成28年 7 月14日 民一732回	中国人（香港）女が成年である日本人男を養子とする創設的養子縁組届出があった場合の当該届出の受否について、受理することはできないとされた事例	930号 83頁
平成29年12月14日 民一1474回	中国人女が中国人男を養子とする創設的養子縁組届について、養親と養子の常居所地の双方が日本ではないことから、法の適用に関する通則法41条が適用されず、養子縁組の実質的成立要件の準拠法は中国法になるとされた事例	952号 71頁

【報告的養子縁組届】

通達・回答	先　　例　　要　　旨	戸籍誌
平成 3 年 7 月10日 民二3775回	日本人男が配偶者（コロンビア人）の嫡出でない子（12歳・ベネズエラ国籍）を完全養子とする縁組がベネズエラ国で成立した旨の証明書が提出された場合に、我が国における普通養子縁組に該当する縁組が成立したものと取り扱って差し支えないとされた事例	580号 82頁
平成 4 年 3 月26日 民二1504回	アメリカ合衆国ワシントン州の上級裁判所において成立した米国人男日本人女夫婦が日本人を養子とする縁組の報告的届出について、我が国の特別養子縁組が成立したもとして処理するのが相当とされた事例及びその場合の戸籍記載例	591号 61頁
平成 4 年12月22日 民二7055回	中国政府発行の公証書に日本人男の継女とされている証明書を添付して養子縁組が成立したとの報告的届出は、受理しないのが相当とされた事例（日本人が中国人を養子とする場合の取扱いについては、	599号 75頁

	平成22年6月23日付け民一1541号通知参照)	
平成6年4月28日 民二2996通	渉外的な養子縁組届の処理について（注：実方の血族との親族関係が終了する縁組が日本の裁判所又は外国の裁判所で成立した場合の取扱いを示した法務省民事局長通達とその解説)	619号 78頁 620号 1頁
平成7年10月4日 民二3959回	日本人夫婦が6歳未満の中国人女を中国の方式により養子とする縁組が成立し、戸籍に普通養子縁組として記載された後、これを特別養子縁組とする旨の追完届がされた事案について、日本民法上の特別養子縁組の成立要件である我が国の家庭裁判所の審判に相当するものがないので、当該追完届を受理すべきでないとされた事例	639号 79頁
平成8年5月28日 民二995回	アメリカ人男と日本人女の夫婦が6歳未満の中国人女を中国の方式により養子とする縁組が成立し、戸籍に普通養子縁組として記載された後、これを特別養子縁組とする旨の追完届がされた事案について、外国人養子縁組実子弁法（1993年11月10日施行）に規定する手続により養子縁組が成立した場合であっても、日本民法上の特別養子縁組の成立要件である我が国の家庭裁判所の審判に相当する処分・決定等が存在しないので、当該追完届を受理すべきでないとされた事例	649号 85頁
平成10年2月9日 民二255回	アメリカ合衆国カリフォルニア州の上級裁判所において成立した米国人男日本人女夫婦が日本人を養子とする縁組の報告的届出について、日本民法上の特別養子縁組の成立要件である父母（実親）の同意がないので特別養子縁組が成立したもと認めることはできず、普通養子縁組が成立したものとして処理するのが相当であるとされた事例	673号 80頁
平成10年3月24日 民二573回	日本人女がケニア人男を養子とする報告的養子縁組届を受理して差し支えないとされた事例	676号 77頁
平成10年8月13日 民二1516回	タイ国の法制度によれば、母が自己の嫡出でない子を養子とすることはできないとされているので、日本人男がタイ人妻の嫡出でない子を単独で養子とする養子縁組届について、タイ国バーンケーン区役所発行の養子縁組登録証を戸籍法41条に規定する証	679号 77頁

	書の提出があったものとして、受理して差し支えないとされた事例	
平成13年5月18日 民一1326回	日本人男と、同男と婚姻したパラオ人女の嫡出でない子とのパラオ国の方式による報告的養子縁組届は、夫婦共同で縁組すべきであるため、受理すべきでないとされた事例	721号 86頁
平成18年7月5日 民一1561回	日本人男がモンゴル人妻の子（モンゴル人女）を養子とした旨の報告的養子縁組届について、モンゴル国において養子縁組の登録に際し発行される養育証明書を戸籍法41条に規定する証書として取り扱い、受理して差し支えないとされた事例	803号 70頁
平成23年2月9日 民一320回	フランス法に基づく断絶型養子縁組に関する戸籍の記載について、養子縁組後の子と父母との続柄を「長女」とし、養子縁組後の養子の身分事項欄に特記事項として、「実父方の血族との親族関係の終了」と記載するのが相当された事例	855号 62頁
平成25年7月5日 民一532回	アメリカ合衆国において断絶型の養子縁組が成立したとする社会福祉法人日本国際事業団からの通知については、平成6年4月28日付け民二第2996号民事局長通達に基づき、断絶型の養子縁組として取り扱うことはできないが、カトリックソーシャルサービスという団体による証明は、昭和39年4月30日付け民事甲第1636号及び第1637号回答に準じて有効な証明として取り扱うことは差し支えないとされた事例	890号 80頁
平成26年2月21日 民一152回	日本人男がインドネシア人を養子とする養子縁組届について、インドネシアの裁判所により養子縁組が真正に成立していることが認められ、当該判決書が戸籍法41条の証書となるので、本件養子縁組届は、報告的養子縁組届として、受理して差し支えないとされた事例	899号 95頁
平成28年2月22日 民一171回	オーストリア国の方式で成立したとして在オーストリア日本大使館で受理された特別養子縁組届について、同国の養子縁組法制は、養子と実親の親族関係が断絶するものとは認められないことから、特別養子縁組として取り扱うことはできないとされた事	928号 90頁

通達・回答	先　　例　　要　　旨	戸籍誌
	例	
平成28年7月1日 民一693回	コンゴ民主共和国の方式で成立した養子縁組について、特別養子縁組が成立したとして届出があった場合の当該届出の受否について、コンゴ民主共和国では断絶型の養子縁組制度を採用していないことから、断絶型の養子縁組として取り扱うことはできないとされた事例	935号 79頁

【養子離縁届】

通達・回答	先　　例　　要　　旨	戸籍誌
平成3年1月22日 民二429回	中国人妻（台湾系）の連れ子（同国籍）を養子とした日本人男が養子の親権者を実母と定めて離婚した（法例改正前）後に、協議離縁する場合の届出人は、養子が15歳未満であるときは実母であるとされた事例	576号 89頁

【創設的婚姻届】

通達・回答	先　　例　　要　　旨	戸籍誌
平成4年6月30日 民二3763回	日本人男とルーマニア人女との婚姻届を受理して差し支えないとされた事例	594号 59頁
平成4年9月28日 民二5674知	米軍関係者に係る婚姻要件具備証明書は所定の様式により米軍法務部長が証明する取扱いで差し支えないとされたもの	598号 61頁
平成6年10月5日 民二6426回	パキスタン人男と日本人女の婚姻届について、パキスタン人男から要件具備証明書を提出できない旨の申述書及び重婚でない旨の宣誓書を徴した上、受理して差し支えないとされた事例	631号 79頁
平成7年2月24日 民二1973回	日本人男とウクライナ人女の婚姻届について、ウクライナ人女から本国法上の婚姻の実質的成立要件を具備している旨の申述書を徴した上、受理して差し支えないとされた事例	632号 115頁
平成7年3月30日 民二2644回	バルバドス国に対して出生の報告がされていないためバルバドス国官憲において身分関係が把握されていないとするバルバドス人女と日本人男の婚姻届	635号 55頁

	について、バルバドス人女から婚姻要件具備証明書が提出できない旨及び過去に婚姻歴がなく現在独身であって同国法上婚姻に何らの障碍がない旨の申述書等が提出されている事案について、受理して差し支えないとされた事例	
平成７年９月14日民二3747回	ミャンマー人男と日本人女の婚姻届について、ミャンマー国の地方裁判所公証弁護士の作成に係る独身証明書が婚姻要件を具備していることを証する書面に当たるとして、当該届出を受理して差し支えないとされた事例（注：平成23年12月６日付け民一2951号回答、戸籍867号45頁参照）	638号83頁
平成７年10月23日民二4085回	日本人男とリトアニア人女の婚姻届について、添付された証明書を権限ある本国官憲発行の婚姻要件具備証明書と認めて、受理して差し支えないとされた事例	641号95頁
平成12年４月７日民二936回	トリニダード・トバゴ共和国官憲発行の独身証明書及び在大阪英国総領事館発行の証明書がトリニダード・トバゴ共和国人の婚姻要件具備証明書に該当するとされた事例	702号72頁
平成13年１月29日民一221回	在ジョルダン日本国大使館発給の渡航証明書により入国したパレスチナ発給の旅券を保持している男について、居所地法である日本民法が適用されるとして、その男と日本人女との創設的婚姻届が受理された事例	714号84頁
平成13年10月16日民一2692回	トーゴ共和国人男と日本人女の創設的婚姻届を受理して差し支えないとされた事例	727号78頁
平成14年８月８日民一1855知	日本人と中国人を当事者とする婚姻について	735号75頁
平成15年３月24日民一837回	日本人男とラトビア人女の創設的婚姻届について、ラトビア共和国リガ市役所発行の宣誓書が独身であること及び婚姻障害がないことについての正当な証明書であるとして、受理して差し支えないとされた事例	745号72頁
平成15年９月19日民一2811回	サウジアラビア人男と日本人女との創設的婚姻届において、サウジアラビア国内務省の婚姻許可がな	755号81頁

	い場合には、受理することができないとされた事例	
平成16年4月13日 民一1178回	マリ共和国人男と日本人女の創設的婚姻届の受理について、マリ共和国において発給された独身証明書を添付した創設的婚姻届について、同証明書はマリ共和国の法制上婚姻の成立に必要な要件を備えていることを証明する書面と認められることから、当該婚姻届を受理して差し支えないとされた事例	760号 52頁
平成17年2月4日 民一311回	モルドバ共和国キシニョフ市結婚登録所発行の結婚の記録がないことの証明書が添付されたモルドバ人女と日本人男の創設的婚姻届について、受理して差し支えないとされた事例	772号 64頁
平成18年1月20日 民一128回	日本の方式でブラジル人男と協議離婚したペルー人女とペルー人男との創設的婚姻届について、婚姻成立の先決問題である離婚の準拠法を法廷地である我が国の法例(法の適用に関する通則法)の規定により定めた事例	786号 67頁
平成18年2月3日 民一290知	日本で婚姻したブラジル人夫の氏変更の取扱いについて	785号 91頁
平成18年2月9日 民一335回	日本人男と中華人民共和国澳門特別行政区の旅券を所持する中国人女の創設的婚姻届について、添付された澳門特別行政区政府民事登記局が発行した聲明書及び婚姻記録をもって中国人女が婚姻の実質的要件を具備しているものとして取り扱って差し支えないとされた事例	788号 61頁
平成18年7月25日 民一1690回	ペルー法上同国人が日本に住所を有すると認められる場合は、反致が適用されるものとして、ペルー人男の婚姻要件について、日本法を適用して差し支えないとされた事例	804号 88頁
平成20年1月17日 民一156回	カンボジア王国人男と日本人女との創設的婚姻届に添付されたカンボジア王国人男の独身証明書を婚姻要件具備証明書として取り扱って差し支えないとされた事例	815号 151頁
平成20年5月23日 民一1475回	パラオ共和国人男と日本人女との創設的婚姻届の受否について、届書に添付された書面(「AFFIDA-VIT」及び「CERTIFICATE OF LIVE BIRTH」)を	816号 81頁

	もって、パラオ共和国人男について、婚姻要件を具備していると認められるため受理して差し支えないとされた事例	
平成21年３月26日 民一762知	ブラジル人を当事者とする創設的婚姻届の取扱いについて	827号 117頁
平成21年２月25日 民一446回	ベネズエラ・ボリバル共和国人女と日本人男の創設的婚姻届について、受理して差し支えないとされた事例	828号 103頁
平成21年２月27日 民一474回	ニジェール共和国人男と日本人女との創設的婚姻届について、ニジェール人男から公的な独身証明書の提出を求めた上で、ニジェール人男について独身であることが確認できれば、受理して差し支えないとされた事例	842号 71頁
平成22年３月31日 民一833知	中国人を当事者とする創設的婚姻届の審査について	845号 79頁
平成23年２月４日 民一290回	ギニアビサウ共和国人男と日本人女の創設的婚姻届について、夫の本国法及び妻の本国法における婚姻要件が具備されていることが認められ、夫の未婚証明書も本国が発行した正当な証明書であることが明らかにされたことから、受理して差し支えないとされた事例	854号 70頁
平成23年７月27日 民一1780回	日本人男とミャンマー人女との創設的婚姻届は、届書に添付された「FAMILY LIST」により事件本人が独身であることが認められることから受理して差し支えないとされた事例	861号 50頁
平成23年12月６日 民一2951回	日本人男とミャンマー人女との創設的婚姻届について、双方の実質的成立要件が満たされた届出として受理して差し支えなく、また、従前、仏教徒のミャンマー人の婚姻に係る実質的成立要件とされていた共同生活の開始については、現在は、形式的成立要件と考えて差し支えないとされた事例	867号 45頁
平成24年１月27日 民一262回	アフガニスタン人男と日本人女との創設的婚姻届について、双方の実質的成立要件が満たされた届出として受理して差し支えないとされた事例	869号 65頁
平成24年４月19日	マダガスカル人男と日本人女の創設的婚姻届に	873号

民一994回	ついて、双方の実質的成立要件が満たされた届出として受理して差し支えないとされた事例	64頁
平成24年7月31日 民一1952回	ニカラグア人男と日本人女を当事者とする創設的婚姻届について、添付の独身証明書をもって婚姻要件具備証明書と取り扱って差し支えないとし、受理相当とされた事例	881号 62頁
平成24年9月24日 民一2439回	パレスチナ人男と中国人女との創設的婚姻届について、双方の実質的成立要件が満たされた届出として受理して差し支えないとされた事例	884号 43頁
平成24年11月30日 民一3329回	イラク人男と日本人女を当事者とする創設的婚姻届について、添付の独身証明書をもって婚姻要件具備証明書と取扱い受理して差し支えないとされた事例	884号 74頁
平成24年12月4日 民一3384回	カナダ人男とコンゴ民主共和国人女との創設的婚姻届に関し、コンゴ民主共和国人女について、添付された独身証明書及びパスポートだけでは婚姻要件を具備していることが明らかではないことから、受理することは相当でないとされた事例	887号 35頁
平成26年6月6日 民一694回	セントルシア国人男と日本人女の創設的婚姻届について、受理して差し支えないとされた事例	901号 78頁
平成26年12月24日 民一1475回	モーリシャス人男と日本人女の創設的婚姻届について、受理して差し支えないとされた事例	911号 47頁
平成27年1月21日 民一63回	英国人の創設的婚姻届について、英国官憲の発給に係る出生証明書及び宣誓書を我が国において婚姻する際に要求している婚姻要件具備証明書に代わるものとして取り扱うことは差し支えないとした件	910号 97頁
平成27年6月9日 民一751回	ツバル人男と日本人女の創設的婚姻届の受否について、受理して差し支えないとされた事例	923号 31頁
平成28年3月15日 民一274回	セントビンセント人男と日本人女の創設的婚姻届について、受理して差し支えないとされた事例	927号 106頁
平成28年10月25日 民一974回	日本人男とカンボジア王国人女の創設的婚姻届について、受理して差し支えないとされた事例	936号 67頁
平成29年7月5日 民一846回	日本人男とメキシコ人女の婚姻については、メキシコ人女についても日本法により審査するとされた事例	945号 93頁

平成30年７月17日 民一986回	タンザニア人男と日本人女の創設的婚姻届について、受理して差し支えないとされた事例	965号 97頁

【報告的婚姻届・戸籍法41条証書関係】

通達・回答	先　　例　　要　　旨	戸籍誌
平成２年８月24日 民二3740回	日本人男とエルサルバドル人女とのグアテマラ共和国における婚姻について、同国弁護士が発給した婚姻証明書を戸籍法41条に規定する婚姻証書として取り扱って差し支えないとされた事例	568号 59頁
平成４年９月30日 民二5676回	1988年以降にペルー国リマ大司教区で発行する婚姻登録証明書の様式と異なるため戸籍法41条に規定する婚姻証明書として取り扱うことができないとされた事例	598号 68頁
平成６年２月16日 民二941回	ペルー国ウアチョ司教区発行の婚姻証明書が戸籍法41条に規定する婚姻証明書として取り扱うことができないとされた事例	617号 81頁
平成６年５月９日 民二3007知	スエーデン国税務署発給の「身分事項証明書」については、婚姻の方式を証する書面（「婚姻証書」）を共に提出させることにより、同国の婚姻を証する書面として取り扱って差し支えないとされた事例	621号 79頁
平成７年12月11日 民二4369回	イスラエル人男と日本人女の婚姻届に添付されたサイプラス（キプロス）共和国ラルナカ市発行の婚姻証明書を戸籍法41条に規定する証書として取り扱って差し支えないとされた事例	642号 87頁
平成９年10月９日 民二1848回	1　ベトナム国ホーチミン市人民委員会発行の婚姻証明書を戸籍法41条の証書として取り扱って差し支えないとされた事例 2　ベトナム人女の氏名の表記（「THI」（ティ）の記載の要否）について	667号 75頁
平成９年11月10日 民二1999回	韓国男人と日本人女の報告的婚姻届に添付されたバハマ国の方式による婚姻証書を戸籍法41条に規定する証書として取り扱って差し支えないとされた事例	667号 82頁
平成10年５月27日 民二1008回	キルギス共和国人女と日本人男との報告的婚姻届に添付された在中国キルギス共和国大使館発行の婚	677号 76頁

	姻証明書を戸籍法41条に規定する証書として取り扱って差し支えないとされた事例	
平成11年10月26日 民二2326回	シエラレオネ共和国人男と日本人女との報告的婚姻届に添付されたシエラレオネ共和国官憲発行の婚姻証明書を戸籍法41条に規定する証書として取り扱って差し支えないとされた事例	695号 81頁
平成13年4月9日 民一938回	日本人男とBNO旅券を保持する英国人女の婚姻が香港の方式で成立した旨の婚姻証書及び報告的婚姻届書中の妻の氏が漢字表記されている場合、戸籍へそのまま記載して差し支えないとされた事例	716号 69頁
平成17年8月2日 民一1741回	日本人女がアルバニア共和国人男と同国の方式により婚姻した旨の同国官憲発行の婚姻証明書を添付して報告的婚姻届がされた場合において、同証明書を戸籍法41条に規定する証書として取り扱って差し支えないとされた事例	776号 68頁
平成19年3月5日 民一514回	日本人男とウズベキスタン人女との報告的婚姻届について、添付された結婚登録証明書を戸籍法41条に規定する証書と認めて受理して差し支えないとされた事例	803号 81頁
平成22年2月2日 民一255回	コソボ共和国人男と日本人女との報告的婚姻届について、その届書に添付された婚姻証明書を戸籍法41条に規定する証書と認めて受理して差し支えないとされた事例	839号 63頁
平成22年4月28日 民一1092回	日本人女及びニジェール人男の間でニジェール共和国の方式により婚姻が成立した旨の証明書を添付して届出がされた報告的婚姻届について、受理して差し支えないとされた事例	845号 89頁
平成24年8月14日 民一2060回	日本人男とモンゴル国人女との報告的婚姻届について、添付された婚姻証明書をもって戸籍法41条に規定する証書と認め、受理して差し支えないとされた事例	875号 88頁
平成24年7月31日 民一1953回	中国村民委員会（居民委員会）発行の証明書をもって婚姻の成立を証明する有効な証書として取り扱うことはできないとされた事例	883号 72頁
平成24年9月5日	ギニアビサウ共和国人男と日本人女の婚姻届に添	909号

民一2300回	付された婚姻証明書は、権限ある官憲により証明されたものであり、戸籍法41条に規定する証書として取り扱うことができることから、報告的婚姻届として受理して差し支えないとされた事例	51頁
平成25年12月26日 民一1041回	日本人男とマレーシア人女との間でマレーシア国の方式で婚姻が成立したとして提出された報告的婚姻届について、日本人男は、既に他のマレーシア人女と婚姻しており、重婚となっているが、後婚は無効とはいえないとして、受理して差し支えないとされた事例	900号 75頁
平成26年5月2日 民一545回	セントルシア国人男と日本人女との報告的婚姻届の受理の受否について、受理して差し支えないとされた事例	901号 66頁
平成27年2月2日 民一106回	日本人女とベリーズ人男の報告的婚姻届について、受理して差し支えないとされた事例	914号 81頁
平成27年8月13日 民一963回	グルジア（ジョージア）国人男と日本人女の報告的婚姻届について、受理して差し支えないとされた事例	925号 60頁

【創設的離婚届】

通達・回答	先　例　要　旨	戸籍誌
平成3年1月17日 民二395回	日本人夫と連合王国人妻の離婚の際に日本人夫について日本に常居所があると認定され、協議離婚届を受理して差し支えないとされた事例	577号 61頁
平成3年12月5日 民二6047回	連合王国人夫と本土系中国人妻の離婚の際に最も密接な関係がある地が日本であると認定され、協議離婚届を受理して差し支えないとされた事例	605号 67頁
平成3年12月5日 民二6048回	本土系中国人夫と台湾系中国人妻の離婚の際に最も密接な関係がある地が中国であると認定され、協議離婚届を受理して差し支えないとされた事例	605号 68頁
平成3年12月5日 民二6049回	オーストラリア人夫とベトナム人妻の離婚の際に最も密接な関係がある地が日本であると認定され、協議離婚届を受理して差し支えないとされた事例	605号 69頁
平成3年12月13日 民二6123回	日本人夫と韓国人妻の離婚の際に最も密接な関係がある地が韓国であると認定され、協議離婚届を受	605号 71頁

	理して差し支えないとされた事例	
平成 3 年12月13日 民二6124回	本土系中国人夫と韓国人妻の離婚の際に最も密接な関係がある地が日本であると認定され、協議離婚届を受理して差し支えないとされた事例	605号 74頁
平成 3 年12月13日 民二6125回	本土系中国人夫とアメリカ人妻の離婚の際に最も密接な関係がある地が日本であると認定され、協議離婚届を受理して差し支えないとされた事例	605号 74頁
平成 4 年 2 月28日 民二887回	ボリビア人夫とペルー人妻の離婚の際に最も密接な関係がある地が日本であると認定され、協議離婚届を受理して差し支えないとされた事例	605号 75頁
平成 4 年 7 月17日 民二4372回	ポルトガル人夫と連合王国人妻の離婚の際に最も密接な関係がある地が日本であると認定され、協議離婚届を受理して差し支えないとされた事例	605号 77頁
平成 5 年 4 月 5 日 民二2986知	離婚の際に最も密接な関係がある地の認定について市区町村長から指示を求められた場合の取扱いについて	605号 59頁
平成 6 年 2 月25日 民二1289回	ブラジル人同士夫婦による協議離婚届は受理すべきではないとされた事例	618号 73頁
平成10年11月25日 民二2244回	パラグアイ人である未成年の子の親権者を妻と記載したパラグアイ人夫と日本人妻の協議離婚届を受理することができないとされた事例	681号 66頁
平成21年 8 月17日 民一1953回	未成年の子を有するパキスタン人夫とブラジル人妻の夫婦の協議離婚に関して、法の適用に関する通則法上の最も密接な関係がある地又は国の法として、協議離婚の実質的要件について日本法が、協議による親権者指定についてパキスタン法がそれぞれ適用された事例	843号 129頁
平成22年 8 月 6 日 民一1934回	ブラジル人男とウクライナ人女との創設的離婚届について、同人らの子の親権者の指定に係る裁判所の決定を欠くとして、受理することができないとされた事例	847号 79頁
平成22年 9 月13日 民一2277回	コロンビア共和国人夫婦の創設的離婚届について、実質的成立要件として、同国の協議離婚に関する法令の定めに基づきコロンビア国内の公証役場において所要の手続を経ることを要するとされた事例	847号 90頁

平成24年6月14日 民一1490回	韓国人男とルーマニア人女の離婚届について、ルーマニア法制上、親権者の指定は裁判によらなければならないとし、離婚届書の親権指定の記載を消除の上、受理して差し支えないとされた事例	879号 99頁
平成25年3月7日 民一218回	日本人男とコロンビア人女の協議離婚届書にコロンビア国籍を有する当該夫婦間の子の親権者を一方に定める旨の記載がされているが、コロンビア法においては、子の親権は父母が共同して行うこととされていることから、離婚届書の親権指定の記載を消除させ、親権を父母共同親権とした上で、受理して差し支えないとされた事例	889号 79頁
平成25年3月18日 民一266回	未成年の子を有するアメリカ人男と韓国人女の夫婦の協議離婚に関して、重国籍である未成年の子の親権の準拠法は、アメリカ合衆国ミズーリ州法と認められるところ、同州法上、離婚の際に父母の一方の親権とするためには、裁判によらなければならないとされていることから、親権者指定の記載のある離婚届については、親権者指定の記載を消除させ、共同親権とした場合には、受理して差し支えないとされた事例	910号 85頁
平成28年8月19日 民一823回	アメリカ人男と日本人女の創設的離婚届に、婚姻前にアイルランド国において出生した子に係る親権者の定めの記載があるところ、父子関係の成立については同国発行の出生証明書をもって確認することができることから、受理して差し支えないとされた事例	936号 54頁
平成29年7月24日 民一900回	未成年の子（ニュージーランド及びベルギーの重国籍者）らを有するニュージーランド人男とベルギー人女の夫婦の協議離婚における協議による親権者指定について、未成年の子らの親権の準拠法をベルギー王国法と認め、受理して差し支えないとされた事例	947号 69頁
令和元年10月7日 民一711回	ブラジル人夫とロシア人妻の日本法に基づく協議離婚届について、当該夫婦の未成年の子に係る親権の準拠法をロシア法とした場合は、共同親権として取り扱うこととされた事例	981号 65頁

【報告的離婚届】

通達・回答	先　例　要　旨	戸籍誌
平成2年1月12日 民二116回	アメリカ合衆国カリフォルニア州裁判所における離婚判決による「離婚成立の日」は、離婚判決書記載の「Date Marital Status Ends」（婚姻終結の日）以降に発行された同判決謄本に基づき、当該日（婚姻終結の日）として処理するのが相当であるとされた事例	562号 74頁
平成11年4月23日 民二872回	アメリカ合衆国ミズーリ州クレイ郡巡回裁判所においてされた日本人男とアメリカ人女との離婚判決の判決書謄本を添付した離婚届を受理して差し支えないとされた事例	688号 69頁
平成16年4月26日 民一1320回	イタリア人夫と日本人妻とのオランダ国法上の登録パートナーシップ制度に基づく同居契約解消登録により離婚が成立した旨の報告的離婚届について、同国の方式により離婚が成立したものとして処理して差し支えないとされた事例	761号 65頁
平成21年8月31日 民一2050回	日本人女とシンガポール人男とのシンガポールで成立したとされる報告的離婚届について、その届書に添付された証明書中、離婚判決が確定していることが認められ、受理して差し支えないとされた事例	842号 80頁
平成22年6月9日 民一1444回	パラオ人男と日本人女夫婦について、パラオ共和国パラオ民事訴訟裁判所による離婚の判決に基づき届出された報告的離婚届について、受理して差し支えないとされた事例	846号 75頁
平成31年1月11日 民一57回	日本人女とイタリア人男の夫婦について、イタリアの方式による協議離婚が成立したものと認められることから受理して差し支えないとされた事例	970号 93頁
令和2年2月27日 外務省領事局政策課領事サービス室宛て返戻	在外公館にて受理されたアメリカ合衆国アリゾナ州上級裁判所の離婚判決謄本を添付した離婚届について、当該離婚判決が公示送達により行われていることから、民事訴訟法118条の要件を満たしていないとして届書を返戻するとされた事例	981号 72頁

資料１　平成２年以降の渉外戸籍届出事件別先例要旨一覧表
（戸籍誌に掲載された先例一覧表）

【その他】

通達・回答	先　例　要　旨	戸籍誌
平成２年12月26日 民二5675回	トリニダード・トバゴ人男が、配偶者である日本人女の嫡出子を養子とする養子縁組の場合の実質的成立要件は、養子の本国法が準拠法とされ、また、婚姻に伴うトリニダード・トバゴ人男の氏変更の記載申出については、本国法上氏変更の効果の認められる本国官憲発給の証明書を添付させる必要があるとされた事例 **（氏変更の記載申出）**	573号 59頁
平成３年１月17日 民二395回	日本人夫と連合王国人妻の離婚の際に日本人夫について日本に常居所があると認定され、協議離婚届を受理して差し支えないとされた事例 **（日本人の常居所）**	577号 61頁
平成３年２月４日 民二914回	カンボジア及び中国の国籍を有する重国籍者の本国法を中国と認めて差し支えないとされた事例 **（重国籍者の本国法）**	577号 65頁
平成10年11月25日 民二2244回	パラグアイ人である未成年の子の親権者を妻と記載したパラグアイ人夫と日本人妻の協議離婚届を受理することができないとされた事例 **（親権者の指定）**	681号 66頁
平成15年８月22日 民一2347回	ブラジル人女の嫡出でない子の出生届にブラジル人父の氏名を記載する旨の出生届の追完届について、ブラジル国は、父子関係の成立について事実主義ではなく認知主義を採用しているとして、受理すべきではないとされた事例 **（父の氏名の追完届）**	750号 80頁
平成18年２月３日 民一290知	日本で婚姻したブラジル人夫の氏変更の取扱いについて **（配偶者の氏変更）**	785号 91頁
平成21年８月17日 民一1953回	未成年の子を有するパキスタン人夫とブラジル人妻の夫婦の協議離婚に関して、法の適用に関する通則法上の最も密接な関係がある地又は国の法として、協議離婚の実質的要件について日本法が、協議による親権者指定についてパキスタン法がそれぞれ	843号 129頁

—247—

	適用された事例 （子の親権の準拠法）	
平成23年2月9日 民一320回	フランス法に基づき断絶型養子縁組に関する戸籍の記載について、養子縁組後の子と父母との続柄を「長女」とし、養子縁組後の養子の身分事項欄に特記事項として、「実父方の血族との親族関係の終了」と記載するのが相当された事例 （戸籍の記載）	855号 62頁
平成24年6月14日 民一1490回	韓国人男とルーマニア人女の離婚届について、ルーマニア法制上、親権者の指定は裁判によらなければならないとし、離婚届書の親権指定の記載を消除の上、受理して差し支えないとされた事例 （親権者の指定）	879号 99頁
平成24年9月14日 民一2366回	英国において、日本人女と英国人男の婚姻無効の判決が確定したとして、戸籍訂正申請がされた事案について、当該判決は民事訴訟法118条の要件を満たしているとして、受理して差し支えないとされた事例 （外国判決による婚姻無効の戸籍訂正申請）	883号 82頁
平成25年1月7日 民一9回	日本人男と中国人女の婚姻が偽装であるとして検察官から刑事訴訟法498条2項による通知があり、日本人男及び中国人女の間の嫡出子として入籍していた子に関し、日本人男が認知の届出の効力を有する出生の届出をしていた場合において、原則として、「認知の届出の効力を有する出生届出」をした旨の記録をする必要はないとされた事例 （婚姻偽装による戸籍訂正と戸籍法62条の関係）	888号 94頁
平成25年3月7日 民一218回	日本人男とコロンビア人女の協議離婚届書にコロンビア国籍を有する当該夫婦間の子の親権者を一方に定める旨の記載がされているが、コロンビア法においては、子の親権は父母が共同して行うこととされていることから、離婚届書の親権指定の記載を消除させ、親権を父母共同親権とした上で、受理して差し支えないとされた事例 （親権者の指定）	889号 79頁
平成25年3月18日	未成年の子を有するアメリカ人男と韓国人女の夫	910号

民一266回	婦の協議離婚に関して、重国籍である未成年の子の親権の準拠法は、アメリカ合衆国ミズーリ州法と認められるところ、同州法上、離婚の際に父母の一方の親権とするためには、裁判によらなければならないとされていることから、親権者指定の記載のある離婚届については、親権者指定の記載を消除させ、共同親権とした場合には、受理して差し支えないとされた事例 **（親権の準拠法）**	85頁
平成27年６月１日 民一707回	外国人と婚姻した日本人が、その氏を戸籍法107条２項の届出により、婚姻の効果として外国人配偶者が称することとなった複合氏に変更することは認められないとされた事例 **（戸籍法107条２項の氏変更）**	917号 86頁
平成27年３月10日 民一313回	日本人女とロシア人男の嫡出子について、出生登録から父であるロシア人男の記載を消除することを認めるロシア連邦の裁判所の判決（外国裁判所の判決）に基づき、当該子の戸籍の父欄からロシア人男を削除する戸籍訂正申請を受理して差し支えないとされた事例 **（外国判決による父欄消除の戸籍訂正申請）**	918号 110頁
平成28年８月17日 民一819回	アメリカ合衆国ニューヨーク州の家庭裁判所において婚姻中のアメリカ人父と日本人母の子の親権を母に授与する旨の判決を得たことに伴い、父の親権喪失の旨の届出があった場合は、審査の上、子の戸籍に親権事項を記載する取扱いをして差し支えないとされた事例 **（親権事項の記載）**	936号 43頁
平成28年８月19日 民一823回	アメリカ人男と日本人女の創設的離婚届に、婚姻前にアイルランド国において出生した子に係る親権者の定めの記載があるところ、父子関係の成立については同国発行の出生証明書をもって確認することができることから、受理して差し支えないとされた事例 **（親権者の指定）**	936号 54頁
平成29年７月24日	未成年の子（ニュージーランド及びベルギーの重	947号

民一900回	国籍者）らを有するニュージーランド人男とベルギー人女の夫婦の協議離婚における協議による親権者指定について、未成年の子らの親権の準拠法をベルギー王国法と認め、受理して差し支えないとされた事例 **（親権の準拠法）**	69頁
平成29年12月14日 民一1474回	中国人女が中国人男を養子とする創設的養子縁組届について、養親と養子の常居所地の双方が日本ではないことから、法の適用に関する通則法41条が適用されず、養子縁組の実質的成立要件の準拠法は中国法になるとされた事例 **（常居所の認定）**	952号 71頁
平成31年1月30日 民一116回	ブラジル連邦共和国サンパウロ州ピラールドスール市ピラールドスール司法区の裁判所がした失踪宣告確定証明書を添付した失踪届について、受理して差し支えないとされた事例 **（外国裁判所の失踪宣告に基づく失踪届）**	972号 95頁
令和元年10月7日 民一711回	ブラジル人夫とロシア人妻の日本法に基づく協議離婚届について、当該夫婦の未成年の子に係る親権の準拠法をロシア法とした場合は、共同親権として取り扱うこととされた事例 **（親権の準拠法）**	981号 65頁

【資料 2】　渉外戸籍事件に関する主要戸籍先例（通達及び通知）
　1　平成10年 1 月30日付け民五第180号通達
（標題）
　　外国人母の夫の嫡出推定を受ける子について、日本人男から認知の届
　出があった場合の日本国籍の有無について（通達）
（本文）
　　客年（注：平成 9 年）10月17日、最高裁判所は、日本人男と婚姻中の
　外国人女から出生した子について、母の夫との間の親子関係不存在確認
　の審判の確定後に、母の夫以外の日本人男が認知の届出をしたことによ
　り生来的な日本国籍の取得が認められるか否かが争われた事案において、
　「客観的にみて、戸籍の記載上嫡出の推定がされなければ日本人である
　父により胎児認知がされたであろうと認めるべき特段の事情がある場合
　には、右胎児認知がされた場合に準じて、国籍法 2 条 1 号の適用を認め、
　子は生来的に日本国籍を取得すると解するのが相当である」との立場を
　明らかにした上、「右の特段の事情があるというためには、母の夫と子
　との間の親子関係の不存在を確定するための法的手続が子の出生後遅滞
　なく執られた上、右不存在が確定されて認知の届出を適法にすることが
　できるようになった後速やかに認知の届出がされることを要すると解す
　べきである。」と判示し、当該事案については、子の出生の 3 か月と 3
　日後に母の夫と子との間の親子関係の不存在を確認するための手続が執
　られ、その不存在が確定してから12日後に認知の届出がされているから、
　上記「特段の事情があるというべきであり、このように認めることの妨
　げになる事情はうかがわれない」として、国籍法 2 条 1 号を適用し、生
　来的な日本国籍の取得を認める判決を言い渡しました（平成 8 年（行
　ツ）第60号事件最高裁判所第二小法廷判決）。
　　ついては、この最高裁判所判決の趣旨にかんがみ、外国人母の夫の嫡
　出推定を受ける子の生来的な日本国籍の取得については、今後、下記の

とおり取り扱うこととしたので、これを了知の上、貴管下各支局長及び
管内市区町村長に周知方取り計らい願います。

記

1　外国人母の夫（外国人男の場合を含む。）の嫡出推定を受ける子につ
　いて、その出生後遅滞なくその推定を排除する裁判（母の夫と子との間
　の親子関係不存在確認又は嫡出否認の裁判をいう。以下「嫡出推定を排
　除する裁判」という。）が提起され、その裁判確定後速やかに母の夫以
　外の日本人男から認知の届出（既に外国人の子としての認知の届出がさ
　れている事案においては、子が日本国籍を有する旨の追完の届出。以下
　両者を併せて「認知の届出等」という。）があった場合には、嫡出推定
　がされなければ胎児認知がされたであろうと認めるべき特段の事情があ
　るものと認定し、その認定の妨げとなる事情がうかがわれない限り、子
　は出生により日本国籍を取得したものとして処理するので、その対象と
　なりうる認知の届出等を受けた市区町村長は、その処理につき管轄法務
　局若しくは地方法務局又はその支局（以下「管轄局」という。）の長の
　指示を求めるものとする。

2　管轄局の長は、子が出生してから嫡出推定を排除する裁判が提起され
　るまでに要した期間及びその裁判が確定してから認知の届出がされるま
　でに要した期間を確認した上、次のとおり取り扱うものとする。

　⑴　子の出生後３か月以内に嫡出推定を排除する裁判が提起され、その
　　裁判確定後14日以内に認知の届出等がされている場合には、嫡出推定
　　がされなければ胎児認知がされたであろうと認めるべき特段の事情が
　　あるものと認定し、この認定の妨げとなる事情がうかがわれない限り、
　　子は出生により日本国籍を取得したものとして処理するよう指示する。

　⑵　⑴における認定の妨げとなる事情がうかがわれる場合には、その認
　　定の妨げとなる事情についての関係資料を添付して、その処理につき
　　当職の指示を求める。

　　また、嫡出推定を排除する裁判が子の出生後３か月を経過して提起
　されている場合、又は認知の届出等がその裁判確定後14日を経過して
　行われている場合には、その裁判に提起又は届出に至るまでの経緯等
　についての関係資料を添付して、その処理につき当職の指示を求める。
⑶　母の離婚後に子が出生し、胎児認知の届出が受理され得るにもかか
　わらず、同届出がされなかった場合には、同届出がされなかった事情
　についての関係資料を添付して、その処理につき当職のを指示求める。
　注：上記通達２の⑶については、平成15年７月18日付け民一第2030号
　　通達により追加された項目です。

２　平成11年11月11日付け民二・民五第2420号通知

（標題）

渉外的胎児認知届の取扱い等について（通知）

（本文）

　　最高裁判所は、平成９年10月17日、外国人母の嫡出でない子が日本人
父から胎児認知されていなくとも、特段の事情があるときは、国籍法第
２条第１号により子が生来的に日本国籍を取得する場合があるとする判
決（最高裁第二小法廷判決・民集51巻９号3925頁参照）を言い渡しまし
た。これを踏まえて、平成10年１月30日付け民五第180号をもって、こ
の種事案における国籍事務の取扱いの基準を示す民事局長通達（以下
「第180号通達」という。）が発出されています。

　　ところで、第180号通達は、外国人母の嫡出でない子が日本人父から
胎児認知されていない事案一般に当てはまるものではなく、渉外的胎児
認知届に関する従来の戸籍事務の取扱いを変更するものでもありません
が、近時、第180号通達の適用範囲を過大に解釈したり、この通達によ
り従来の戸籍事務の取扱いに変更があったものと誤解し、その結果、訴
訟に至った事案も見受けられます。

そこで、この度、第180号通達の趣旨、渉外的胎児認知届の取扱い等について再確認するため、下記のとおり整理しましたので、貴管下支局長及び管内市区町村長に周知方取り計らい願います。

記

1　第180号通達の趣旨について

　前記最高裁判決は、婚姻中の韓国人母から出生した子について日本人父が生後認知した事案において、国籍法第2条第1号による日本国籍の取得を認めたものであるが、外国人母の嫡出でない子が日本人父から胎児認知されていない事案一般に当てはまるものではなく、①嫡出でない子が戸籍の記載上母の夫の嫡出子と推定されるため日本人である父による胎児認知の届出が受理されない場合であって、②この推定がされなければ父により胎児認知がされたであろうと認めるべき特段の事情があるときは、胎児認知がされた場合に準じて、国籍法第2条第1号の適用を認めるのを相当としたものである。

　第180号通達は、この最高裁判決の趣旨を踏まえて発出されたものであり、①及び②のいずれの要件にも該当する事案について適用されるものである。

　また、第180号通達は、渉外的胎児認知届に関する従来の戸籍事務の取扱いを変更するものではない。

　例えば、外国人母の離婚後に胎児認知の届出がされた場合には、届出の時期を問わず、これを受理する取扱いがされているので（大正7年3月20日付け民第364号法務局長回答、昭和57年12月18日付け民二第7608号民事局長回答参照）、外国人母の離婚後に子が出生する事案については、①の要件を満たさないため、第180号通達が適用されないこととなる。

2　渉外的胎児認知届の取扱い等について

(1)　相談があった場合の対応

　日本人男から、外国人女の胎児を自分の子として認知したい旨の相談があった場合には、母が婚姻中であるか否かにかかわらず、胎児認知の届出の手続があることを説明する。

(2)　胎児認知の届出があった場合の手続

　ア　届書等の受付

　　胎児認知の届出があった場合には、その届出が適法かどうかを問わず、いったん届書及び添付書類（以下「届書等」という。）を受領（以下「受付」という。）し、その受付年月日を届書に記載する。この受付の後に、民法及び戸籍法等関連する法規に照らして、当該届出の審査をする。

　　なお、胎児認知の届出が口頭による届出の場合には、届出人の陳述を書面に筆記し、届出の年月日を記載して、これを届出人に読み聞かせ、かつ、その書面に届出人の署名・押印を求める（戸籍法第37条第 2 項）。口頭による届出を筆記したときは、当該書面の適当な箇所に、戸籍事務取扱準則制定標準（平成16年 4 月 1 日付け民一第850号民事局長通達（注：昭和42年 4 月13日付け民事甲第615号民事局長通達は、前記第850号通達により廃止されている。）。以下「標準準則」という。）付録第21号記載例によって、その旨を記載する（標準準則第25条）。

　イ　届書等に不備がある場合

　　届書に不備がある場合には、不備な箇所を補正させ、また、母の承諾（民第783条第 1 項）を証する書面等届出に必要な添付書類が不足している場合には、それらを補完させる。

　　なお、即日に補正又は補完することができないため、届出の受理の決定ができないときは、その旨を戸籍発収簿に記載する（標準準則第30条第 1 項）。

　ウ　届出の受理処分及びその撤回

① 届出を適法なものと認めたときは、これを受理し、その旨を受附帳に記載する。

また、届書等の不備により即日に届出の受理の決定ができなかった届出について、後日、補正又は補完がされ、これを適法なものと認めたときは、当初の届書等の受付の日をもって当該届出を受理し、その旨を戸籍発収簿の備考欄に記載する（標準準則第30条第2項）。

② 胎児認知の届出を受理した後に被認知胎児が出生したことによって、その子が外国人母の前夫の嫡出推定を受けることが明らかになった場合には、当該受理処分を撤回して、不受理処分をする。この場合には、受理処分を撤回して、不受理処分をした旨を受附帳の備考欄に記載し、届出の受理の年月日及び受付番号を消除した上で、届出人に届書等を返戻する。

届書等を返戻する際には、届出人に対し、外国人母の前夫の嫡出推定を排除する裁判等が確定した旨の書面を添付して、返戻された届書によって届出をすれば、不受理処分を撤回し、当初の届書等の受付の日に届出の効力が生ずる旨を説明する。

エ　届出の不受理処分及びその撤回

① 届出を不適法なものと認めたときは、これを不受理とし、戸籍発収簿に発収月日、事件の内容及び不受理の理由を記載した上で、届出人に届書等を返戻する（標準準則第31条）。

② 被認知胎児が婚姻中の外国人母の夫の嫡出推定を受けることを理由に届出を不受理とした場合には、届書等を返戻する際に、届出人に対し、子の出生後に外国人母の夫の嫡出推定を排除する裁判等が確定した旨の書面を添付して、返戻された届書によって届出をすれば、不受理処分を撤回し、当初の届書等の受付の日に届出の効力が生ずる旨を説明する。

3 平成21年 3 月26日付け民一第762号通知

（標題）

ブラジル人を当事者とする創設的婚姻届の取扱いについて（通知）

（本文）

　標記については、ブラジル人当事者について、同国民法第1521条第 6 号の規定により禁止されている既婚者間の婚姻に該当しないことの要件を審査するために、ブラジル本国で発行される「出生証明書（CERTIDAO DE NASCIMENTO）」を添付させ、その記載内容により審査する取扱いとされているところですが、当該証明書の備考欄の付記の取扱いにつき疑義が生じていることから、外務省に照会したところ、今般、在ブラジル日本国大使館から下記のとおり回答がありました。

　ついては、今後、備考欄に「記載事項無し（Nada consta）」の記載がある出生証明書又は備考欄が空白である出生証明書の提出があった場合は、これを独身証明書として取り扱って差し支えありませんので、これを了知の上、貴管下支局長及び管内市区町村長に周知方取り計らい願います。

記

　出生証明書（CERTIDAO DE NASCIMENTO）の備考欄に「記載事項無し（Nada consta）」とある場合、独身であることを意味しているが、当該欄が空白の場合も同様に独身であることを意味している。

　備考欄には、ブラジル国の登記所によっては「記載事項無し」と記載するところもあるが、特段記載すべき事項がないときには何も記載することなく空欄のままで発行する登記所もある。

4 平成22年 3 月31日付け民一第833号通知

（要旨）

中国人を当事者とする創設的婚姻届の審査について（通知）

(本文)

　標記審査については、今後、下記のとおり取り扱うこととしますので、貴管下支局長及び管内市区町村長に周知方取り計らい願います。

記

1　中国人と日本人を当事者とする婚姻について

　(1)　中国人当事者の実質的成立要件の準拠法

　　　法の適用に関する通則法（以下「通則法」という。）第24条第１項、同法第41条及び中華人民共和国民法通則第147条により日本法が適用される。

　(2)　中国人当事者の婚姻要件の審査

　　　性別及び年齢については、性別及び出生年月日の記載されている公証書、独身であることについては、無婚姻（無再婚）登記記録証明、未婚姻公証書等婚姻登記記録がない旨の公証書又は未（再）婚声明書に公証員の面前で署名したことが証明されている公証書、再婚禁止期間が経過していることについては、上記公証書で審査できない場合には離婚公証書等により審査することとする。ただし、婚姻要件具備証明書が添付された場合は、これにより性別、年齢及び独身であることを審査して差し支えない。

2　中国人同士を当事者とする婚姻について

　(1)　実質的成立要件の準拠法

　　　通則法第24条第１項により中国法が適用される。ただし、駐日中華人民共和国大使館発行の定住証明書又は日本国が日本法に基づいて婚姻を許す場合異議を表明しない旨の証明書のいずれかが添付されている場合は、その者については日本法が適用される。

　(2)　婚姻要件の審査

　　　上記２(1)により実質的成立要件の準拠法が中国法である場合は婚姻要件具備証明書により審査する。ただし、婚姻要件具備証明書が添付

できない場合は、婚姻要件具備証明書が得られない旨の申述書の提出を求め、性別、年齢及び独身であることについては、上記1(2)と同様の方法により審査するものとする。この場合、中国法上の「近親婚でないこと」及び「医学上婚姻すべきでないと認められる疾患を患っていないこと」の要件については、申述書の提出を求め、これによって審査することとする。

　上記2(1)ただし書により実質的成立要件の準拠法が日本法である場合は、上記1(2)と同様の方法により審査するものとする。

＊上記通知に記載のある「中華人民共和国民法通則」は、2021年1月1日をもって、廃止されました。しかし、私見ですが、2011年4月1日から施行されている、中華人民共和国渉外民事関係法律適用法は、その第21条で「結婚の要件については、当事者の共通常居所地の法律を適用し、共通常居所地の法律がないときは、共通国籍国の法律を適用する。共通の国籍を持たず、一方当事者の常居所地または国籍国において婚姻を締結したときは、婚姻締結地の法律を適用する。」と規定し、第22条で「結婚の手続が、婚姻締結地の法律・一方当事者の常居所地または国籍国の法律に適合するときは、いずれも有効である。」と規定しています。また、同第51条では、「《中華人民共和国民法通則》第146条・第147条（中略）が、本法の規定と一致しないときは、本法を適用する。」と規定しています。このことから、上記通知の取扱いについては、変更はないものと考えます。

渉外戸籍の理論と実務
－基本通達の解説－

2021年5月19日　初版第1刷印刷　　定価：3,520円（本体価格：3,200円）
2021年5月31日　初版第1刷発行

不許複製

編著者　新　谷　雄　彦
発行者　坂　巻　　　徹

発行所　東京都文京区　株式会社　テイハン
　　　　本郷5丁目11-3
　　　　電話 03(3811)5312　FAX03(3811)5545／〒113-0033
　　　　ホームページアドレス　http://www.teihan.co.jp

〈検印省略〉

印刷／日本ハイコム株式会社
ISBN978-4-86096-131-2